수능까지
이어지는

초등 고학년

비문학 독해

4학년

어떻게 학습할까요?

〈수능까지 이어지는 초등 고학년 비문학 독해〉는 초등학교 고학년이 반드시 알아야 할 비문학 독해를 체계적으로 훈련하기 위한 25개의 필수 지문과 실전 문제, 그리고 지문 익힘 어휘 문제로 구성되어 있습니다. 하루 15분씩 다양한 영역의 지문과 실전 문제를 푸는 사이에 부쩍 성장한 독해력을 확인할 수 있습니다.

주제 지문 읽기   **실전 독해 문제**

★다양한 영역의 지문 읽기

• 초등학생에게 배경지식이 될 만한 인문, 사회, 과학, 기술, 예술·체육 영역의 글을 지문으로 사용했습니다.

• 다양한 영역의 필수 화제가 담긴 글을 읽으면서 주제와 의견, 글의 구조와 전개 방식, 설명 방법을 파악하는 훈련을 합니다.

★수능형 독해 문제를 포함한 7문항 실전 문제

• 핵심어 및 전개, 서술 방식 파악 → 세부 정보 확인 → 고난이도 사고력 측정으로 이어지는 7문항을 사고의 흐름에 맞추어 구조적으로 배열해 해당 지문을 입체적으로 이해할 수 있습니다.

• 매 일자에 실제 수능 유형을 분석한 수능 연계 문항을 1문항씩 배치해 고난도 문항 유형의 문제 해결력을 키울 수 있습니다.

낱말 풀이
낱말 및 관용
표현의 사전적
의미 확인

별 개수 및 글자 수
글의 길이와
난이도 확인

큐아르(QR) 코드
지문 및 문제 풀이
시간 측정

〈수능까지 이어지는 초등 고학년 비문학 독해〉 매일 4쪽씩 15분간
꾸준히 수능 독해 문제를 연습해요!

**어휘력
다지기**

**자세한
오답 해설**

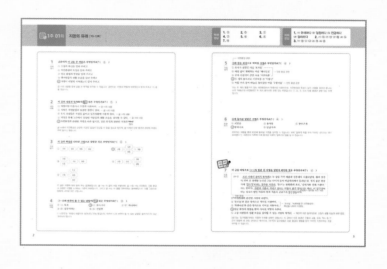

★3단계로 지문에 나온 어휘 정리

• 지문에 나온 낱말 중 핵심 낱말이나 꼭 알아 두어야
할 필수 어휘를 문제로 정리합니다.

• 지문 속 중요 어휘는 의미 확인→어휘 활용→어휘
확장의 3단계로 체계적으로 학습해 둡니다.

★틀린 문제는 반드시 정오답 풀이로 확인하기

• 문제를 풀고 나서 정답을 확인한 다음에는 내가 이해
한 내용이 맞는지 또는 내가 잘못 이해한 부분이 무
엇인지 반드시 풀이를 통해 확인해야 합니다.

• 틀린 문제는 따로 표시해 두고, 내가 고르지 않은 답
까지 오답 풀이를 통해 완벽하게 학습해 둡니다.

어휘 의미
낱말의 사전적
의미 확인

어휘 활용
실제 예문에서
낱말 적용

어휘 확장
낱말 간의 의미 관계,
속담, 관용 표현,
한자 성어 연습 등

어떻게 활용할까요?

〈수능까지 이어지는 초등 고학년 독해〉는 문학과 비문학을 나누어 각 제재에 대한 독해를 집중적으로 훈련하는 독해서입니다. 이 책은 본책과 정답 책, 모의고사로 구성되어 매일 정해진 분량을 스스로 공부할 수 있을 뿐 아니라, 자신의 학습 수준과 상황을 되돌아볼 수 있는 자기 주도 학습서입니다.

교재
구성

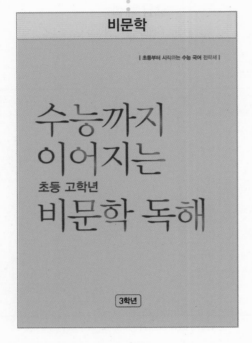

학년	대상	주요 영역
3학년	3학년~4학년	인문, 사회, 과학, 기술, 예술·체육
4학년	4학년~5학년	
5학년	5학년~6학년	
6학년	6학년~예비 중	

★주요 주제

- **3학년** 스마트폰과 고릴라(사회/사회 문화), 비눗방울의 과학적 비밀(과학/물리), 하얀 거짓말(인문/윤리)
- **4학년** 역사를 알려 주는 우리말 유래(인문/언어), 웨어러블 로봇(기술/첨단 기술), 공해가 되어 버린 빛(사회/사회 문화)
- **5학년** 혐오 표현(사회/사회 문화), 보온병의 물이 식지 않는 까닭(과학/물리), 조선판 하멜 표류기, 『표해시말』(인문/한국사)
- **6학년** 한·중·일의 젓가락(사회/사회 문화), 다수를 위한 소수의 희생(인문/철학), 유전자 편집 시대(기술/첨단 기술)

학년	대상	주요 영역
3학년	3학년~4학년	창작·전래·외국 동화, 신화·전설, 동시, 희곡
4학년	4학년~5학년	
5학년	5~6학년	현대·고전·외국 소설, 신화·전설, 현대시, 현대·고전 수필
6학년	6학년~예비 중	

★주요 작품

- **3학년** 바위나리와 아기별(마해송), 할머니 집에 가면(박두순), 대별왕과 소별왕, 크리스마스 캐럴(찰스 디킨스)
- **4학년** 산새알 물새알(박목월), 곰이와 오푼돌이 아저씨(권정생), 큰 바위 얼굴(나다니엘 호손), 저승 사자가 된 강림 도령
- **5학년** 꿈을 찍는 사진관(강소천), 자전거 도둑(박완서), 늙은 쥐의 꾀(고상안), 유성(오세영), 마녀의 빵(오 헨리)
- **6학년** 소음 공해(오정희), 양반전(박지원), 배추의 마음(나희덕), 사막을 같이 가는 벗(양귀자), 동물 농장(조지 오웰)

〈수능까지 이어지는 초등 고학년 독해〉로 꾸준히 공부하면
탄탄한 독해 실력을 키울 수 있어요. 모의고사로
달라진 내 실력을 확인해 보세요!

교재 활용법

"3단계 독해 집중 훈련 코스"

1단계 → 2단계 → 3단계

매일 ⋯⋯⋯ **매주** ⋯⋯⋯ **교재 학습 후**

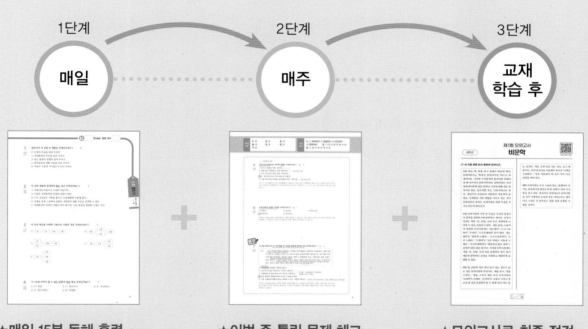

★ **매일 15분 독해 훈련**

하루에 15분씩 필수 화제를 하나씩 읽고 실전 문제를 풀며 독해 훈련을 합니다.

★ **이번 주 틀린 문제 체크**

매주 한 번씩 정답 책에 표시해 둔 이번 주에 틀린 문제만 한 번씩 다시 풀면서 복습합니다.

★ **모의고사로 최종 점검**

교재 학습을 모두 마친 후에는 모의고사로 자신의 실력을 최종 점검합니다.

☑ 매일 15분씩 하나의 지문을 해결하면 25일만에 한 권을 완성할 수 있습니다.

☑ 매주 정답 책으로 틀린 문제를 복습해 자신이 취약한 문제 유형을 파악합니다.

☑ 5주 학습을 모두 마친 후에는 모의고사 문제로 자신의 최종 실력을 확인합니다.

CONTENTS

학습 계획표 매일매일 꾸준히 공부하고 기록해 보세요.

	주제	쪽수	공부한 날	공부 시간	맞은 개수	
					독해	어휘
01	바넘 효과	10~13쪽	월 일	분	/ 7	/ 3
02	비합리적 소비	14~17쪽	월 일	분	/ 7	/ 3
03	사막에 사는 식물	18~21쪽	월 일	분	/ 7	/ 3
04	웨어러블 로봇	22~25쪽	월 일	분	/ 7	/ 3
05	빛을 그린 화가, 모네	26~29쪽	월 일	분	/ 7	/ 3
06	역사를 알려 주는 우리말 유래	32~35쪽	월 일	분	/ 7	/ 3
07	최고의 사치품, 후추의 몰락	36~39쪽	월 일	분	/ 7	/ 3
08	식물이 씨앗을 퍼뜨리는 방법	40~43쪽	월 일	분	/ 7	/ 3
09	인공 강우의 원리	44~47쪽	월 일	분	/ 7	/ 3
10	펜싱의 종목과 경기 규칙	48~51쪽	월 일	분	/ 7	/ 3
11	화를 내는 이유	54~57쪽	월 일	분	/ 7	/ 3
12	공해가 되어 버린 빛	58~61쪽	월 일	분	/ 7	/ 3
13	지구의 나이를 알려 주는 화석	62~65쪽	월 일	분	/ 7	/ 3
14	진공청소기의 원리	66~69쪽	월 일	분	/ 7	/ 3
15	풍속화의 대가, 김홍도와 신윤복	70~73쪽	월 일	분	/ 7	/ 3
16	조선 시대의 신도시, 수원 화성	76~79쪽	월 일	분	/ 7	/ 3
17	틀린 것이 아니라 다른 것	80~83쪽	월 일	분	/ 7	/ 3
18	화산의 폭발	84~87쪽	월 일	분	/ 7	/ 3
19	인간과 환경을 지키는 적정 기술	88~91쪽	월 일	분	/ 7	/ 3
20	그림 문자, 픽토그램	92~95쪽	월 일	분	/ 7	/ 3
21	나일강이 만든 이집트 문명	98~101쪽	월 일	분	/ 7	/ 3
22	지역 이기주의	102~105쪽	월 일	분	/ 7	/ 3
23	숫자 0의 발견	106~109쪽	월 일	분	/ 7	/ 3
24	자동차보다 오래된 타이어	110~113쪽	월 일	분	/ 7	/ 3
25	쇼팽과 리스트	114~117쪽	월 일	분	/ 7	/ 3

1주

한자 共 (한가지 공) 자

14분 안에 푸세요.

(가) 사람들은 흔히 심심풀이용 심리* 테스트 결과를 보고도 "완전 내 얘기잖아."라고 생각한다. 그건 그 심리 테스트가 과학적이어서 결과를 100퍼센트(%) 믿을 수 있어서가 아니다. 그렇다면 왜 그런 생각을 하게 되는 걸까? 바로 ㉠바넘 효과* 때문이다. '바넘 효과'란 일반적*인 특성을 자신만의 특성으로 여기는 현상*을 말한다. 사람들은 막연하고* 일반적인 이야기가 자신만의 이야기라고 생각하는 경향*이 있다. 특히, 자신에게 이익이 있거나 좋은 것일수록 더 그렇다. ㉡살을 빼고 싶지만 음식 조절을 잘 못 하는 사람은 '마음이 약하다.'라는 심리 테스트 결과를 보면, '난 마음이 여리고* 착한 사람이라서 다이어트가 어려워.'라고 자신에게 이로운 쪽으로 풀이해 버린다.

(나) 바넘 효과는 '피니어스 테일러 바넘'이라는 사람의 이름에서 유래되었다*. 바넘은 미국의 유명한 사기꾼으로, 서커스 공연*의 성공을 위해 80살이 안 된 흑인 여인을 161세라고 속이고, 4살짜리 어린애를 세상에서 가장 작은 어른이라고 속이기도 했다. 그는 특히 사람들의 성격을 잘 알아맞히는 것으로 유명했다. 바넘이 애매모호하게* 어떤 이야기를 던지면 사람들은 그 이야기를 자신의 상황에 맞추어 해석하고는 알아맞혔다고 놀라워했기 때문이다.

(다) ㉢바넘 효과를 활용한* 예는 우리 주위에 아주 많다. 운세*나 타로 카드와 같은 미래 예언*, 혈액형이나 별자리, 엠비티아이(MBTI)와 같은 성격 유형은 물론, 광고까지도 여기에 속한다. '이런 분께 강력 추천합니다, 당신만을 위한 맞춤 ○○'와 같은 광고 문구는 바넘 효과를 기대하고 만든 것이다.

(라) 그렇다면 어떤 경우에 더 큰 바넘 효과를 기대할 수 있을까? 한 연구에 따르면, 첫째, 결과에 자신이 생각하는 특성과 같은 것이 있을 때, 둘째, 평가하는 사람이 유명하고 똑똑한 사람일 때, 셋째, 결과의 내용이 긍정적*일 때 바넘 효과가 더 커진다고 한다.

(마) 바넘 효과는 누구에게나 해당하는 말을 그럴싸하게 포장하거나 교묘하게* 말만 바꿔 놓은 경우가 많다. 눈치를 많이 본다는 단점은 다른 사람의 감정에 공감*을 잘한다는 장점이 될 수 있는 것처럼 말이다. 따라서 심리 테스트나 광고 등을 볼 때에는 결과를 무조건 믿거나 그것에 휘둘리지 말고 참고만 하는 객관적인* 시선이 필요하다.

낱말
풀이

*심리 마음의 움직임이나 의식의 상태. *효과 어떠한 것을 하여 얻어지는 좋은 결과. *일반적 일부에 한정되지 않고 두루 해당될 수 있는 것. *현상 현재 나타나 보이는 상태. *막연하고 뚜렷하지 않고 어렴풋하고. *경향 어느 한 방향으로 기울어진 생각이나 행동 혹은 현상. *여리고 의지나 감정 등이 강하지 못해 약하고. *유래되었다 사물이나 일이 생겨나게 되었다. *서커스 공연 마술, 재주넘기, 줄타기, 동물의 묘기 등을 사람들 앞에서 보이는 것. *애매모호하게 말이나 태도 등이 분명하지 않게. *활용한 어떤 대상이 가지고 있는 쓰임이나 능력을 충분히 잘 이용한. *운세 이미 정해져 있는 인간의 운이 닥쳐오는 기세. *예언 미래의 일을 알거나 추측하여 말함. *긍정적 바람직하거나 좋게 볼 만한 것. *교묘하게 어떤 일을 하는 방법이나 꾀가 아주 뛰어나고 빠르게. *공감 다른 사람의 마음이나 생각에 대해 자신도 그렇다고 똑같이 느낌. *객관적인 개인의 생각이나 감정에 치우치지 않고 사실이나 사물을 있는 그대로 보거나 생각하는.

1

주제
찾기

이 글에서 설명하고 있는 것은 무엇인가요? (　　　)

① 바넘 효과의 과학적 의의
② 피니어스 테일러 바넘의 일생
③ 심리 테스트 결과를 믿어야 하는 까닭
④ 바넘 효과와 그것을 대하는 올바른 태도
⑤ 피니어스 테일러 바넘이 심리학자가 되는 과정

2

주제
찾기

글 ㈎~㈊의 중심 내용으로 알맞지 <u>않은</u> 것은 무엇인가요? (　　　)

① 글 ㈎: 바넘 효과의 뜻
② 글 ㈏: 바넘 효과의 위험성
③ 글 ㈐: 바넘 효과의 활용 사례
④ 글 ㈑: 바넘 효과가 커지는 때
⑤ 글 ㈊: 바넘 효과를 대하는 태도

3

세부
내용

㉠에 대한 설명으로 알맞지 <u>않은</u> 것은 무엇인가요? (　　　)

① 심리 테스트의 결과가 부정적일 때 커진다.
② '피니어스 테일러 바넘'이라는 사람의 이름에서 유래되었다.
③ 일반적인 특성을 자신과 같다고 믿으려 하는 현상을 말한다.
④ 심리 테스트를 평가하는 사람이 유명하고 똑똑한 사람일 때 커진다.
⑤ 심리 테스트 결과에 자신이 생각하는 특성과 같은 것이 있을 때 커진다.

4

어휘
어법

밑줄 친 낱말 중 ㉡과 <u>같은</u> 뜻으로 쓰인 것은 무엇인가요? (　　　)

① 그 물건을 <u>살</u> 생각이 없다.
② 너희는 아직 <u>살</u> 날이 많이 남았다.
③ 아기는 <u>살</u>이 포동포동하게 올라 있었다.
④ 수레는 바퀴의 <u>살</u>이 부러져 쓸 수가 없었다.
⑤ 조카는 4<u>살</u>이 되어서야 말을 배우기 시작했다.

5

추론
하기

ⓒ을 대할 때 객관적인 시선이 필요한 까닭은 무엇인가요? (   )

① ⓒ은 객관적인 정보들이라 믿을 수 있기 때문이다.

② ⓒ은 분명하고 날카롭게 따져서 얻어진 내용이기 때문이다.

③ ⓒ을 바넘 효과의 대표적인 사례들로 보기 어렵기 때문이다.

④ ⓒ은 과학적이어서 결과를 100퍼센트 믿을 수 있기 때문이다.

⑤ ⓒ은 누구에게나 해당하는 말이어서 무조건 믿거나 휘둘려선 안 되기 때문이다.

6

세부
내용

'바넘 효과'를 활용한 사례가 <u>아닌</u> 것은 무엇인가요? (   )

① 오늘의 운세

② 타로 카드로 점치기

③ 지진 소식을 전하는 신문 기사

④ 혈액형으로 알아보는 나의 성격

⑤ 엠비티아이(MBTI) 성격 유형 조사

7

비판
하기

이 글을 읽고 [보기]의 내용을 알맞게 이해한 친구는 누구인가요? (   )

> [보기]   [성격 테스트 결과]
>
> • 당신은 스스로에게 비판적인 경향이 있습니다.
>
> • 당신의 목표 가운데 몇 가지는 비현실적입니다.
>
> • 당신은 남이 당신을 좋아하길 원하며 남에게 존경받고 싶어 합니다.

① 민수: 내 성격이랑 똑같아.

② 지현: 이거 완전 내 얘기잖아.

③ 찬영: 내 마음을 꿰뚫어 보는 것 같아서 기분이 나빠.

④ 도연: 친구들과는 다른 나만의 특성을 잘 파악할 수 있어.

⑤ 우성: 누구에게나 적용될 수 있는 애매한 내용으로만 되어 있네.

01회 지문 익힘 어휘

1

어휘
의미

뜻에 알맞은 낱말을 찾아 선으로 이으세요.

(1) 심리 •	• ㉮ 사물이나 일이 생겨나게 되다.
(2) 경향 •	• ㉯ 마음의 움직임이나 의식의 상태.
(3) 유래되다 •	• ㉰ 말이나 태도 등이 분명하지 않다.
(4) 교묘하다 •	• ㉱ 어떤 일을 하는 방법이나 꾀가 아주 뛰어나고 빠르다.
(5) 애매모호하다 •	• ㉲ 어느 한 방향으로 기울어진 생각이나 행동 혹은 현상.

2

어휘
활용

빈칸에 들어갈 알맞은 낱말을 [보기]에서 찾아 쓰세요.

[보기]	경향	심리	유래	교묘	애매모호

(1) 마술은 (   )한 눈속임이다.

(2) 좋은 물건은 가지고 싶은 게 사람의 (   )(이)다.

(3) '선녀바위'라는 이름이 어디에서 (   )되었는지 궁금하다.

(4) 요즘 학생들은 컴퓨터 게임에 지나치게 빠지는 (   )이/가 있다.

(5) 동생에게 심부름을 시켰더니 (   )하게 대답해서 하겠다는 건지 아닌지 알 수가 없다.

3

어휘
확장

뜻이 반대인 낱말끼리 짝 지어지지 <u>않은</u> 것은 무엇인가요? (   )

① 성공 – 실패
② 이익 – 손해
③ 장점 – 단점
④ 긍정적 – 효과적
⑤ 객관적 – 주관적

(가) ㉠한 아이가 편의점에 갔다가 새로 나온 ○○○빵을 보고 갑자기 사고 싶은 마음이 들었다. ○○○빵을 사러 편의점에 간 것도 아닌데 순간적*으로 사야겠다는 욕구*가 생겼고, 결국 ○○○빵을 샀다. 아이는 비합리적* 소비*를 한 것이다. 비합리적 소비란 자신의 소득*이나 재산 상태, 제품의 가격 등은 생각하지 않고 올바른 판단 없이 물건을 사는 것을 말한다. 비합리적 소비에는 다음과 같은 유형*이 있다.

(나) 첫째는 '과소비'이다. 과소비는 자신의 소득이나 재산에 비해 지나치게 소비를 많이 하는 것을 말한다. 소득 수준에 맞지 않게 비싼 차를 사는 것이나 돈을 빌려 해외여행을 가는 것 등이 과소비의 예이다.

(다) 둘째는 '충동* 소비'이다. 충동 소비는 살 계획이 없던 물건을 순간적인 기분에 따라 사는 것을 말한다. 이를테면 인터넷 광고를 보고 [㉡]으로 물건을 사거나 마트에서 할인하는 제품이라고 계획 없이 사는 것 등이 충동 소비에 해당한다.

(라) 셋째는 '과시* 소비'이다. 과시 소비는 자신이 가진 지위나 재산을 남에게 자랑하려는 목적으로 소비하는 것을 말한다. 자랑하고 싶은 욕심으로 물건을 사게 되므로 물건의 가격이 오를수록 판매량은 오히려 늘어나는 현상이 나타난다. 값이 비싼 자동차나 집 등은 경제가 어려워져도 수요*가 줄어들지 않는데 이것이 과시 소비에 해당한다.

(마) 넷째는 ㉢'모방* 소비'이다. 모방 소비는 다른 사람의 소비를 그대로 따라 하는 소비를 말한다. 자신에게 필요하지 않더라도 많은 사람들이 사는 상품이라면 그대로 따라 사는 것이다. 이용 후기*가 없는 제품보다 이용 후기가 많은 제품을 사려는 것, 필요하지 않아도 친구들 사이에서 유행하는 옷을 사는 것 등이 모방 소비의 예이다.

(바) 비합리적 소비는 여러 가지 문제가 발생하는 바람직하지 않은 소비다. 자신의 소득에 비해 지나친 소비를 하게 되어 경제적으로 어려워지며, 계획에 없는 불필요한 물건 구매로 자원이 낭비된다*. 또 과시 소비로 인해 경제적으로 어려워 소비를 못 하는 사람들과 갈등이 생길 수 있다. 따라서 합리적* 소비를 할 수 있도록 자신의 소득, 제품의 가격, 제품에 대한 정보 등을 충분히 고려해야* 한다.

낱말 풀이

✱**순간적** 아주 짧은 시간 동안에 있는 것. ✱**욕구** 무엇을 얻거나 무슨 일을 하기를 바라는 것. ✱**비합리적** 이론이나 이치에 맞지 않는 것. ✱**소비** 돈, 물건, 시간, 노력, 힘 등을 써서 없앰. ✱**소득** 일정 기간 동안에 정해진 일을 하고 그 대가로 받는 수입. ✱**유형** 성질이나 특징, 모양 등이 비슷한 것끼리 묶은 하나의 무리. ✱**충동** 어떤 행동을 하고 싶은 마음이 갑작스럽게 일어남. ✱**과시** 자신의 능력이나 재산, 솜씨 등을 자랑스럽게 드러냄. ✱**수요** 어떤 상품이나 서비스를 일정한 가격으로 사려는 욕구. ✱**모방** 다른 것을 본뜨거나 남의 행동을 흉내 냄. ✱**이용 후기** 어떤 제품이나 서비스를 이용한 후에 그것에 대해 평가하는 글. ✱**낭비된다** 돈, 시간, 물건 등이 헛되이 함부로 쓰인다. ✱**합리적** 논리나 이치에 알맞은 것. ✱**고려해야** 어떤 일을 하는 데 여러 가지 상황이나 조건을 신중하게 생각해야.

1

이 글에 대한 설명으로 알맞지 <u>않은</u> 것은 무엇인가요? (   )

① 글 ㉮는 이 글의 처음 부분에 해당한다.

② 글 ㉮에서는 비합리적인 소비의 뜻을 설명하였다.

③ 글 ㉯~㉺는 글의 중간 부분으로 시간의 흐름에 따라 썼다.

④ 글 ㉯~㉺에서는 구체적인 예를 들어 읽는 사람의 이해를 도왔다.

⑤ 글 ㉻는 글의 끝부분에 해당한다.

2

글쓴이가 이 글을 쓰기 위해 생각한 내용이 <u>아닌</u> 것은 무엇인가요? (   )

① 충동 소비란 무엇인가?

② 비합리적 소비의 문제점은 무엇인가?

③ 비합리적 소비의 유형에는 무엇이 있나?

④ 합리적 소비를 해야 하는 까닭은 무엇인가?

⑤ 과시 소비를 주로 하는 사람들은 누구인가?

3

이 글의 내용과 일치하지 <u>않는</u> 것은 무엇인가요? (   )

① 비합리적 소비는 여러 가지 문제를 일으킨다.

② 이용 후기가 많은 제품을 사는 것은 과시 소비에 해당한다.

③ 충동 소비는 순간적인 감정에 따라 소비하는 형태를 말한다.

④ 다른 사람의 소비를 그대로 따라 하는 소비를 모방 소비라고 한다.

⑤ 비합리적 소비에는 과소비, 충동 소비, 과시 소비, 모방 소비가 있다.

4

㉠의 상황을 나타내기에 알맞은 한자 성어는 무엇인가요? (   )

① 일석이조(一石二鳥): 동시에 두 가지 이익을 얻음.

② 소탐대실(小貪大失): 작은 것을 탐하다가 큰 것을 잃음.

③ 유비무환(有備無患): 미리 준비를 해 놓으면 걱정할 것이 없음.

④ 견물생심(見物生心): 물건을 실제로 보게 되면 가지고 싶은 욕심이 생김.

⑤ 어부지리(漁夫之利): 두 사람이 서로 다투는 사이에 다른 사람이 힘들이지 않고 이익을 대신
얻음.

5 ⓛ에 들어갈 알맞은 말은 무엇인가요? (   )

추론
하기

① 계획적   ② 소극적   ③ 합리적
④ 즉흥적   ⑤ 효과적

6 ⓒ에 해당하는 경우를 <u>두 가지</u> 고르세요. (,   )

적용
창의

① 유명한 연예인이 신고 있는 신발을 따라 샀다.
② 제품과 기능을 따지지 않고 무조건 비싼 상표의 제품만 샀다.
③ 한 식당 앞에 길게 늘어선 줄을 보고 그 식당에서 밥을 먹었다.
④ 홈 쇼핑에서 최신 텔레비전을 파는 것을 보고 마음에 들어 구매하였다.
⑤ 하나를 사면 하나를 더 준다는 마트 직원의 말을 듣고 예정에 없던 피자를 샀다.

7 이 글과 [보기]를 읽고 알맞게 말한 것은 무엇인가요? (   )

추론
하기

> [보기] '스놉 효과'는 많은 사람들이 사는 제품을 꺼리는 소비 현상을 말한다. 남들과 다른
> 자신만의 개성을 추구하는 사람들이 하는 소비 형태로, 제품 수가 한정되어 있어 사
> 람들이 사기 어려운 물건을 사는 것, 특이하거나 매우 귀한 미술품을 사는 것 등이 스
> 놉 효과의 대표적 예이다.

① 스놉 효과는 모방 소비와 비슷한 소비 유형이다.
② 스놉 효과는 과시 소비와 반대되는 소비 유형이다.
③ 스놉 효과는 모방 소비와 반대되는 소비 유형이다.
④ 충동 소비는 비합리적 소비이지만, 스놉 효과는 합리적 소비이다.
⑤ 과소비는 바람직하지 않은 소비 유형이지만, 스놉 효과는 바람직한 소비 유형이다.

02회 지문 익힘 어휘

1 뜻에 알맞은 낱말을 [보기]에서 찾아 쓰세요.

어휘
의미

[보기]	소득	욕구	소비	과시하다	고려하다

(1) (   ): 돈, 물건, 시간, 노력, 힘 등을 써서 없앰.

(2) (   ): 무엇을 얻거나 무슨 일을 하기를 바라는 것.

(3) (   ): 자신의 능력이나 재산, 솜씨 등을 자랑스럽게 드러내다.

(4) (   ): 일정 기간 동안에 정해진 일을 하고 그 대가로 받는 수입.

(5) (   ): 어떤 일을 하는 데 여러 가지 상황이나 조건을 신중하게 생각하다.

2 빈칸에 들어갈 알맞은 낱말을 찾아 선으로 이으세요.

어휘
활용

(1) 자전거를 살 때 색깔과 안전성을 [   ] 했다.   •

(2) 낯선 아이가 잘난 척하며 실력을 [   ] 했다.   •

(3) [   ]은/는 오르지 않는데 물가는 계속 오른다.   •

(4) 소년은 배움에 대한 [   ]을/를 강하게 느꼈다.   •

(5) 전염병 유행으로 마스크 [   ]이/가 크게 늘었다.   •

   • ㉮ 소득

   • ㉯ 소비

   • ㉰ 욕구

   • ㉱ 과시

   • ㉲ 고려

3 두 낱말의 관계가 [보기]와 같은 것은 무엇인가요? (   )

어휘
확장

[보기]	모방 – 창조

① 이용 – 사용   ② 소득 – 수입

③ 소비 – 과소비   ④ 싸다 – 비싸다

⑤ 과시하다 – 자랑하다

(가) 사막은 언제나 건조하고* 물이 아주 귀하다. 일 년에 25센티미터(cm) 이하로 비가 적게 오고, 햇볕이 쨍쨍 내리쬐기 때문이다. 이렇게 열악한* 환경 속에서 사막의 식물들은 어떻게 적응하며* 살아갈까? 사막에 적응하는 방법에 따라 식물들을 크게 네 가지 종류로 나눌 수 있다.

(나) 첫째, ㉠평소에 잎이나 줄기 등에 최대한 물을 저장해* 두는 종류이다. ㉡선인장은 사막에 사는 대표적인 식물로 고슴도치를 닮은 '금호선인장', 기둥 모양으로 곧게 자라는 '기둥선인장', 부채같이 넓은 모양의 '부채선인장' 등이 있다. 줄기에 물이 저장되어 있으며, 잎은 가시로 변해 수분*이 빼앗기는 걸 막는다. 가시는 크고 뾰족해 줄기의 물을 먹으려는 동물을 막아 주기도 한다. 길게 빼문 용의 혓바닥을 닮은 '용설란'은, 줄기 없이 뿌리에

▲ 용설란

서 바로 잎이 난다. 그래서 두꺼운 껍질에 싸인 두툼하고 긴 칼 모양의 잎에 물을 저장한다. 그 잎을 잘라 보면 자른 면이 미끄럽고 촉촉하다. 「어린 왕자」 이야기에 나오는 '바오바브나무'도 사막에 산다. 10미터(m) 이상 크게 자라고 굵고 둥근 줄기 안에 물을 많이 저장하고 있다.

(다) 둘째, 뿌리를 깊고 넓게 퍼뜨려서 땅속 깊이 숨어 있는 물을 찾아내는 종류이다. 사막에 사는 여러해살이 식물*들이 환경을 이겨 내는 방법 중 하나가 뿌리를 발달시키는 것이다. 뿌리를 땅속 30미터 깊이까지 뻗는 나무도 많으며, 메스키트는 뿌리를 땅속 58미터까지 뻗는다.

(라) 셋째, 오랫동안 씨앗의 형태*로 지내다가 비가 오면 재빨리 자라는 종류이다. 사막에서 사는 한해살이 식물*들은 대부분 씨 형태로 모래 속에서 비를 기다린다. 그러다 비가 내리면 재빨리 자라서 꽃을 피우고, 열매를 맺어 씨를 퍼뜨리고 난 후 죽는다. 싹이 터서 씨를 퍼뜨리기까지의 모든 과정이 20일도 채 되지 않는다.

(마) 넷째, 바람을 타고 굴러다니는 종류이다. 이런 식물을 '회전초'라고 하는데, 물이 부족하면 바싹 말라 버리고 뿌리 또는 줄기가 끊어져 굴러다닌다. 굴러다니면서 사방*에 씨앗을 퍼뜨리고, 비가 오거나 물이 있는 곳을 만나면 재빨리 뿌리를 내리고 쑥쑥 자란다. 회전초는 한 종류의 식물이 아니라 여러 가지 식물을 포함한 것으로, 어떤 것은 뿌리가 없어도 살 수 있다.

날말풀이

＊**건조하고** 말라서 물기가 없고. ＊**열악한** 품질이나 능력 등이 몹시 낮고 조건이 나쁜. ＊**적응하며** 어떠한 조건이나 환경에 익숙해지거나 알맞게 변화하며. ＊**저장해** 물질이나 물건을 모아 보관해. ＊**수분** 무엇에 섞이거나 스며 있는 물. ＊**여러해살이 식물** 겨울이 되면 잎과 줄기는 말라 죽지만 뿌리 부분은 살아 있어서 해마다 다시 잎과 줄기가 돋아나는 식물. ＊**형태** 일정한 구조를 갖춘 모양. ＊**한해살이 식물** 봄에 싹이 나서 그 해 가을에 열매를 맺고 죽는 식물. ＊**사방** 둘레의 모든 곳.

1 이 글에서 설명하고 있는 것은 무엇인가요? ( )

주제
찾기

① 사막의 날씨 변화

② 사막에 사는 동물의 종류

③ 사막에 비가 오지 않는 이유

④ 사막에 사는 식물이 환경에 적응하는 방법

⑤ 한해살이 식물과 여러해살이 식물의 차이점

2 글 ㈎~㈏의 중심 내용으로 알맞지 않은 것은 무엇인가요? ( )

주제
찾기

① 글 ㈎: 사막의 환경과 식물들의 생존

② 글 ㈏: 잎이나 줄기 등에 물을 저장해 두는 사막 식물

③ 글 ㈐: 잎이 발달한 사막 식물

④ 글 ㈑: 오랫동안 씨앗 형태로 지내는 사막 식물

⑤ 글 ㈒: 바람을 타고 굴러다니는 사막 식물

3 ㉠에 해당하지 않는 식물은 무엇인가요? ( )

세부
내용

① 용설란   ② 메스키트   ③ 금호선인장

④ 기둥선인장   ⑤ 바오바브나무

4 ㉡과 같은 설명 방법이 쓰인 것은 무엇인가요? ( )

구조
알기

① 사과는 사과나무의 열매이다.

② 너는 홀쭉하고 나는 뚱뚱하다.

③ 소나무와 잣나무는 모두 뾰족한 잎을 가지고 있다.

④ 자동차는 크기에 따라서 대형차, 중형차, 소형차로 나뉜다.

⑤ 16세기에 활동한 대표적인 화가에는 라파엘로, 미켈란젤로 등이 있다.

5

세부
내용

이 글의 내용과 일치하지 <u>않는</u> 것은 무엇인가요? (   )

① 사막은 식물이 자라기 열악한 환경이다.

② 선인장의 잎은 수분을 빼앗기지 않기 위해 가시로 변했다.

③ 사막에 사는 여러해살이 식물은 대부분 씨 형태로 오랫동안 비를 기다린다.

④ 사막에서 식물이 뿌리를 땅속 깊게 퍼뜨리는 이유는 물을 찾기 위해서이다.

⑤ 물이 부족하면 바싹 말라 뿌리 또는 줄기가 끊어져 굴러다니는 식물을 회전초라고 한다.

6

어휘
어법

이 글의 내용과 가장 관계 깊은 한자 성어는 무엇인가요? (   )

① 다다익선(多多益善): 많으면 많을수록 좋음.

② 취사선택(取捨選擇): 여럿 가운데서 쓸 만한 것은 쓰고 버릴 것은 버림.

③ 물물교환(物物交換): 돈을 사용하지 않고 직접 물건과 물건을 바꾸는 일.

④ 약육강식(弱肉強食): 강한 것은 약한 것을 잡아먹고, 약한 것은 강한 것에게 먹히는 것.

⑤ 적자생존(適者生存): 환경에 적응하는 생물만 살아남고, 그렇지 못한 것은 점점 줄어들어 없어
지는 현상.

7

추론
하기

이 글을 바탕으로 [보기]를 알맞게 이해한 것은 무엇인가요? (   )

> [보기]　　칠레 아타카마 사막은 지구에서 가장 건조한 사막으로 유명하다. 메마른 이곳에도
> 수년에 한 번씩 꽃이 피는데, 어쩌다 내리는 비가 사막에 묻혀 있던 씨앗이 싹을 틔우
> 고 꽃을 피울 수 있게 돕는 것이다. 아타카마 사막에 묻힌 씨앗은 짧게는 3년, 길게는
> 10년을 기다렸다 한 번 꽃을 피운다. 보통 5~7년마다 한 번씩 모양과 색깔이 서로 다
> 른 꽃들이 피어나는데, 피어나는 꽃의 종류만 200여 종이 넘는다고 한다.

① 아타카마 사막의 꽃들은 여러해살이 식물이구나.

② 아타카마 사막의 꽃들은 줄기에 물을 저장해 놓는구나.

③ 아타카마 사막의 꽃들은 땅속 깊은 곳까지 뿌리를 뻗는구나.

④ 아타카마 사막의 꽃들은 바람을 타고 굴러다니다가 물을 만나면 뿌리를 내리는구나.

⑤ 아타카마 사막의 꽃들은 오랫동안 씨앗의 형태로 지내다가 비가 오면 재빨리 자라는구나.

03회 지문 익힘 어휘

1 뜻에 알맞은 낱말을 [보기]에서 찾아 쓰세요.

어휘
의미

| [보기] | 건조하다 | 적응하다 | 저장하다 | 열악하다 |

(1) (   ): 말라서 물기가 없다.

(2) (   ): 물질이나 물건을 모아 보관하다.

(3) (   ): 품질이나 능력 등이 몹시 낮고 조건이 나쁘다.

(4) (   ): 어떠한 상황이나 환경에 익숙해지거나 알맞게 변화하다.

2 빈칸에 들어갈 알맞은 낱말을 찾아 선으로 이으세요.

어휘
활용

(1) 냉장고에 음식을 칸칸이 [   ]한다.   •   • ㉮ 건조

(2) 날씨가 [   ]해서 화재가 많이 발생한다.   •   • ㉯ 적응

(3) 동생은 전학 간 학교에 빠르게 [   ]했다.   •   • ㉰ 저장

(4) 교실도 없는 [   ]한 환경이지만 아이들은 열심히 공부했다.   •   • ㉱ 열악

3 [보기]의 밑줄 친 낱말과 같은 뜻으로 쓰인 것은 무엇인가요? (   )

어휘
확장

| [보기] | 비 온 뒤 땅이 굳는다. |

① 두 선분의 비는 3 대 1이다.

② 비를 들고 나가서 앞마당 좀 쓸어라.

③ 오랜만에 내린 비로 메말랐던 땅이 촉촉이 젖었다.

④ 중국 퉁거우에는 광개토 대왕의 공적을 새긴 비가 있다.

⑤ 지금 궁궐에선 세자의 비를 맞이하기 위한 준비가 한창이다.

15분 안에 푸세요.

(가) 높은 건물에서 불이 난 것을 보면 '영화처럼 아이언맨이 구해 준다면 얼마나 좋을까?'라는 생각을 하게 된다. 그런데 미래에는 그 일이 가능해질지도 모른다. 입으면 초능력을 발휘할* 수 있는 아이언맨의 옷이 현실에서도 만들어지고 있기 때문이다. 바로 ㉠웨어러블 로봇이다.

(나) 웨어러블 로봇이란 옷처럼 입을 수 있는 로봇 기술을 말한다. 팔다리와 같은 신체 외부에 장착하기* 때문에 '착용형* 로봇' 또는 '외골격* 로봇'이라고도 부른다. 아이언맨 옷처럼 멋있지는 않지만 착용한 사람의 능력을 끌어올려 주는 놀라운 기능을 갖고 있다.

(다) 최초의 웨어러블 로봇은 1965년 미국에서 만든 '하디맨'이다. 산업 현장에서 근로자의 힘을 보조하고* 부상을 막기 위해 만들었는데, 이 로봇을 입으면 힘이 25배나 세진다. 하지만 로봇의 무게가 650킬로그램(kg)이나 돼 결국 시장에서 ㉡외면당했다. 이후 웨어러블 로봇은 국방용*으로 다시 관심을 받기 시작해 오늘날에 이르렀다.

(라) 웨어러블 로봇의 종류는 크게 두 가지로 나눌 수 있다. 첫 번째는 건강한 사람의 신체 능력을 높여 주는 로봇이다. 무거운 것을 다루거나 높은 곳에 오르내릴 때, 위험한 일을 해야 할 때 안전하고 편리하게 움직일 수 있게 도우므로 주로 군사용, 산업용*, 재난* 구조용으로 쓰인다. 두 번째는 환자나 장애인의 활동을 돕는 로봇으로 재활*·의료 보조용으로 쓰인다.

(마) 그렇다면 웨어러블 로봇은 어떤 원리로 움직일까? 웨어러블 로봇은 인공 지능* 기술로 스스로 판단하고 조절하며 움직인다. 최근에는 사람이 팔다리를 구부리거나 펼 때 관절*에 감지되는* 힘을 파악하여, 착용한 사람의 동작에 맞춰 로봇이 동시에 따라 움직이는 ㉢'토크 감지' 방식이 많이 쓰이고 있다. 이때 사람의 움직임을 완전히 측정해 조금의 오차*도 없이 따라 움직이면서 강한 힘도 낼 수 있는 '동작 일치' 여부가 매우 중요하다. 따라서 컴퓨터를 이용해 사람의 다음 움직임을 예측해서 시간차를 줄이려는 노력이 계속되고 있다.

(바) 이러한 웨어러블 로봇의 발전은 인간의 삶을 더 편리하게 만들 뿐 아니라, 신체적 한계를 뛰어넘을 수 있도록 도와줄 것이다.

낱말
풀이

＊**발휘할** 재능이나 실력 등을 잘 나타낼. ＊**장착하기** 옷, 기구, 장비에 장치를 달거나 붙이기. ＊**착용형** 입거나 몸에 지니거나 걸치는 형태. ＊**외골격** 동물의 몸을 떠받치는 바깥 뼈대. ＊**보조하고** 거들거나 돕고. ＊**국방용** 다른 나라의 침입이나 위협으로부터 나라를 지키는 데 쓰이는 것. ＊**산업용** 산업 활동을 하는 데에 쓰이는 것. ＊**재난** 뜻밖에 생긴 불행한 사고. ＊**재활** 신체적으로 장애가 있는 사람이 장애를 극복하고 생활함. ＊**인공 지능** 인간의 생각하고 이해하는 활동의 일부를 컴퓨터로 대신할 수 있게 하는 기능. ＊**관절** 두 뼈가 서로 이어지는 부분. ＊**감지되는** 느낌으로 알게 되는. ＊**오차** 실지로 셈하거나 측정한 값과 이론적으로 정확한 값과의 차이.

1

주제
찾기

이 글의 제목으로 가장 알맞은 것은 무엇인가요? (　　　)

① 화재 시 행동 요령

② 토크 감지 방식이란?

③ 인공 지능 시대가 온다

④ 아이언맨의 옷을 만든다

⑤ 로봇이 이끌어 가는 미래 사회

2

주제
찾기

글 ㈎~㈐의 중심 내용으로 알맞은 것은 무엇인가요? (　　　)

① 글 ㈎: 웨어러블 로봇의 정의

② 글 ㈏: 웨어러블 로봇의 미래

③ 글 ㈐: 웨어러블 로봇의 종류

④ 글 ㈑: 웨어러블 로봇의 역사

⑤ 글 ㈒: 웨어러블 로봇의 작동 원리

3

세부
내용

㉠에 대한 설명으로 알맞지 <u>않은</u> 것은 무엇인가요? (　　　)

① 인공 지능 기술을 사용한다.

② 외골격 로봇이라고도 부른다.

③ 아이언맨 옷과 겉모습이 동일하다.

④ 사람 몸에 직접 착용하는 '착용형 로봇'이다.

⑤ 착용한 사람의 능력을 끌어올려 주는 기능을 갖고 있다.

4

어휘
어법

㉡과 바꾸어 쓸 수 있는 말로 알맞은 것은 무엇인가요? (　　　)

① 인정받지 못했다.

② 겉모습만 바뀌었다.

③ 인기가 아주 많았다.

④ 고장이 잦은 편이었다.

⑤ 쉽게 사용할 수 있었다.

5 ⓒ에 대한 설명으로 알맞은 것은 무엇인가요? (   )

세부
내용

① 동작 일치 여부는 그리 중요하지 않다.
② 최초의 웨어러블 로봇에 사용되었으나 외면당했다.
③ 과거에 웨어러블 로봇을 만들 때 많이 사용되던 방식이다.
④ 팔다리를 구부리거나 펼 때 관절에 감지되는 힘을 파악하는 방식이다.
⑤ 사람이 움직인 뒤 이를 따라서 움직이는 형태라 반응이 늦고 오류도 발생하기 쉽다.

6 이 글을 바탕으로 [보기]를 알맞게 이해하지 <u>못한</u> 것은 무엇인가요? (   )

추론
하기

> [보기] 산업용 웨어러블 로봇은 가장 빠르게 성장하고 있는 분야이다. 배에 무거운 물건을 싣거나 건설 현장에서 재료를 옮기는 경우처럼 무거운 것을 들고 나를 때 근로자의 힘을 세게 하고 부상 위험을 줄일 수 있기 때문이다. 그래서 건설, 공장 등의 산업 현장에서 특히 관심을 끌고 있으며, 다양한 분야에서 활용이 늘어나고 있다. 하지만 아직은 너무 비싸고 사용감이 떨어지는 게 사실이다. 실제로 웨어러블 로봇을 작업자들에게 제공했지만 너무 무겁고 착용에 대한 부담감 때문에 오히려 부상이 더 많아진 경우도 있다고 한다. 높은 가격과 더불어 안정성, 착용 편리성 등이 여전히 숙제로 남아 있는 것이다.

① 웨어러블 로봇이 널리 쓰이려면 아직은 보완할 것이 많군.
② 웨어러블 로봇은 단점이 많으므로 만들지 않는 것이 좋겠군.
③ 이 글에 비해 [보기]는 웨어러블 로봇의 문제점을 더 자세하게 다루고 있군.
④ [보기]는 산업용 웨어러블 로봇의 예이므로, 이 글의 ㉔와 관련 있는 내용이군.
⑤ 단점만 보완된다면 웨어러블 로봇은 산업 현장뿐 아니라 더 다양한 분야에서 사용되겠군.

7 다음 중 사용되는 웨어러블 로봇의 종류가 <u>다른</u> 하나는 무엇인가요? (   )

적용
창의

> ㉮ 하반신 마비 환자를 걷게 할 때
> ㉯ 전쟁터에서 무거운 포탄이나 무기를 옮길 때
> ㉰ 건설 현장에서 무거운 건축용 자재를 옮길 때
> ㉱ 부두에서 커다란 짐을 배에 싣는 작업을 할 때
> ㉲ 화재 현장에서 무거운 장비를 짊어지고 높은 곳까지 올라갈 때

① ㉮   ② ㉯   ③ ㉰   ④ ㉱   ⑤ ㉲

04회 지문 익힘 어휘

1

어휘
의미

낱말의 알맞은 뜻을 찾아 선으로 이으세요.

| (1) 오차 | • | | • | ㉮ 느낌으로 알아내게 되다. |

| (2) 재난 | • | | • | ㉯ 뜻밖에 생긴 불행한 사고. |

| (3) 재활 | • | | • | ㉰ 옷, 기구, 장비에 장치를 달거나 붙이다. |

| (4) 장착하다 | • | | • | ㉱ 신체적으로 장애가 있는 사람이 장애를 극복하고 생활함. |

| (5) 감지되다 | • | | • | ㉲ 계획과 실제의 차이. 관측하거나 계산에서 얻어진 수와 그 정확한 수와의 차이. |

2

어휘
활용

빈칸에 들어갈 알맞은 낱말을 [보기]에서 찾아 쓰세요.

| [보기] | 장착 | 재활 | 재난 | 감지 | 오차 |

(1) 수달은 물고기의 움직임을 자신의 긴 수염으로 (   )한다.

(2) 장마철 대비를 잘해서 홍수로 인한 (   )을/를 피할 수 있었다.

(3) 부상으로 다리를 다친 선수가 (   ) 훈련을 열심히 받고 있다.

(4) 운전석에 에어백을 (   )하면 교통사고의 위험을 줄일 수 있다.

(5) 눈으로 보아 대강 짐작하는 것과 실제 거리에는 많은 (   )이/가 있다.

3

어휘
확장

밑줄 친 낱말의 뜻을 [보기]에서 찾아 기호를 쓰세요.

| [보기] | • 쓰이다: ㉮ 사용되거나 이용되다. |
| | ㉯ (관심이) 쏠리다. |

(1) 우리나라 요리엔 마늘이 많이 <u>쓰인다</u>. (   )

(2) 나는 자꾸 가난한 소년에게 마음이 <u>쓰였다</u>. (   )

(3) 다음 낱말은 어떤 뜻으로 <u>쓰였는지</u> 살펴보자. (   )

(4) 바깥에서 나는 소리에 신경이 <u>쓰여</u> 공부에 집중할 수가 없었다. (   )

14분 안에 푸세요.

(가) ㉠모네는 프랑스의 대표적인 인상주의 화가다. 인상주의란 19세기 후반에 프랑스를 중심으로 일어난 예술 운동을 말한다. 인상주의 화가들은 빛에 따라 시시각각* 변화하는 순간의 인상*을 ㉮중시하여, 빛에 따른 작은 변화까지 고려한 살아 있는 그림을 그리려 하였다. 모네 또한 자연을 아주 자세하게 선으로 묘사하는* 대신 빛의 조화로 자연의 변화무쌍한* 힘을 기록하는 화가였다.

(나) 모네가 살았던 1870년대 프랑스에선 화가들이 주로 살롱전*을 통해 작품을 발표했다. 그런데 살롱전 심사위원들은 당시 유행하는 예쁘고 교훈적인 그림을 좋아했기 때문에 모네처럼 개성 있는 그림을 그리는 신진* 화가들은 이름을 알리기가 쉽지 않았다. 그래서 1874년 봄, 모네는 피사로, 시슬레, 드가, 세잔, 르누아르 등의 몇몇 신진 화가들과 함께 사진작가 나다르의 작업실에서 ㉯독자적*인 전시회를 열었다.

(다) 하지만 이들의 작품은 '붓질조차 ㉰서투른 아마추어*'라는 비웃음을 샀다. 특히, 비평가* 루이 르루아는 『르 샤리바리』란 신문에 '인상주의자들의 전람회*'라는 기사를 내고, 모네의 「인상, 해돋이」가 '벽지 문양*의 밑그림만도 못한 막연한 인상에 불과하다'고* ㉱비꼬았다*. 하지만 르루아가 모네의 그림을 비난하며 쓴 이 말로 인해 결국 이들의 화풍*을 인상주의라고 부르게 되었다. 모네의 그림 「인상, 해돋이」는 비록 처음에는 사람들의 비웃음을 샀지만 인상주의라는 새로운 개념을 소개하는 역할을 한 것이다.

(라) "베껴야 한다면 가장 위대한 것을 베껴야 한다. 그것은 자연이다."라고 말한 모네의 그림에서 주인공은 늘 '빛'이었다. 빛의 경이로움*을 그리기 위해 모네는 오랫동안 빛의 명암*과 색채를 연구했다. 그래서 1초 사이에 변하는 빛의 색을 눈으로 볼 수 있을 정도가 되었다고 한다.

(마) 모네의 열정은 새벽녘 동이 트기 시작할 때와 태양이 강렬한 한낮은 물론 어둑어둑해지는 저녁까지 ㉲이어졌다. 그렇게 해서 「건초더미」, 「포플러」 등의 많은 연작*을 그려 냈다. 그뿐 아니라 250여 점에 이르는 연작 「수련」을 세상에 남겼다. 이 그림들은 장소와 사물은 같지만 그림자 모양과 길이, 색채 등은 똑같은 것이 하나도 없다. 계절에 따라 시각에 따라 다르게 만들어 내는 빛의 세계를 그렸기 때문이다.

낱말
풀이

✻시시각각 그때그때의 시간. ✻인상 어떤 대상이 주는 느낌. ✻묘사하는 어떤 대상이나 현상을 보이는 대로 말하거나 그리는. ✻변화무쌍한 변화가 매우 심한. ✻살롱전 미술 단체의 정기적인 전람회. 주로 프랑스 파리에서 개최되는 전람회를 가리킴. ✻신진 어떤 사회나 분야에 새로 나섬. 또는 그런 사람. ✻독자적 남에게 의지하지 않고 혼자의 힘으로 하는 것. ✻아마추어 어떤 일을 전문적으로 하는 것이 아니라 취미 삼아서 하는 사람. ✻비평가 무엇의 옳고 그름, 좋고 나쁨, 잘되고 잘못된 것을 따져 그 가치를 매기는 사람. ✻전람회 미술 작품들을 벌여 놓고 남에게 보이는 행사. ✻문양 물건을 장식하기 위해 표면에 그리거나 새겨 넣은 무늬. ✻불과하다고 어떤 수준에 지나지 않은 상태라고. ✻비꼬았다 남의 마음에 거슬릴 정도로 빈정거렸다. ✻화풍 한 시대나 한 지역에 유행하는 그림의 방식. ✻경이로움 놀랍고 신기한 느낌. ✻명암 밝음과 어두움. ✻연작 한 작가가 같은 주제나 같은 인물로 작품을 잇달아 만드는 일. 또는 그런 작품.

1
주제
찾기
이 글에서 설명하고 있는 것은 무엇인가요? (   )

① 모네의 일생
② 모네의 친구들
③ 모네와 인상주의
④ 프랑스의 살롱 문화
⑤ 인상주의의 성장과 몰락

2
세부
내용
이 글의 내용과 일치하지 <u>않는</u> 것은 무엇인가요? (   )

① 인상주의는 19세기 후반에 프랑스를 중심으로 일어난 예술 운동이다.
② 인상주의 화가들의 작품은 처음부터 비평가들로부터 좋은 평가를 받았다.
③ 모네의 「인상, 해돋이」는 인상주의라는 새로운 개념을 소개하는 역할을 했다.
④ 인상주의란 말은 비평가 르루아가 모네의 그림을 비난하며 쓴 말에서 비롯되었다.
⑤ 모네, 피사로, 시슬레, 드가, 세잔, 르누아르 등은 첫 인상주의 전시회를 연 화가들이다.

3
구조
알기
글 ㈎~㈒의 중심 내용으로 알맞지 <u>않은</u> 것은 무엇인가요? (   )

① 글 ㈎: 인상주의의 뜻
② 글 ㈏: 인상주의의 등장 배경
③ 글 ㈐: 인상주의란 말의 유래
④ 글 ㈑: 인상주의의 한계
⑤ 글 ㈒: 모네의 대표작

4
세부
내용
㉠에 대해 바르게 설명하지 <u>못한</u> 친구는 누구인가요? (   )

① 주미: 늘 빛이 주인공인 그림을 그렸지.
② 영석: 신문에 '인상주의자들의 전람회'라는 제목의 기사를 썼어.
③ 수아: 19세기 후반 프랑스 사람으로, 대표적인 인상주의 화가지.
④ 철찬: 「인상, 해돋이」와 연작인 「건초더미」, 「포플러」, 「수련」 등을 남겼어.
⑤ 도담: 빛의 명암과 색채를 연구하여 계절과 시각에 따라 달라지는 빛의 세계를 그렸지.

5 ㉮~㉳를 다른 말로 바꾸었을 때 알맞지 <u>않은</u> 것은 무엇인가요? (   )

어휘
어법

① ㉮: 중시하여 → 중요하게 여겨   ② ㉯: 독자적인 → 혼자 힘으로
③ ㉰: 서투른 → 익숙하지 않은   ④ ㉱: 비꼬았다 → 극찬했다
⑤ ㉲: 이어졌다 → 계속됐다

6 이 글에서 [보기]의 내용이 들어가기에 가장 알맞은 곳은 어디인가요? (   )

구조
알기

[보기]   모네가 빛에 관심을 갖게 된 건 야외에서 그림을 그려 보라는 화가 부댕의 제안 덕
분이었다. 모네는 야외에서 그림을 그리기 위해 풍경을 바라보다가 시간이 흐름에 따
라 빛도 바뀌고, 풍경도 달라진다는 사실을 깨달았다. 빛의 매력에 빠진 그는 자연의
'빛'을 그리고 싶어서 매일 10시간이 넘게 밖에서 그림을 그렸다. 그렇게 해서 1872년,
르아브르 항구의 해돋이 광경을 그려 냈다. 바로 「인상, 해돋이」이라는 작품이었다.

① 글 ㉮의 뒤   ② 글 ㉯의 뒤   ③ 글 ㉰의 뒤   ④ 글 ㉱의 뒤   ⑤ 글 ㉲의 뒤

7 이 글을 바탕으로 [보기]의 그림을 알맞게 감상하지 <u>못한</u> 것은 무엇인가요? (   )

추론
하기

1872년작, 「인상, 해돋이」

① 항구의 아침 풍경을 주제로 그린 그림이야.
② 해돋이로부터 화가가 받는 인상을 표현하고 있어.
③ 사물의 변하지 않는 형태와 색채를 표현하려고 했어.
④ 빛의 조화로 자연의 변화무쌍한 힘을 기록하고 있어.
⑤ 해가 뜨는 순간 바닷물에 반사되는 빛을 잘 포착했어.

05회 지문 익힘 어휘

1
어휘
의미

뜻에 알맞은 낱말을 낱말 카드로 만들어 쓰세요.

| 인 | 화 | 진 | 묘 | 상 | 신 | 풍 | 사 |

(1) 어떤 대상이 주는 느낌. → ☐☐

(2) 한 시대나 한 지역에 유행하는 그림의 방식. → ☐☐

(3) 어떤 사회나 분야에 새로 나섬. 또는 그런 사람. → ☐☐

(4) 어떤 대상이나 현상을 보이는 대로 말하거나 그리는 일. → ☐☐

2
어휘
활용

빈칸에 들어갈 알맞은 낱말을 [보기]에서 찾아 쓰세요.

| [보기] | 인상 | 묘사 | 신진 | 화풍 |

(1) 그 사람은 (   )이/가 좀 험악해 보인다.

(2) 그의 그림은 스승의 (   )을/를 이어받았다.

(3) 올해 미술계는 (   ) 화가들의 활동이 활발하였다.

(4) 그 소설은 주인공의 성격 (   )이/가 아주 뛰어나다.

3
어휘
확장

밑줄 친 낱말의 뜻을 [보기]에서 찾아 기호를 쓰세요.

[보기] • 그리다: ㉮ 마음속에 떠올리거나 상상하다.
　　　　　　 ㉯ 어떤 모양을 일정하게 나타내거나 어떤 표정을 짓다.
　　　　　　 ㉰ 생각, 현상 따위를 말이나 글, 음악 등으로 나타내다.
　　　　　　 ㉱ 연필, 붓 따위로 어떤 사물의 모양을 그와 닮게 선이나 색으로 나타내다.

(1) 화살이 포물선을 그리며 날아갔다. (   )

(2) 세잔이 가장 많이 그린 것은 사과였다. (   )

(3) 우리는 오늘 이순신 장군의 일대기를 그린 영화를 보았다. (   )

(4) 그는 기뻐하는 아내와 아이들의 모습을 그리며 선물을 준비했다. (   )

1주 한자로 익히는 어휘

共
한가지 공

'공(共)' 자는 '함께'나 '다 같이'를 뜻하는 글자예요. 제사 지낼 때 쓰는 제기를 공손히 들고 가는 모습을 본뜬 글자였어요. 그러다가 여럿이 서로 받든다는 뜻에서 '함께'라는 뜻을 갖게 되었어요.

● 다음 획순에 따라 한자를 따라 쓰세요.

共	一	十	艹	艹	艹	共					
共	共	共									

공동 共同
(한가지 공, 한가지 동)

어떤 일을 여럿이 함께하는 것.
예 학교 기숙사는 여섯 명이 한 방을 공동으로 쓴다.

반대말 단독(單獨): 함께 하지 않고 혼자.

공감 共感
(한가지 공, 느낄 감)

어떤 것을 보고 서로 똑같이 생각하거나 느끼는 것.
예 그 영화는 장애를 가진 사람들의 공감을 얻었다.

비슷한말 동감(同感)

공통점 共通點
(한가지 공, 통할 통, 점찍을 점)

여럿 사이에 서로 같은 점.
예 건우와 나의 공통점은 컴퓨터를 좋아한다는 것이다.

반대말 차이점(差異點): 서로 같지 않고 다른 점.

Q 빈칸에 공통으로 들어갈 한자는 무엇인가요? (   )

□동	□감	□통점

① 內   ② 共   ③ 言   ④ 立   ⑤ 地

2주

한자 物 (물건 물) 자

(가) 한 나라의 말에는 그 나라의 얼*과 역사가 담겨 있다고 한다. 우리가 뜻도 모르고 버릇처럼 사용하는 말 중에도 알고 보면 우리 고유*의 문화와 역사가 배어* 있는 것들이 많다.

(나) '망하거나 없어지다'의 뜻으로 쓰이는 ㉠'거덜 나다'의 경우가 그렇다. 거덜은 조선 시대에 가마나 말을 맡아보던 관청*인 '사복시'에서 일하던 종을 가리킨다. 거덜은 말을 돌보며 관리하고, 궁중 행차* 때 말을 타고 가며 임금이나 고관*이 탄 말이나 수레가 잘 갈 수 있도록 미리 앞길을 틔우는 일을 했다. 거덜은 행차의 앞길을 틔울 때 자연히 우쭐거리며 소리를 높이고 몸을 흔들었다. 이 때문에 사람이 몸을 흔드는 것을 '거들(덜)거리다'라고 하였다. 또, 걸을 때 몸을 몹시 흔드는 말을 '거덜마'라고 불렀다. '거들먹거리다', '거드름 피우다'란 말도 여기에서 나온 것이다. 그리고 '나다'는 '나타나다'를 뜻하는 말이다. 따라서 '거덜 나다'는 '거덜이 나왔다'라는 뜻이 된다. 거덜이 나와 "물렀거라!" 하고 소리치면 지나가던 백성들이 모두 엎드려 사방이 조용해졌다. 이에 빗대어 '재산이나 살림이 잘못되어 거의 없어지다.'라는 뜻의 '거덜 나다'가 생겨난 것이다.

(다) '척지다'라는 말은 서로 원한을 품고 미워한다는 뜻으로 사용되고 있다. 하지만 원래는 소송*과 관련된 말이었다. 조선 시대에는 옳고 그름을 따지려면 원님*을 찾아가 소송을 걸었다. 이때 소송당한 사람을 '척'이라고 불렀다. 즉, '척지다'는 소송을 걸어 상대를 피고로 만든다는 뜻이 된다. 소송으로 다투다 보면 사이가 나빠져 완전히 등을 돌리게 되는데, 이를 '척을 졌다'고 표현했던 것이다.

(라) 그럼 날씨나 마음이 쓸쓸하고 흐린 상태를 이르는 '을씨년스럽다'라는 말은 어떨까? 이 말의 유래*는 1905년 '을사년'에 맺은 '을사늑약'에서 찾아볼 수 있다. 을사늑약으로 일본에 나라를 빼앗긴 당시 분위기는 매우 암울했다고* 한다. 그때부터 암울하거나 쓸쓸한 분위기를 보면 '을사년스럽다'고 했는데 그 말이 변화해 '을씨년스럽다'가 됐다.

낱말풀이

＊**얼** 정신의 바탕이나 본질. ＊**고유** 한 사물이나 집단 등이 본래부터 지니고 있는 특별한 것. ＊**배어** 깊이 느껴지거나 오래 남아 있어. ＊**관청** 국가의 사무를 보는 기관. 또는 기관이 들어 있는 건물. ＊**행차** '웃어른이 길을 가는 것'을 높여 이르는 말. ＊**고관** 지위가 높은 관리. ＊**소송** 사람들 사이에 일어난 다툼을 법률에 따라 판결해 달라고 법원에 요구함. ＊**원님** 고을을 다스리던 관리를 높여 이르는 말. ＊**유래** 사물이나 일이 생겨남. 또는 그 사물이나 일이 생겨난 내력. ＊**암울했다고** 어두컴컴하고 답답했다고.

1

주제
찾기

이 글에 대한 설명으로 알맞은 것은 무엇인가요? (   )

① 우리말의 소중함을 설명하고 있다.

② 우리말의 아름다움을 설명하고 있다.

③ 우리말을 잘못 사용하는 예를 소개하고 있다.

④ 역사와 관련된 유래를 가진 우리말을 설명하고 있다.

⑤ 다른 나라에는 없는 우리만의 독특한 표현들을 설명하고 있다.

2

구조
알기

이 글의 구성 방식으로 알맞은 것은 무엇인가요? (   )

① 두 대상의 공통점을 중심으로 설명하는 방식

② 두 대상의 차이점을 중심으로 설명하는 방식

③ 시간이나 공간의 순서에 따라 설명하는 방식

④ 하나의 주제에 대하여 몇 가지 예시를 늘어놓는 방식

⑤ 해결할 문제와 그에 대한 해결 방법을 제시하는 방식

3

구조
알기

이 글에서 [보기]의 내용이 들어가기에 가장 알맞은 곳은 어디인가요? (   )

> [보기]   이처럼 말의 유래를 살펴보면 그 속에 배어 있는 역사와 문화를 알 수 있어 그 말을
> 이해하는 데 많은 도움이 된다.

① 글 (가)의 앞   ② 글 (가)의 뒤   ③ 글 (나)의 뒤

④ 글 (다)의 뒤   ⑤ 글 (라)의 뒤

4

세부
내용

㉠에 대한 설명으로 알맞지 <u>않은</u> 것은 무엇인가요? (   )

① '망하거나 없어지다'의 뜻으로 쓰인다.

② '거드름을 피우다', '거들먹거리다'와 같은 뜻으로 쓰인다.

③ 거덜이 궁중 행차 때 우쭐거리며 소리를 높이고 몸을 흔들었던 것에서 비롯되었다.

④ 거덜은 조선 시대에 말과 가마를 맡아보던 관청에서 말을 돌보고 관리하던 종이다.

⑤ 거덜이 나와 소리치면 지나가던 백성들이 모두 엎드려 사방이 조용해진 것에 빗대어 생겨난
말이다.

5

세부
내용

낱말과 역사적 유래가 알맞게 짝지어진 것은 무엇인가요? (   )

	낱말	역사적 유래
①	척지다	사복시
②	척지다	을사늑약
③	척지다	조선 시대 소송 제도
④	을씨년스럽다	사복시
⑤	을씨년스럽다	조선 시대 소송 제도

6

어휘
어법

밑줄 친 낱말의 쓰임이 알맞지 않은 것은 무엇인가요? (   )

① 좀 잘산다고 거들먹거리며 다니는 꼴이라니.

② 사장이 무리하게 공장을 늘려 회사가 거덜 났다.

③ 날씨가 을씨년스러운 게 곧 눈이라도 쏟아질 것 같다.

④ 그는 나와 심하게 척진 일이 있어 지금은 서로 왕래도 하지 않는다.

⑤ 결혼 8년 만에 아이를 낳았으니 이보다 더 기쁘고 을씨년스러운 일이 있겠느냐?

7

추론
하기

이 글을 바탕으로 [보기]를 알맞게 이해하지 못한 것은 무엇인가요? (   )

> [보기]　'시치미를 떼다'라는 말은 '매사냥'에서 유래된 말이다. 고려 시대에는 매사냥이 유행하였는데, 매의 주인을 표시하기 위해 매 꽁지에 '시치미'라는 이름표를 붙였다. 이 시치미를 보고 주인이 있고 길들인 매라는 걸 구분할 수 있었다. 그런데 시치미를 떼어 내고 주인 없는 매를 잡은 척하거나 자기 이름표로 바꾸고 자기 매인 척하는 사람들이 생겨났다. 그래서 자기가 하고도 하지 않은 척하거나 알고 있으면서도 모르는 척할 때 '시치미를 떼다'라는 표현을 사용하는 것이다.

① '시치미를 떼다'는 고려 시대의 매사냥에서 유래한 말이야.

② '떼다'는 붙어 있거나 이어져 있는 것을 뗀다는 뜻이겠구나.

③ '시치미를 떼다'라는 말 속에는 우리의 역사와 문화가 배어 있어.

④ '시치미'는 원래 주인을 표시하기 위해 매 꽁지에 붙이던 이름표였어.

⑤ 매사냥이 사라지면서 '시미치를 떼다'라는 말도 사라져 지금은 쓰고 있지 않아.

06회 지문 익힘 어휘

1

어휘
의미

낱말에 알맞은 뜻을 찾아 선으로 이으세요.

(1) 고유 •

(2) 행차 •

(3) 소송 •

(4) 암울하다 •

• ㉮ 어두컴컴하고 답답하다.

• ㉯ '웃어른이 길을 가는 것'을 높여 이르는 말.

• ㉰ 한 사물이나 집단 등이 본래부터 지니고 있는 특별한 것.

• ㉱ 사람들 사이에 일어난 다툼을 법률에 따라 판결해 달라고 법원에 요구함.

2

어휘
활용

빈칸에 들어갈 알맞은 낱말을 [보기]에서 찾아 쓰세요.

[보기]	고유	행차	소송	암울

(1) 일제 강점기는 (   )한 시기였다.

(2) 신하들은 왕의 (   )을/를 뒤따랐다.

(3) 삼촌은 변호사에게 (   )을/를 의뢰했다.

(4) 한글은 우리말을 적는 우리 (   )의 글자이다.

3

어휘
확장

빈칸에 들어갈 알맞은 낱말과 그 뜻을 [보기]에서 찾아 기호를 쓰세요.

[보기]	• 배다: ㉮ 물기나 냄새 따위가 스며들다.
	㉯ 어떤 태도·생각·행동이 버릇이 되어 익숙해지다.
	• 베다: ㉰ 칼 같은 날이 있는 물건에 의해 몸에 상처를 내다.
	㉱ 칼이나 낫 같은 날이 있는 연장으로 자르거나 끊다.

(1) 친절이 몸에 (   ).

(2) 칼로 대나무를 (   ).

(3) 옷에 고기 냄새가 (   ).

(4) 연필을 깎다가 손을 (   ).

(가) 중세* 시대 때 후추는 '검은 금'이라 불릴 만큼 귀했다. 한 알씩 낱개로 거래될 정도로 가치가 높아 세금이나 집세를 낼 때 돈 대신 사용하기도 했다. 당시 후추 한 상자의 가격이 3,570만 원이나 되었다고 한다. 비싸다는 말을 할 때, '후추처럼 비싸다'라고 표현할 정도였다.

▲ 후추 열매

(나) ㉠중세 시대에 후추가 이토록 비쌌던 이유는 뭘까? 중세 유럽은 기후가 맞지 않아 향신료*를 재배하기가 어려웠다. 그래서 후추를 멀리 인도에서 이집트를 지나 베네치아를 거쳐 유럽에 들여왔다. 게다가 냉장 시설이 없어 음식물이 상하기 쉬웠으므로 맵싸한* 맛과 독특한 향으로, 변질된* 고기의 맛을 살려 주는 후추가 꼭 필요했다. 여기에 악취가 모든 병의 근원이라고 믿어 후추를 약품 대신 이용했던 것도 한몫했다. 이처럼 필요로 하는 곳은 많은데 구하기 어렵다 보니 가격이 오를 수밖에 없었던 것이다.

(다) 그러자 후추에 대한 사람들의 욕망도 한없이 커졌다. 후추는 귀족들이 부와 힘을 자랑하는 데 쓰는 사치품*이 되었다. 궁중 파티가 열리면 왕은 자신의 부를 뽐내기 위해 후추 열매를 한 줌씩 뿌리고 그것을 주우러 귀부인*들이 대리석 바닥을 기는 ㉡진풍경*이 벌어졌다고 한다.

(라) 이처럼 인간의 욕구는 무한한* 데 이를 충족시켜* 줄 수 있는 자원*의 양은 상대적*으로 부족한 현상을 ㉢자원의 희소성이라고 한다. 희소성은 희귀성*과는 달라, 자원의 절대적*인 양의 많고 적음이 아니라 인간의 필요와 욕구에 따라 달라지며, 희소성이 있으면 가격이 올라가고 없으면 떨어진다.

(마) 이후 유럽인들은 인도에서 직접 후추를 들여오기 위해 바다로 눈을 돌리기 시작했다. 바스쿠 다 가마는 동쪽으로 뱃길을 열어 인도에서 후추와 황금을 들여오는 데 성공했다. 서쪽으로 간 콜럼버스도 신대륙 아메리카와 새로운 향신료인 '고추'를 발견했다. 대항해 시대가 열리면서 유럽은 후추를 빼앗기 위해 인도와 아시아 일대를 식민지로 만들었다. 17세기 중반 이후 네덜란드와 영국이 식민지에서 경쟁적으로 후추를 들여오면서 농민들도 시장에서 후추를 쉽게 살 수 있게 되었다. 그러자 귀족들은 구하기 어려운 다른 향신료로 눈을 돌리기 시작했다. 결국 후추의 희소성도 떨어졌다. 그 결과 후추는 오늘날과 같이 누구나 싼 가격으로 쉽게 구할 수 있는 대중* 소비품*이 되었다.

낱말풀이

＊중세 역사의 시대 구분에서 고대와 근대 사이의 중간 시대. ＊향신료 고추·후추·파·마늘·깨 등과 같이 음식물에 맵거나 향기로운 맛을 더하는 재료. ＊맵싸한 맵고 코나 목을 쏘는 듯한 느낌이 있는. ＊변질된 성질이 달라진. ＊사치품 분수에 지나치는 값비싼 물품. ＊귀부인 신분이 높거나 돈이 많은 집안의 부인. ＊진풍경 보기 드문 놀라운 구경거리. ＊무한한 한계가 없는. ＊충족시켜 넉넉하여 모자람이 없게 해. ＊자원 사람의 생활과 생산에 필요한 물질·재료·노동력·기술 따위. ＊상대적 서로 맞서거나 비교되는 관계에 있는 것. ＊희귀성 드물어서 매우 귀한 성질. ＊절대적 비교하거나 상대될 만한 것이 없는 것. ＊대중 사회를 이루고 있는 대부분의 사람. ＊소비품 써서 없애는 물품.

1

주제
찾기

이 글에서 설명하고 있는 것은 무엇인가요? (   )

① 중세 유럽의 몰락

② 대항해 시대의 탄생

③ 콜럼버스의 신대륙 발견

④ 향신료가 유럽에 전해지는 과정

⑤ 시대에 따라 달라진 자원의 희소성

2주 07회 정답및풀이 14~15쪽

2

주제
찾기

글 ㈎~㈆의 중심 내용으로 알맞지 <u>않은</u> 것은 무엇인가요? (   )

① 글 ㈎: 후추의 다양한 쓰임새

② 글 ㈏: 후추가 비쌌던 이유

③ 글 ㈐: 사치품이 된 후추

④ 글 ㈑: '자원의 희소성'의 의미

⑤ 글 ㈒: 후추 가치의 하락

3

세부
내용

㉠에 해당하지 <u>않는</u> 것은 무엇인가요? (   )

① 후추를 약품 대신 이용했다.

② 기후가 맞지 않아 향신료를 재배하기가 어려웠다.

③ 네덜란드와 영국이 식민지에서 경쟁적으로 후추를 들여왔다.

④ 후추를 먼 인도에서부터 이집트, 베네치아를 거쳐 들여와야 했다.

⑤ 냉장 시설이 발달하지 않아 변질된 고기 맛을 살려 주는 후추가 꼭 필요했다.

4

어휘
어법

㉡과 바꾸어 쓰기에 알맞은 말은 무엇인가요? (   )

① 실제로 보는 듯했다고

② 위험한 풍경이 펼쳐졌다고

③ 눈부신 풍경이 펼쳐졌다고

④ 진짜 풍경을 볼 수 있었다고

⑤ 보기 드문 광경이 펼쳐졌다고

5 ㉢에 대한 설명으로 알맞은 것은 무엇인가요? (   )

세부
내용

① 희귀성과 의미하는 바가 같다.

② 인간의 필요와 욕구에는 큰 영향을 받지 않는다.

③ 자원의 절대적인 양의 많고 적음에 영향을 받는다.

④ 희소성이 있으면 가격이 떨어지고, 희소성이 없으면 가격이 올라간다.

⑤ 인간의 욕구는 무한한데, 이를 충족시켜 줄 자원의 양은 부족한 현상을 말한다.

6 이 글과 [보기]를 통해, 후추와 희소성의 관계를 알맞게 이해하지 <u>못한</u> 것은 무엇인가요? (   )

추론
하기

> [보기]   희소성의 법칙은 사람들이 원하는 것에 비해 물건이 부족할 때 값어치가 높아지는
> 현상을 말한다. 그런데 어떤 자원의 양이 매우 적더라도 그것을 원하는 사람이 없다
> 면 그 자원은 희소성이 없고, 어떤 자원의 양이 매우 많더라도 그것을 원하는 사람들
> 의 욕구가 더 크다면 그 자원은 희소성이 있다. 때문에 희소성은 시대나 장소, 상황에
> 따라 달라진다는 특성을 가진다. 예를 들어, 열대 지방에서의 에어컨은 그 수가 많아
> 도 사람들이 필요로 하는 양이 더 많기 때문에 희소성이 있지만, 추운 지역에서의 에
> 어컨은 그 수가 적어도 사람들이 원치 않기 때문에 희소성이 없다. 또한 깨끗한 물은
> 옛날에는 매우 흔했기 때문에 희소성이 없었지만, 오늘날에는 환경 오염으로 인해 희
> 소성이 높아졌다.

① 후추의 희소성은 시대에 따라 달라졌다.

② 후추는 옛날이나 지금이나 변함없이 희소성이 있다.

③ 17세기 중반 이후 후추의 희소성이 떨어지면서 가격도 싸졌다.

④ 중세 유럽에서 후추는 희소성 때문에 값비싼 사치품이 될 수 있었다.

⑤ 중세 유럽에서는 사람들이 원하는 것에 비해 후추가 부족했기 때문에 후추의 값어치도 높았다.

7 이 글의 내용으로 볼 때, 희소성이 가장 떨어지는 것은 무엇인가요? (   )

적용
창의

① 사막에서의 물

② 숲속에 홀로 자란 독버섯

③ 식량을 구하기 어려운 전쟁터에서의 쌀

④ 공기 오염이 심각한 곳에서의 맑은 공기

⑤ 세상에 하나밖에 없는 분홍색 다이아몬드 목걸이

07회 지문 익힘 어휘

1 낱말과 뜻이 알맞게 짝 지어지지 <u>않은</u> 것은 무엇인가요? (　　　)

어휘
의미

① 무한하다: 한계가 없다.

② 변질되다: 성질이 달라지다.

③ 충족시키다: 넉넉하여 모자람이 없게 하다.

④ 상대적: 아무런 조건이나 제약이 붙지 아니하는 것.

⑤ 자원: 사람의 생활과 생산에 필요한 물질·재료·노동력·기술 따위.

2 빈칸에 들어갈 알맞은 낱말을 찾아 선으로 이으세요.

어휘
활용

(1) 석유는 꼭 필요한 지하 [　　　]이다.　　•

(2) 여자가 남자보다 [　　　](으)로 오래 산다.　　•

(3) 여름에는 온도가 높아 음식이 쉽게 [　　　]된다.　　•

(4) 어린이는 누구나 [　　　]의 가능성을 지니고 있다.　　•

(5) 모든 사람들의 욕구를 모두 [　　　]시킬 수는 없다.　　•

• ㉮ 무한

• ㉯ 변질

• ㉰ 자원

• ㉱ 충족

• ㉲ 상대적

3 [보기]의 밑줄 친 관용 표현의 뜻으로 알맞은 것은 무엇인가요? (　　　)

어휘
확장

[보기]　　이제부터 우리는 세계로 <u>눈을 돌려야</u> 한다.

① 관심을 돌리다.

② 두드러지게 드러나다.

③ 다른 이가 보는 것을 피하다.

④ 정신을 차리고 주의를 기울이다.

⑤ 더 이상 다른 것을 생각하지 않다.

(가) 지구상에는 있는 대부분의 식물은 씨에서 싹이 트고, 자라서 꽃을 피운 뒤, 열매를 맺어 새로운 씨를 퍼뜨리는 한살이*를 거친다. 이때 가능한 한 멀리 씨앗을 퍼뜨리려고 하는데, 너무 가까이에 씨앗이 떨어지면 모체*의 그늘에 가려 햇빛을 충분히 받지 못하거나 모체의 뿌리 때문에 씨앗이 쉽게 뿌리내릴 수 없기 때문이다. 그렇다면 다리나 날개도 없는 식물이 어떻게 멀리까지 씨앗을 보낼 수 있을까?

(나) 바람 타고 훨훨 날아가는 방법이 있다. ㉠민들레 씨앗에는 ㉡꽃받침이 변형된* 가벼운 갓털*이 있어 바람 타고 멀리 날아갈 수 있다. 단풍나무의 씨앗은 프로펠러처럼 빙글빙글 돌면서 바람을 타는데, 바람이 강하게 불면 100미터(m) 이상 날아간다.

▲ 단풍나무 씨앗

(다) 동물의 먹이가 되는 방법도 있다. 수박, 사과, 배, 감, 포도 등은 맛있는 열매 속에 단단한 씨가 있다. 새와 같은 동물이 그 열매를 먹고 돌아다니다 똥을 싸면, 소화되지 않고 몸 밖으로 나온 씨앗이 똥을 영양분* 삼아 싹을 틔우는 것이다.

(라) 그럼 동물이 좋아하는 열매를 맺을 수 없는 식물은 어떻게 할까? 도꼬마리나 ㉢도깨비바늘 등은 열매에 갈고리나 털, 가시 등이 있어 동물의 몸에 달라붙을 수 있다. 동물들은 자기도 모르는 사이에 몸에 씨앗을 묻히고 다니다 여기저기 퍼뜨려 주는 것이다.

▲ 도깨비바늘

(마) 물가에 사는 식물은 물을 이용해서 씨앗을 퍼뜨린다. 높은 나무에서 뚝 떨어진 ㉣야자열매는 데굴데굴 굴러서 물에 풍덩! 이때 껍질이 두꺼워 씨 안으로 물이 들어가지 않은 채 오래오래 물길을 타고 둥둥 떠내려갈 수 있다. 노랑꽃창포는 동전 모양의 평평한 씨앗 속에 공기가 들어 있다. 씨앗이 가벼워 물에 잘 뜨기 때문에 물길 따라 멀리 퍼져 나갈 수 있다.

(바) 열매껍질의 탄력성*을 이용하는 방법도 있다. 봉숭아나 냉이, 콩과 식물 등의 ㉤열매껍질은 탄력이 있어 껍질이 '팍' 터지면서 멀리 튕겨져 날아간다. 제비꽃은 열매가 오그라들면서 씨앗을 하나씩 튕겨 떨어뜨린다. 떨어진 씨앗에는 개미가 좋아하는 영양분이 붙어 있어 개미에 의해 멀리 퍼져 나갈 수 있는 것이다.

(사) 이처럼 ㉥식물은 자기가 살고 있는 환경을 이용해서 다양한 방법으로 씨를 퍼뜨린다. 씨를 퍼뜨리는 다양한 생존* 전략*들은 식물이 오랜 시간 동안 환경에 맞게 진화해* 온 결과인 것이다.

낱말풀이

*한살이 세상에 태어나서 죽을 때까지의 동안. *모체 어떤 것이 생겨나거나 갈라져 나온 근본. *변형된 형태나 모양, 성질 등이 달라진. *갓털 씨방의 맨 끝에 붙은 솜털 같은 것. *영양분 영양이 되는 성분. *탄력성 물체가 외부에서 힘을 받았을 때 튀기는 힘이 있는 성질. *생존 살아 있음. 또는 살아남음. *전략 정치, 경제 등의 사회적 활동을 하는 데 필요한 방법과 계획. *진화해 생물이 생명이 생긴 후부터 조금씩 발전해.

1

주제
찾기

이 글에서 설명하고 있는 것은 무엇인가요? (　　　)

① 식물의 한살이

② 식물의 진화 과정

③ 식물과 동물의 차이점

④ 꽃이 피지 않은 식물의 생존 전략

⑤ 식물이 씨를 퍼뜨리는 다양한 방법

2

구조
알기

이 글의 짜임을 나타낸 그림으로 가장 알맞은 것은 무엇인가요? (　　　)

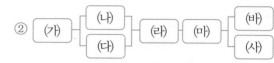

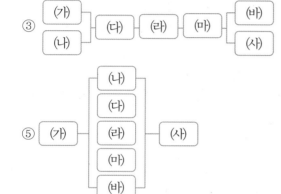

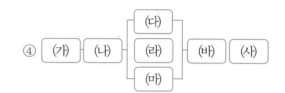

3

어휘
어법

㉠~㉤ 중 [보기]처럼 뜻이 있는 두 낱말로 나눌 수 <u>없는</u> 것은 무엇인가요? (　　　)

[보기]	단풍나무 → 단풍 + 나무	제비꽃 → 제비 + 꽃

① ㉠: 민들레　　　② ㉡: 꽃받침　　　③ ㉢: 도깨비바늘

④ ㉣: 야자열매　　　⑤ ㉤: 열매껍질

4

세부
내용

㉥의 예로 알맞지 <u>않은</u> 것은 무엇인가요? (　　　)

① 물을 이용하는 방법

② 걸어서 이동하는 방법

③ 동물의 먹이가 되는 방법

④ 동물의 털에 달라붙는 방법

⑤ 바람 타고 훨훨 날아가는 방법

5 **식물과 씨를 퍼뜨리는 방법이 알맞게 연결되지 않은 것은 무엇인가요? (   )**

세부
내용

식물	씨를 퍼뜨리는 방법
① 사과	동물이 먹고 똥을 싸서 옮겨 줌.
② 봉숭아	열매껍질이 터지면서 멀리 튕겨져 날아감.
③ 민들레	갓털이 있어 바람 타고 멀리 날아감.
④ 도꼬마리	열매가 오그라들면서 씨앗을 튕겨 떨어뜨림.
⑤ 노랑꽃창포	물에 떠서 물길 따라 멀리 퍼져나감.

6 **[보기]를 바탕으로 이 글을 알맞게 이해한 것은 무엇인가요? (   )**

추론
하기

[보기] 식물은 크게 종자식물과 포자식물로 나눌 수 있다. 종자식물은 꽃이 피고 씨를 만들어 번식하는 식물을, 포자식물은 꽃이 피지 않고 포자(홀씨)로 번식하는 식물을 말한다. 그래서 종자식물은 꽃식물, 포자식물은 민꽃식물이라고도 부른다. 무궁화, 봉선화, 개나리, 진달래, 장미, 소나무, 은행나무, 벼 등 대부분의 식물이 종자식물에 속하며, 솔이끼, 우산이끼, 고사리, 쇠뜨기 등이 포자식물에 속한다.

① 이 글은 포자식물의 종류에 대해 설명하고 있어.
② 이 글은 포자식물의 번식 방법에 대해 설명하고 있어.
③ 이 글은 종자식물의 번식 방법에 대해 설명하고 있어.
④ 이 글은 민꽃식물이 자라는 환경에 대해 설명하는 거야.
⑤ 이 글은 종자식물과 포자식물의 차이점에 대해 설명하는 거야.

7 **식물이 씨앗을 퍼뜨리는 방법과 관련된 발명품을 알맞게 말하지 못한 친구는 누구인가요?**
(   )

적용
창의

① 우찬: 낙하산은 민들레나 박주가리의 씨가 바람에 날아가는 모습을 보고 만들었다고 해.
② 미영: 브이(V)자 형태의 글라이더는 삼각형의 날개가 있어 멀리 날아갈 수 있는 자바 오이의 씨앗을 보고 만든 거야.
③ 형돈: 가시철조망은 양들이 장미넝쿨의 뾰족한 가시를 두려워한다는 사실에서 아이디어를 얻어 만들어진 것이라고 해.
④ 지현: 자동차나 비행기의 프로펠러는 단풍나무의 열매가 바람에 날릴 때 빙글빙글 돌면서 떨어지는 모습에서 아이디어를 얻은 거래.
⑤ 가연: 도꼬마리 열매에 있는 갈고리 모양의 가시를 보고 단추나 끈보다 쉽게 붙였다 뗐다 할 수 있는 '벨크로(찍찍이)'를 발명했다고 해.

08회 지문 익힘 어휘

1 뜻에 알맞은 낱말을 [보기]에서 찾아 쓰세요.

어휘
의미

[보기]	생존	전략	탄력성	진화하다

(1) (   ): 살아 있음. 또는 살아남음.

(2) (   ): 생물이 생명이 생긴 후부터 조금씩 발전하다.

(3) (   ): 물체가 외부에서 힘을 받았을 때 튀기는 힘이 있는 성질.

(4) (   ): 정치, 경제 등의 사회적 활동을 하는 데 필요한 수단과 계획.

2 빈칸에 들어갈 알맞은 낱말을 찾아 선으로 이으세요.

어휘
활용

(1) 환경 오염이 인류의 [   ]을/를 위협하고 있다. •   • ㉮ 진화

(2) 자동차 타이어는 [   ]이/가 좋은 고무로 만들어졌다. •   • ㉯ 생존

(3) 새로 만든 상품을 많이 팔기 위해서는 판매 [   ]을/를 잘 세워야 한다. •   • ㉰ 전략

(4) 낙타가 콧구멍을 닫을 수 있게 [   ]한 것은 모래바람을 막기 위해서이다. •   • ㉱ 탄력성

3 밑줄 친 낱말의 뜻을 [보기]에서 찾아 기호를 쓰세요.

어휘
확장

[보기] • 튕기다: ㉮ 다른 사람의 요구나 부탁을 거절하다.
㉯ 탄력이 있는 물체가 본래의 상태로 돌아가려고 힘 있게 움직이다.
㉰ 액체에 강한 힘을 가하여 순간적으로 공중에 튀는 상태가 되게 하다.
㉱ 강한 물체가 서로 부딪쳐 불꽃과 같은 것이 생겨 사방으로 튀게 하다.

(1) 그만 **튕기고** 좀 도와줘. (   )

(2) 칼이 부딪치면서 불꽃을 **튕겼다**. (   )

(3) 대나무는 휘었다가 **튕기는** 힘이 세다. (   )

(4) 친구들에게 물을 **튕기며** 장난을 쳤다. (   )

13분 안에 푸세요.

(가) 아랍 에미리트는 1년 동안 내리는 비의 양이 100밀리미터 (mm) 정도에 불과한* 나라로, 여름마다 극심한* 가뭄을 겪고 있다. 그래서 2017년부터 인공* 강우* 연구 계획을 세우고, 해마다 수차례 실험을 하고 있다. 인공 강우는 가뭄을 해결할 수 있는 방법 중 하나이므로 아랍 에미리트뿐만 아니라 미국, 중국, 우리나라 등 세계 여러 나라에서 활발하게 연구되고 있다. 인공 강우에 대해 자세히 알아보자.

▲ 소나기 구름

(나) 인공 강우란 구름에 인공적인 영향을 주어 비가 내리게 하는 것으로, 비가 내리는 원리를 이용한 기술이다. 그렇다면 비는 어떻게 내리는 것일까? 구름은 매우 작고 가벼운 물방울로 이루어져 있어서 땅으로 떨어지지 못하고 하늘에 떠 있다. 이 물방울들이 비가 되어 내리려면 물방울들이 서로 뭉쳐 커지고 무거워져야 한다. 이때 물방울들을 뭉치게 하는 것이 구름 씨이다. 구름 씨 역할을 하는 먼지나 꽃가루 등이 구름 속에 들어가면 주변에 있던 물방울들이 서로 뭉쳐 눈이 되어 내리는데, 기온이 높으면 눈이 비로 바뀌어 내리는 것이다. 인공 강우의 원리도 마찬가지이다. 구름 속 물방울들이 뭉치는 것을 촉진하기* 위해 구름 씨 역할을 하는 '드라이아이스'나 '요오드화 은' 같은 화학 물질을 구름에 뿌려 인공적으로 비를 내리게 한다.

(다) 인공 강우는 다양한 경우에 활용할 수 있다. 가뭄이 심할 때, 대형 산불이 났을 때처럼 물이 필요할 때 인공 강우를 활용할 수 있다. 또 태풍이나 홍수를 막을 때에도 인공 강우를 활용할 수 있다. 구름이 많은 비를 내리기 전에 미리 구름 속 물방울들을 털어 내면 태풍이나 홍수를 막을 수 있기 때문이다. 실제로 미국, 중국과 같은 인공 강우 선진국*들은 이미 인공 강우 기술을 실용화하고* 있다.

(라) 인공 강우는 사람이 필요에 따라 날씨를 조절하는* 기술로, 세계적으로 많은 관심을 모으고 있다. 　ㄱ　 등으로 인한 피해를 막을 수 있으며, 더 나아가서는 지구 온난화 예방*에도 도움이 되기 때문이다. 인공 강우는 우리의 삶에 커다란 변화를 가져올 중요한 기술이다.

낱말
풀이

＊불과한 어떤 수량에 지나지 않은 상태인. ＊극심한 상태나 정도가 지나칠 정도로 매우 심한. ＊인공 자연적인 것이 아니라 사람의 힘으로 만들어 낸 것. ＊강우 비가 내리는 것. ＊촉진하기 다그쳐서 빨리 진행하게 하기. ＊선진국 다른 나라보다 정치, 경제, 문화 등의 발달이 앞선 나라. ＊실용화하고 실제로 널리 쓰거나 쓰게 하고. ＊조절하는 균형에 맞게 바로잡거나 상황에 알맞게 맞추는. ＊예방 병이나 사고 등이 생기지 않도록 미리 막음.

1

주제
찾기

이 글의 중심 글감으로 알맞은 것은 무엇인가요? (   )

① 비와 눈   ② 자연재해   ③ 환경 오염
④ 인공 강우   ⑤ 기후 변화

2

세부
내용

이 글을 읽고 답을 알 수 있는 질문이 <u>아닌</u> 것은 무엇인가요? (   )

① 비는 어떻게 내리는가?
② 인공 강우란 무엇인가?
③ 인공 강우는 어떻게 활용되는가?
④ 최초로 인공 강우에 성공한 나라는 어디인가?
⑤ 아랍 에미리트가 인공 강우 연구와 실험을 하는 이유는 무엇인가?

3

세부
내용

이 글의 내용과 일치하는 것은 무엇인가요? (   )

① 구름은 크고 무거운 물방울들로 이루어져 있다.
② 인공 강우는 비가 내리는 원리를 이용한 기술이다.
③ 구름 씨는 구름 속 물방울을 털어 내는 역할을 한다.
④ 지구 온난화를 일으키는 원인 중 하나가 인공 강우이다.
⑤ 인공 강우는 구름 씨 역할을 하도록 먼지나 꽃가루를 구름에 뿌린다.

4

구조
알기

이 글에서 [보기]의 내용을 넣기에 가장 알맞은 곳은 어디인가요? (   )

[보기]　　미국과 중국에서는 인공 강우를 이용해 가뭄을 해결한 적이 있고, 이스라엘에서는 물을 확보하기 위해 인공 강우 프로그램을 운영하고 있다.

① 글 (가)의 앞   ② 글 (가)의 뒤   ③ 글 (나)의 뒤
④ 글 (다)의 뒤   ⑤ 글 (라)의 뒤

5

㉠에 들어갈 말로 알맞지 <u>않은</u> 것은 무엇인가요? (   )

① 태풍   ② 지진   ③ 홍수
④ 산불   ⑤ 가뭄

6

이 글과 [보기]를 알맞게 이해한 것은 무엇인가요? (   )

> [보기]   인공 강우는 사람이 인공적으로 비를 내리게 하는 것이다. 인공 강우 실험이 계속되
> 면 자연 강우가 줄어들어 공기 질이 나빠질 수 있다. 또한 구름 속 물방울을 인위적으
> 로 다 써 버렸을 경우, 인공 강우가 내리지 않는 다른 지역에는 가뭄이 발생할 수 있어
> 기상 이변이 더 심해질 수도 있다. 그리고 '요오드화 은'과 같은 화학 물질이 섞인 비
> 가 내리면 인체에 해롭고 땅이 오염될 수 있으며 생태계에 나쁜 영향을 줄 수도 있다.

① [보기]는 이 글에서 제기한 문제의 해결 방안에 해당한다.
② [보기]는 이 글에 나타난 글쓴이의 생각을 뒷받침하는 자료로 알맞다.
③ 이 글과 [보기] 모두 인공 강우에 대해 긍정적인 관점에서 썼다.
④ 이 글과 [보기] 모두 인공 강우에 대해 부정적인 관점에서 썼다.
⑤ 이 글을 통해 인공 강우의 장점을, [보기]를 통해 인공 강우의 단점을 알 수 있다.

7

이 글을 읽고 자신의 생각을 알맞게 말한 친구는 누구인가요? (   )

① 영주: 구름이 왜 하늘에 떠 있는지 그 까닭을 밝혔으면 좋겠어.
② 민유: 인공 강우가 사람들에게 큰 도움을 주는 것 같지는 않아.
③ 수아: 인공 강우는 구름이 없어도 비를 내릴 수 있는 신기술이야.
④ 재호: 세계적으로 물이 부족한 원인이 무엇인지 밝히는 내용이 들어가면 더 좋을 것 같아.
⑤ 동훈: 구름 씨 역할을 하는 '드라이아이스'와 '요오드화 은'의 성질을 더 자세히 설명했으면 좋
        겠어.

09회 지문 익힘 어휘

1 낱말의 알맞은 뜻을 찾아 선으로 이으세요.

어휘
의미

(1) 예방 •

(2) 조절하다 •

(3) 불과하다 •

(4) 촉진하다 •

(5) 극심하다 •

• ㉮ 다그쳐서 빨리 진행하게 하다.

• ㉯ 어떤 수량에 지나지 아니한 상태이다.

• ㉰ 병이나 사고 등이 생기지 않도록 미리 막음.

• ㉱ 균형에 맞게 바로잡거나 상황에 알맞게 맞추다.

• ㉲ 상태나 정도가 지나칠 정도로 매우 심하다.

2 빈칸에 들어갈 알맞은 낱말을 [보기]에서 찾아 쓰세요.

어휘
활용

[보기]	예방	촉진	극심	불과

(1) 주말마다 사거리는 교통 체증이 ( )하다.

(2) 햇볕에 오래 노출되면 피부 노화가 ( )된다.

(3) 시골에 있는 이 학교는 전체 학생 수가 열 명에 ( )하다.

(4) 전염병 ( )을/를 위해 외출한 뒤에는 손을 꼭 씻어야 한다.

3 [보기]의 밑줄 친 낱말과 같은 뜻으로 쓰인 것은 무엇인가요? ( )

어휘
확장

[보기]	인공 강우란 구름에 인공적인 영향을 주어 비가 <u>내리게</u> 하는 것이다.

① 창밖에 첫눈이 내리고 있다.
② 이번 역에서 내려야 합니다.
③ 작년보다 배추 가격이 조금 내렸다.
④ 남방의 소매를 내리고 단추를 잠갔다.
⑤ 어부들은 그물을 내려 물고기를 잡았다.

(가) 펜싱은 두 선수가 검으로 찌르거나 베는 동작으로 득점을 겨루는 스포츠이다. 펜싱의 역사는 아주 오래되었지만 오늘날과 같은 경기용 운동으로 자리 잡은 것은 19세기 말이다. 펜싱의 종주국*은 프랑스로, 모든 경기 용어는 프랑스어를 사용한다. 펜싱에는 에페, 사브르, 플뢰레의 세 종목*이 있는데, 각 종목은 [㉠   ] 등 여러 가지 차이점이 있다.

▲ 펜싱 경기하는 모습

(나) 에페는 옛날 유럽의 기사들이 일대일로 결투를 한 것에서 유래하였다. 상대 선수의 온몸을 공격할 수 있고, 두 선수가 동시에 공격과 방어*를 할 수 있으며, 찌르기 공격만 할 수 있다. ㉡마치 양 선수가 동시에 찔렀다면 선수들 모두 점수를 얻는다. 길이 110센티미터(cm), 무게 770그램(g) 이하의 검을 사용하며, 5분씩 3회 또는 10분씩 5회에 걸쳐* 경기를 한다.

(다) ㉢사브르는 옛날 기마병*들이 말을 타고 싸우던 것에서 유래하였다. 기마병들이 싸울 때 적의 허리 위를 공격한 것이 오늘날에도 그대로 이어져 상대 선수의 머리와 팔을 포함한 상체만 공격할 수 있고, 찌르기와 베기 공격을 모두 할 수 있다. 또한 공격 자세를 먼저 취한* 선수에게 공격권*을 주며, 공격권을 받지 못한 선수는 상대방의 공격을 막아야 공격권을 얻을 수 있다. 길이 105센티미터, 무게 500그램 이하의 검을 사용하며, 6분씩 5회에 걸쳐 경기를 한다.

(라) 플뢰레는 옛날에 기사들을 훈련시키는 연습 경기에서 유래하였다. 펜싱의 종목 중에서 공격 범위가 가장 좁아 상대 선수의 몸통만 공격할 수 있고, 찌르기 공격만 할 수 있다. 사브르와 마찬가지로 공격 자세를 먼저 취한 선수에게 공격권을 주고, 공격권을 받지 못한 선수는 상대방의 공격을 막아야 공격권을 얻을 수 있다. 길이 110센티미터, 무게 500그램 이하의 검을 사용하며, 6분씩 5회에 걸쳐 경기를 한다.

(마) 펜싱은 제1회 아테네 올림픽 대회 때부터 정식 종목으로 채택되어* 지금까지 이어지고 있다. 그런데 2019년에 프랑스에서 광선 검*을 사용하는 라이트 세이버를 펜싱의 네 번째 종목으로 채택했다. 2024년 파리 올림픽부터는 네 종목의 펜싱 경기를 볼 수 있다.

낱말
풀이

＊**종주국** 어떤 현상이나 대상 등이 처음 시작된 나라. ＊**종목** 여러 가지 종류에 따라 나눈 항목. ＊**방어** 공격이나 위협을 막음. ＊**걸쳐** 일정한 기간이나 범위 내에서 이어지거나 영향을 미쳐. ＊**기마병** 말을 타고 싸우는 병사. ＊**취한** 어떤 특정한 자세를 한. ＊**공격권** 점수를 얻기 위하여 공격을 시작할 수 있는 권리. ＊**채택되어** 여러 가지 중에서 골라져서 다루어지거나 뽑혀 쓰여. ＊**광선 검** 빛의 줄기를 이용한 가상의 검.

1 이 글의 중심 글감으로 알맞은 것은 무엇인가요? (　　)

주제
찾기

① 펜싱 장비
② 펜싱 종목
③ 펜싱 기술
④ 펜싱의 역사
⑤ 펜싱 경기 용어

2 이 글의 내용과 일치하지 <u>않는</u> 것은 무엇인가요? (　　)

세부
내용

① 펜싱의 모든 경기 용어는 프랑스어이다.
② 19세기 말에 경기용 운동으로 자리 잡았다.
③ 에페는 옛날 기마병들이 말을 타고 싸우던 것에서 유래하였다.
④ 펜싱은 아테네 올림픽 대회 때부터 올림픽 정식 종목으로 채택되었다.
⑤ 펜싱은 두 선수가 검으로 찌르거나 베는 동작으로 득점을 겨루는 스포츠이다.

3 글 (가)~(마) 중 다음 내용을 덧붙이기에 알맞은 곳은 어디인가요? (　　)

구조
알기

> 공격 범위가 펜싱 종목 중에서 가장 넓어 칼에 달린 손 보호막도 가장 넓다.

① 글 (가)
② 글 (나)
③ 글 (다)
④ 글 (라)
⑤ 글 (마)

4 글 (나)~(라)의 내용으로 볼 때, ㉠에 들어갈 말로 알맞은 것을 두 가지 고르세요. (　　,　　)

추론
하기

① 검의 종류
② 공격 범위
③ 경기 장소
④ 참여 인원
⑤ 경기 기록

5

어휘
어법

글의 흐름으로 볼 때, ⓒ 대신 들어가기에 알맞은 낱말은 무엇인가요? (   )

① 만약   ② 결코   ③ 전혀
④ 비록   ⑤ 아마

6

세부
내용

ⓒ에 대한 설명으로 알맞은 것은 무엇인가요? (   )

① 광선 검을 사용한다.
② 찌르기 공격만 할 수 있다.
③ 상대 선수의 몸통만 공격할 수 있다.
④ 공격 자세를 먼저 취한 선수에게 공격권을 준다.
⑤ 경기 시간은 5분씩 3회 또는 10분씩 5회를 한다.

7

추론
하기

이 글과 [보기]를 읽고 이해한 내용으로 알맞은 것을 <u>두 가지</u> 고르세요. (,   )

> [보기]   사이클은 사람의 힘으로 자전거를 움직여 속도를 겨루는 스포츠로, 종주국은 프랑
> 스이다. 오늘날과 같은 형태의 자전거를 만든 사람은 프랑스의 콩트 드 시브락 백작
> 으로, 그는 1790년에 나무로 만든 수레바퀴 두 개를 연결하여 자전거 형태를 만들었
> 다. 최초의 자전거 경주 대회는 1869년에 프랑스에서 열렸으며, 제1회 아테네 올림픽
> 대회 때부터 정식 종목으로 채택되었다. 사이클은 실내 경기장에서 열리는 트랙 사이
> 클, 도로 위를 달리는 도로 사이클, 산악 지형을 달리는 엠티비(MTB), 장애물 코스를
> 달리는 비엠엑스(BMX)의 네 가지 종목으로 나뉜다.

① 펜싱과 사이클은 속도를 겨루는 스포츠이다.
② 펜싱과 사이클은 그리스에서 크게 발전시켰다.
③ 펜싱과 사이클의 역사는 서로 비슷하게 오래되었다.
④ 오늘날의 펜싱과 사이클은 모두 프랑스에서 시작되었다.
⑤ 펜싱과 사이클은 올림픽 대회가 시작되었을 때부터 정식 종목이었다.

10회 지문 익힘 어휘

1 뜻에 알맞은 낱말을 [보기]에서 찾아 쓰세요.

어휘
의미

> [보기]　　　　방어　　　　종목　　　　취하다　　　　채택되다

(1) (　　　　): 공격이나 위협을 막음.

(2) (　　　　): 어떤 특정한 자세를 하다.

(3) (　　　　): 여러 가지 종류에 따라 나눈 항목.

(4) (　　　　): 여러 가지 중에서 골라져서 다루어지거나 뽑혀 쓰이다.

2 빈칸에 들어갈 알맞은 낱말을 찾아 선으로 이으세요.

어휘
활용

(1) 아빠가 쓴 소설이 [　　　]되어 신문에 실렸다. ●

(2) 한밤중에 적이 쳐들어와 [　　　]을/를 못 했다. ●

(3) 아이들은 모두 차려 자세를 [　　　]하고 있었다. ●

(4) 우리나라 선수가 최초로 육상 [　　　]에서 메달을 땄다. ●

● ㉮ 취

● ㉯ 방어

● ㉰ 종목

● ㉱ 채택

3 [보기]의 밑줄 친 낱말과 같은 뜻으로 쓰인 낱말은 무엇인가요? (　　　)

어휘
확장

> [보기]　　　　사브르는 6분씩 5회에 걸쳐 경기를 한다.

① 달이 구름 위에 걸쳐 있다.
② 겉옷을 걸치고 밖으로 나가자.
③ 몇 년에 걸쳐 영화를 만들었다.
④ 할머니는 코 끝에 걸친 안경을 올리셨다.
⑤ 어깨 위에 망토를 걸친 사람이 주인공이다.

 ➡ 物

물건 물

'물(物)' 자는 소 우(牛) 자와 말 물(勿) 자가 합쳐져 '물건'이나 '사물'을 가리키는 글자예요. 옛날에 소가 가축 중에서 가장 크고 귀한 것을 대표한 데서 '물건'이라는 뜻을 갖게 되었어요.

● 다음 획순에 따라 한자를 따라 쓰세요.

物	′	⺦	⺧	牛	牜	牣	物	物

物 物 物

보물 寶物
(보배 보, 물건 물)

높은 가치가 있는 매우 귀하고 소중한 물건.
예 숭례문은 대한민국의 보물 1호이다.
비슷한말 보화(寶貨)

물가 物價
(물건 물, 값 가)

물건의 값.
예 뉴스에서 물가가 계속 오르고 있다고 보도했다.

음식물 飮食物
(마실 음, 밥 식, 물건 물)

사람이 먹고 마시는 것을 통틀어 이르는 말.
예 여름에는 음식물이 상하기 쉽다.
비슷한말 먹거리, 식품

Q 밑줄 친 낱말의 뜻은 무엇인가요? (   )

보물	물가	음식물	방해물

① 돌   ② 모래   ③ 물건   ④ 보석   ⑤ 덩어리

3주

한자 内(안 내) 자

(가) 우리는 가끔 화가 날 때가 있다. 동생이 내 물건을 함부로 사용한다거나 친구들이 지나치게 장난을 칠 때면 불끈 화가 치밀곤 한다. 그런데 우리는 왜 화를 내는 걸까?

(나) 고대 로마의 철학자 세네카는 '화'에 대해 깊이 연구했는데, 우리가 화를 내는 이유는 '자신이 부당하게* 피해를 당했다고 생각하기 때문'이라고 한다. 그러면서 세네카는 '화'가 3단계를 거친다고 말한다.

첫째는 준비 단계로, 외부에서 자극*이 와서 마음속에 어떤 움직임이 생긴다. 둘째는 숙고* 단계로, 자신이 부당하게 피해를 당했다고 생각한다. 셋째는 통제* 불능*의 단계로, 화가 나의 모든 행동을 지배한다. 학원 가는 길에 자동차가 흙탕물을 튀겨 옷이 엉망이 된 상황을 예로 들어 보자. 처음에는 '그냥 학원에 가면 창피하고, 집에 가서 옷을 갈아입고 학원에 가면 늦을 텐데.' 등의 생각이 들 것이다. 그 다음엔 함부로* 운전한 사람 때문에 내가 부당한 해를 당했다고 생각할 것이고, 그 운전자에게 화가 날 것이다.

(다) 하지만 세네카는 화를 내는 것이 ⑤백해무익하다고* 주장한다. 화가 나면 말이나 행동이 거칠어져 나의 건강한 몸과 마음을 해치며*, 표현할수록 더욱 더 커져 나중에는 작은 일에도 화를 내 마음이 더 크게 다친다는 것이다.

(라) 그러면서 세네카는 화를 극복하는* 방법에 대해서 알려 준다.

첫째, 내가 왜 화를 냈는지 스스로를 돌아보아야 한다. [⑥   ] 몸과 마음이 건강한 사람은 상대가 약 올리고 흥분시키려고 해도 바위처럼 단단하다. 그러니까 화가 난다면, 몸이 피곤하거나 스트레스를 받아서 신경이 날카로워진 것은 아닌지 내 상태를 점검해야* 한다.

둘째, 화의 포로*가 되지 말아야 한다. 환자가 아파서 짜증을 낸다고 의사가 화를 내지는 않는다. 오히려 따뜻하게 환자의 병을 치료해 준다. 나에게 분노를 일으킨 사람도 마음이 아픈 사람이니 화를 낼 이유가 없다.

(마) 화를 내면서 살기에 우리 인생은 너무 짧다. 나를 화나게 하는 사람을 바꾸기 어렵지만 내 마음은 내가 바꿀 수 있다. 내 마음을 평온하게* 지키는 것이야말로 나를 진정 사랑하는 길이 아닐까?

낱말
풀이

＊**부당하게** 도리에 어긋나서 정당하지 않게. ＊**자극** 어떠한 작용을 주어 감각이나 마음에 반응이 일어나게 함. ＊**숙고** 곰곰 잘 생각함. 또는 그런 생각. ＊**통제** 일정한 방침이나 목적에 따라 행위를 제한하거나 제약함. ＊**불능** 할 수 없음. ＊**함부로** 조심하거나 깊이 생각하지 않고 마음 내키는 대로 마구. ＊**백해무익하다고** 나쁘기만 하고 도움되는 것이 전혀 없다고. ＊**해치며** 사람의 마음이나 몸에 해를 입히며. ＊**극복하는** 나쁜 조건이나 힘든 일 등을 이겨 내는. ＊**점검해야** 낱낱이 검사해야. ＊**포로** 어떤 사람이나 일에 몹시 마음이 쏠리거나 매여 있는 상태를 비유적으로 이른 말. ＊**평온하게** 걱정이나 탈이 없고 조용하게.

1

세부
내용

이 글에서 찾을 수 <u>없는</u> 내용은 무엇인가요? (　　　)

① 화를 내는 이유　　　　　　② 화를 내는 과정

③ 화를 극복하는 방법　　　　④ 화를 냈을 때의 피해

⑤ 화를 냈을 때의 장점

2

세부
내용

'세네카'에 대한 설명으로 알맞지 <u>않은</u> 것은 무엇인가요? (　　　)

① 고대 로마 시대의 철학자이다.

② '화'에 대해 깊이 있게 연구했다.

③ 어떤 경우가 생기더라도 화를 내지 말아야 한다고 이야기했다.

④ 나를 진정 사랑하는 길은 화를 제대로 내는 것이라고 이야기했다.

⑤ 화를 내는 이유는 자신이 부당하게 피해를 당하고 있다는 생각 때문이라고 보았다.

3

구조
알기

분노의 3단계를 차례대로 알맞게 정리한 것은 무엇인가요? (　　　)

① 준비 단계 → 숙고 단계 → 통제 불능의 단계

② 준비 단계 → 통제 불능의 단계 → 숙고 단계

③ 숙고 단계 → 준비 단계 → 통제 불능의 단계

④ 숙고 단계 → 통제 불능의 단계 → 준비 단계

⑤ 통제 불능의 단계 → 숙고 단계 → 준비 단계

4

어휘
어법

㉠과 바꿔 쓸 수 있는 말로 알맞은 것은 무엇인가요? (　　　)

① 서로에게 이득이 된다고

② 당장의 이익에 눈이 어두워진 거라고

③ 해로움과 이로움을 동시에 얻는 거라고

④ 엉뚱한 사람만 이득을 보게 하는 거라고

⑤ 나쁘기만 하고 도움이 되는 게 하나도 없다고

5

추론
하기

ⓛ에 들어갈 내용으로 알맞은 것은 무엇인가요? (   )

① 벼랑으로 뛰어내린 사람은 더 이상 자기 몸을 통제할 수 없듯이
② 모욕을 준 사람은 떳떳한데, 모욕을 당한 사람은 상처 입고 마음을 다치듯이
③ 잘난 척하는 사람은 누구나 싫어하지만, 겸손하고 친절한 사람은 누구나 좋아하듯이
④ 잘못한 것이 있으면 괜히 움츠러들지만, 잘못한 것이 없으면 당당하고 거리낌 없듯이
⑤ 감기에 걸린 사람은 찬바람만 스쳐도 몸서리치지만, 건강한 사람은 어지간한 추위에는 끄덕없듯이

6

구조
알기

글 ㈎~㈐ 중 [보기]의 내용을 덧붙이기에 알맞은 곳은 어디인가요? (   )

> [보기] 화는 일단 내지르면 거두기가 쉽지 않다. 한번 화를 터뜨리면 '아차' 하는 후회가 들어도 여전히 얼굴을 붉히고 큰소리를 지른다. 그러면서 화를 낼 수밖에 없었던 이유를 찾아 나선다. 또, 화에 휩쓸려 한 행동은 꼭 뒤끝을 남긴다. 후련한 마음은 잠시뿐 마음은 더 심하게 망가진다.

① 글 ㈎   ② 글 ㈏   ③ 글 ㈐   ④ 글 ㈑   ⑤ 글 ㈒

7

추론
하기

[보기]의 글쓴이가 이 글을 읽은 뒤에 보일 반응으로 알맞은 것은 무엇인가요? (   )

> [보기] 우리는 화가 인간의 자연스러운 감정 중 하나라고 생각한다. 기쁠 때도 슬플 때도 있는 것처럼 두려워하거나 화가 날 때도 있다는 것이다. 아름다운 것을 보면 기분이 좋고, 추하거나 더러운 것을 보면 얼굴이 찌푸려지듯이, 화는 본성 중 하나라고 여긴다. 아리스토텔레스도 지나친 분노는 나쁘지만, 화를 적절하게 내는 것은 오히려 도움이 될 수도 있다고 했다. 화를 참고 속으로 삭이면 속병이 생기기도 한다. 화를 적절하게 내는 기술도 필요하지 않을까?

① 내 생각도 세네카와 완전 똑같아.
② 화를 낼 땐 마음껏 다 표출해야 속병이 안 생겨.
③ 나뿐만 아니라 상대방도 상처를 받으므로 화를 내면 절대 안 돼.
④ 화는 인간의 자연스러운 감정이므로 적절하게 내는 것이 필요해.
⑤ 화를 내지 말고 내 마음을 평안하게 지키는 게 나 자신을 사랑하는 길이라고 생각해.

11회 지문 익힘 어휘

1
어휘
의미

뜻에 알맞은 낱말을 찾아 선으로 이으세요.

(1) 낱낱이 검사하다. •

(2) 도리에 어긋나서 정당하지 않다. •

(3) 사람의 마음이나 몸에 해를 입히다. •

(4) 나쁜 조건이나 힘든 일 등을 이겨 내다. •

• ㉮ 해치다

• ㉯ 부당하다

• ㉰ 점검하다

• ㉱ 극복하다

2
어휘
활용

빈칸에 들어갈 알맞은 낱말을 [보기]에서 찾아 쓰세요.

[보기]	해칠	부당	점검	극복

(1) ( )한 대우를 받으면 누구나 화가 난다.

(2) 운동을 너무 심하게 하면 오히려 건강을 ( ) 수 있다.

(3) 우리나라는 가난을 ( )하고 세계적인 경제 대국으로 우뚝 섰다.

(4) 안전을 위해 놀이 기구의 안전 상태를 항상 철저하게 ( )해야 한다.

3
어휘
확장

[보기]의 밑줄 친 관용 표현과 바꾸어 쓸 수 있는 말은 무엇인가요? ( )

[보기] 민수: 너 아까 학교에서 왜 수진이한테 화를 낸 거야?
       영은: 수진이가 내 얼굴이 크다고 <u>약 올려서</u> 참을 수가 없었어.

① 너무 부러워해서
② 자꾸 얘기를 해서
③ 마음을 고쳐먹어서
④ 마음을 상하게 해서
⑤ 자신과 자꾸 비교를 해서

(가) 빛은 우리가 살아가는 데 없어서는 안 되는 중요한 요소*이다. 특히 전구가 발명된 이후 인공조명*은 인류에게 밤에도 안전하고 편리하게 생활할 수 있는 기회를 제공했다. 하지만 요즘은 너무 많거나 지나치게 밝은 빛이 사람뿐만 아니라 생태계까지 위협하고* 있어 '빛 공해*'라는 말이 생겨났다.

(나) 빛 공해는 인공조명이 너무 많거나 지나치게 밝아 사람들의 건강한 생활을 방해하거나* 환경에 피해를 주는 것을 말한다. 가로등, 네온사인* 등 도시의 밤을 낮처럼 환하게 밝히는 인공조명은 사람을 포함하여 동물과 식물들에게 피해를 주고 있다.

(다) 사람이 건강을 유지하려면* 밤에 잘 자야 한다. 빛 공해로 인해 밤에 제대로 잠을 자지 못한다면 불면증*과 피로, 스트레스에 시달리고, 암 같은 큰 병이 생길 수 있다. 또, 도시의 지나친 인공조명은 에너지 낭비가 되고 지구 온난화에 영향을 주기도 한다.

(라) 빛 공해는 사람뿐만 아니라 동물과 식물도 힘들게 한다. 식물의 경우, 논밭 주위에 켜 놓은 전등 때문에 농작물들이 밤과 낮을 구분하지 못하게 되고, 이로 인해 정상적인 성장을 하지 못한다. 또한, 도로변의 가로수는 빛 공해 때문에 단풍 드는 시기가 늦어지고 수명도 짧아진다.

㉠동물의 경우에도 빛 공해로 인한 피해가 심각하다. 야행성* 동물의 경우에는 밤이 낮처럼 환해 먹이 사냥이나 짝짓기를 제대로 하지 못하게 되고, 이로 인해 개체 수가 줄어드는 위험에 처해 있다. 또, 도시 공원의 가로등 때문에 새들은 살 곳을 잃고 떠나가며, 호숫가의 가로등 때문에 물속 동물성 플랑크톤*이 성장하지 못해 녹조류*가 급증하여* 호수가 오염된다.

(마) 그렇다면 우리가 빛 공해로부터 벗어날 방법은 없을까? 지금 전 세계에서는 인공조명을 줄이려는 운동이 번져 가고 있다. 호주에서는 하루 한 시간이라도 밤에 불을 끄자는 '다크 스카이' 운동이 일어났다. 또한, 우리나라에서도 매달 22일을 '행복한 불 끄기 날'로 정하고, 저녁 8~9시에 불필요한 등을 끄는 '한 등 끄기 운동'을 하고 있다. ㉡우리 모두 작은 것부터 빛 공해를 줄이기 위해 노력한다면, 사람도, 동물도, 식물도 지금보다 쾌적하고 행복한 생활을 할 수 있을 것이다.

낱말
풀이

＊**요소** 무엇을 이루는 데 반드시 있어야 할 중요한 성분이나 조건. ＊**인공조명** 사람의 힘으로 만들어 낸 빛. 가로등, 네온사인 등이 대표적임. ＊**위협하고** 무서운 말이나 행동으로 상대방이 두려움을 느끼도록 하고. ＊**공해** 산업이나 교통의 발달에 따라 사람이나 생물이 입게 되는 여러 가지 피해. ＊**방해하거나** 일이 제대로 되지 못하도록 간섭하고 막거나. ＊**네온사인** 유리를 필요한 모양대로 구부리고 전극을 삽입한 네온관을 만들어서 여러 가지 빛을 내도록 하는 장치. ＊**유지하려면** 어떤 상태나 상황 등을 그대로 이어 나가려면. ＊**불면증** 밤에 잠을 자지 못하는 증상. ＊**야행성** 낮에는 쉬고 밤에 활동하는 동물의 습성. ＊**플랑크톤** 물속에서 물결에 따라 떠다니는 작은 생물을 통틀어 이르는 말. ＊**녹조류** 엽록소를 가지고 있어 녹색을 띤 조류. ＊**급증하여** 짧은 기간 안에 갑자기 늘어나.

1
주제
찾기

이 글에서 글쓴이가 말하려고 한 것은 무엇인가요? (   )

① 빛은 자연이 인류에게 준 선물이다.

② 빛 공해를 줄이려고 노력해야 한다.

③ 동식물 등 자연환경을 잘 보호해야 한다.

④ 빛의 장단점을 정확히 알고 사용해야 한다.

⑤ 현대인들은 건강한 생활을 하기 위해 노력해야 한다.

2
세부
내용

이 글의 내용과 일치하지 않는 것은 무엇인가요? (   )

① 빛은 우리가 살아가기 위해 꼭 필요한 요소이다.

② 전 세계에서 빛 공해를 줄이기 위한 운동이 번져 가고 있다.

③ 지나치게 많거나 밝은 인공조명은 사람들의 건강한 생활을 방해한다.

④ 빛 공해로 인해 야행성 동물의 먹이가 지나치게 많아져 수명이 짧아진다.

⑤ 빛 공해로 인해 식물들은 밤과 낮을 구분하지 못해 제대로 성장하지 못한다.

3
추론
하기

㉠의 예를 더 추가하려고 할 때 알맞지 않은 것은 무엇인가요? (   )

① 아마존 열대 우림의 개발로 동물들이 살 곳을 잃어버려 생태계가 파괴된다.

② 동물들이 도로를 건너다 갑자기 나타난 불빛 때문에 자동차에 치여 다치거나 죽는다.

③ 가창오리 같은 철새들이 등대나 철탑, 원유 시추선의 불빛 때문에 이동에 방해를 받는다.

④ 새끼 거북은 밤에 바다로 이동하는데, 해안 도로 불빛 때문에 방향을 잃어 차에 치여 죽는다.

⑤ 찌르레기는 한겨울에 알을 안 낳는데, 인공조명 때문에 아무 때나 알을 낳아 수명이 짧아지고 있다.

4
적용
창의

㉡을 실천한 사례로 알맞지 않은 것은 무엇인가요? (   )

① '한 등 끄기' 운동을 실천하고, 친구들에게도 알려 준다.

② 도시에 있는 인공조명을 모두 없애자는 캠페인을 벌인다.

③ 농작물이 자라는 곳에는 인공조명을 오랫동안 비추지 않는다.

④ 야행성 동물들이 사는 곳과 가까운 곳에는 인공조명을 달지 않는다.

⑤ 집에서 필요 없이 켜져 있는 불이 있나 살펴보고, 발견하면 바로 끈다.

5 글 ㈎~㈺의 중심 내용으로 알맞지 <u>않은</u> 것은 무엇인가요? (   )

주제
찾기

① 글 ㈎: 빛 공해가 인간에게 주는 이로움
② 글 ㈏: 빛 공해의 뜻
③ 글 ㈐: 빛 공해로 인해 사람들이 겪는 피해
④ 글 ㈑: 빛 공해로 인해 동물과 식물이 겪는 피해
⑤ 글 ㈺: 빛 공해를 극복하기 위한 노력

6 글 ㈎~㈺ 중 [보기]의 내용이 들어가기에 알맞은 곳은 어디인가요? (   )

구조
알기

[보기] 필요 이상의 조명을 사용하게 되면 그만큼 많은 에너지를 소비할 수밖에 없으며, 에너지를 만들어 내기 위해 사용되는 화석 연료는 지구 온난화에도 영향을 준다. 또한, 빛이 너무 밝으면 순간적으로 시각이 마비되기 때문에 운전할 때 사고를 일으키기도 한다.

① 글 ㈎의 뒤   ② 글 ㈏의 뒤   ③ 글 ㈐의 뒤
④ 글 ㈑의 뒤   ⑤ 글 ㈺의 뒤

7 이 글을 바탕으로 [보기]의 그래프를 알맞게 이해한 친구는 누구인가요? (   )

추론
하기

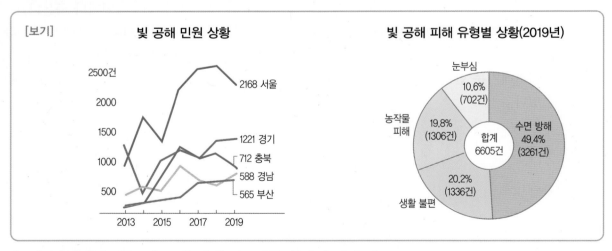

① 서준: 사람이 겪는 빛 공해 피해로는 생활 불편이 가장 많군.
② 혜원: 서울 지역을 제외하고는 빛 공해 민원 사례가 줄어들고 있군.
③ 영민: 지금 전 세계에서 인공조명을 줄이려는 운동이 번져 가고 있어.
④ 선주: 서울 같은 대도시는 인공조명이 많아 빛 공해로 인한 민원도 많이 들어오는군.
⑤ 준서: 빛 공해로 인한 피해를 줄이기 위해 야간작업을 없애자는 법이 추진되고 있어.

12회 지문 익힘 어휘

1

어휘
의미

뜻에 알맞는 낱말을 [보기]에서 찾아 쓰세요.

[보기]	위협하다	방해하다	유지하다	급증하다

(1) ( ): 짧은 기간 안에 갑자기 늘어나다.

(2) ( ): 일이 제대로 되지 못하도록 간섭하고 막다.

(3) ( ): 어떤 상태나 상황 등을 그대로 이어 나가다.

(4) ( ): 무서운 말이나 행동으로 상대방이 두려움을 느끼도록 하다.

2

어휘
활용

빈칸에 들어갈 알맞은 말을 찾아 선으로 이으세요.

(1) 많은 핵무기가 인류의 평화를 [   ]하고 있다. •

(2) 친구가 집에 놀러 와 내 공부를 [   ]하고 있다. •

(3) 계속되는 무더위로 전력 수요가 [   ]하고 있다. •

(4) 우리의 체온을 일정하게 [   ]하는 것이 중요하다. •

• ㉮ 유지

• ㉯ 방해

• ㉰ 급증

• ㉱ 위협

3

어휘
확장

[보기]의 상황을 나타내기에 알맞은 한자 성어는 무엇인가요? (   )

[보기]	우리는 인공조명 덕분에 밤에도 안전하고 편리하게 생활합니다. 그런데 요즘에는 도시의 지나친 광고 조명이나 네온사인과 같은 거리의 조명이 침실로 새어 들어와 불면증에 시달리다 병원을 찾는 사람들이 많아지고 있습니다.

① 오매불망(寤寐不忘): 자나깨나 잊지 못함.

② 온고지신(溫故知新): 옛것을 익히고 그것을 미루어서 새것을 앎.

③ 주경야독(晝耕夜讀): 어려운 여건 속에서도 꿋꿋이 공부함을 이르는 말.

④ 과유불급(過猶不及): 지나친 것은 미치지 못하는 것과 같음을 이르는 말.

⑤ 와신상담(臥薪嘗膽): 원수를 갚으려고 온갖 괴로움을 참고 견딤을 이르는 말.

(가) 지구의 나이는 몇 살일까? 아주 먼 옛날, 지구에는 어떤 동식물이 살았을까? 지질 시대*에 대해 알 수 있는 방법은 없을까? '화석' 속에 그 답이 있다.

(나) ㉠화석은 지질 시대에 살았던 고생물*의 몸이나 뼈, 발자국 등의 흔적*이 퇴적물* 등에 남아 있는 것을 말한다. 화석은 죽은 생물이 진흙에 묻힌 뒤, 그 위로 퇴적물이 계속 쌓여 단단한 퇴적층을 형성하면서 만들어진다. 그 뒤 오랜 시간이 흘러 지각 변동*으로 인해 퇴적층이 땅 위로 올라온 뒤, 지층*이 깎여 화석이 모습을 드러낸다.

(다) 고생물들이 화석으로 남기 위해서는 몇 가지 조건*이 필요하다. 우선 당시에 그 생물이 번성해* 개체 수*가 많아야 하며, 단단한 부분(뼈, 이, 껍질 등)이 있어야 하고, 생물이 죽은 후 바로 퇴적물 속에 묻혀 썩지 않아야 한다.

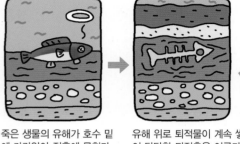

죽은 생물의 유해가 호수 밑에 가라앉아 진흙에 묻힌다.

유해 위로 퇴적물이 계속 쌓여 단단한 퇴적층을 이룬다.

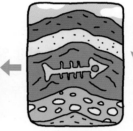

지층이 깎여 화석이 드러난다.

지각 변동으로 인해 퇴적층이 땅위로 올라온다.

(라) 화석은 정보 제공에 따라 표준 화석과 시상 화석으로 나눌 수 있다. 표준 화석은 지질 시대의 특정한 시기에만 살았던 생물 화석으로, 지층이 만들어진 시대를 알려 준다. 표준 화석은 생존* 기간이 짧고 진화* 속도가 빠르며, 여러 곳에서 나타난다는 특징이 있으며, 공룡, 삼엽충, 암모나이트, 매머드 등이 이에 속한다.

시상 화석은 지질 시대의 특정한* 환경*에서만 살았던 생물 화석으로, 지층의 생성* 환경을 알려 준다. 시상 화석은 생존 기간이 길고, 특정한 환경에서만 생존한다는 특징이 있으며, 고사리, 산호, 조개 등이 이에 속한다. 또한, 화석은 동식물의 일부 또는 전체가 나타난 경우 '체화석'이라 하고, 발자국, 기어 다닌 자국 등의 생활 모습이 나타난 경우 '흔적 화석'이라고 부른다.

(마) 우리는 화석 연구를 통해 지구의 역사를 알게 되었고, 각 지질 시대에 살았던 동식물과 환경을 짐작할 수 있게 되었다. 또한 화석들을 비교하면서 생물들의 모습이 어떻게 변했는지, 멸종된* 동물과 현재 동물 사이에 어떤 연결 관계가 있는지 연구할 수 있게 되었다. 앞으로도 화석은 비밀스러운 지구의 과거를 우리에게 안내해 줄 것이다.

날말풀이

＊**지질 시대** 지구가 이루어진 이후부터 역사 시대 이전까지의 시대. ＊**고생물** 지질 시대에 살았던 생물. 주로 화석으로 발견됨. ＊**흔적** 사물이나 현상이 없어지거나 지나간 뒤에 남겨진 것. ＊**퇴적물** 많이 덮쳐 쌓인 물건. ＊**지각 변동** 지구 내부의 원인 때문에 지구의 바깥쪽인 지각이 바뀌어 달라지는 것. ＊**지층** 알갱이의 크기, 색, 성분 등이 서로 달라서 위아래의 퇴적암과 구분되는 퇴적암체. ＊**조건** 어떤 일을 하기 위하여 갖추어야 할 상태나 요소. ＊**번성해** 세력이 커져서 널리 퍼져. ＊**개체 수** 독립된 생물체 개개의 수. ＊**생존** 살아 있음. 또는 살아남음. ＊**진화** 일이나 사물 따위가 점점 발달하여 감. ＊**특정한** 특별히 정해져 있는. ＊**환경** 생물이 살아가는 데 영향을 주는 자연 상태나 조건. ＊**생성** 없던 사물이 새로 생겨남. ＊**멸종된** 생물의 한 종류가 아주 없어진.

1 화석에 대한 설명으로 알맞지 <u>않은</u> 것은 무엇인가요? ( )

세부
내용

① 화석은 지층이 만들어진 시대를 알려 주어 지구의 나이를 짐작하게 해 준다.

② 화석이 되려면 생물의 개체 수가 적고, 죽은 후에 땅속에 천천히 묻혀야 한다.

③ 특정한 환경에서만 살았던 생물 화석을 통해 지층이 생겼을 때의 환경을 짐작하게 해 준다.

④ 대부분의 화석은 죽은 생물 위로 퇴적물이 계속 쌓여 단단한 퇴적층을 형성하며 만들어진다.

⑤ 화석은 지질 시대에 살았던 고생물의 유해나 흔적 따위가 퇴적물 등에 남아 있는 것을 말한다.

2 글 ㈎~ ㈑의 중심 내용으로 알맞지 <u>않은</u> 것은 무엇인가요? ( )

주제
찾기

① 글 ㈎: 화석으로 인한 피해   ② 글 ㈏: 화석의 뜻과 만들어지는 과정

③ 글 ㈐: 화석의 조건   ④ 글 ㈑: 화석의 종류

⑤ 글 ㈒: 화석의 가치

3 [보기]를 화석이 만들어지는 과정에 맞게 차례대로 기호를 쓰세요.

세부
내용

> [보기] ㉮ 죽은 생물의 유해가 진흙에 묻힌다.
>
> ㉯ 지각 변동으로 퇴적층이 땅 위로 올라온다.
>
> ㉰ 비나 바람, 빙하 등으로 지층이 깎여 화석이 드러난다.
>
> ㉱ 파묻힌 유해 위로 퇴적물이 계속 쌓여 퇴적층을 형성한다.

( ) → ( ) → ( ) → ( )

4 ㉠에 쓰인 설명 방법으로 알맞은 것은 무엇인가요? ( )

구조
알기

① 예를 들어 대상을 설명한다.

② 대상의 차이점을 찾아 설명한다.

③ 대상의 특징을 나열하여 설명한다.

④ 대상의 뜻을 분명히 밝혀서 설명한다.

⑤ 어떤 현상이 일어난 원인을 밝혀서 설명한다.

5

적용
창의

이 글을 참고할 때, 화석이 <u>아닌</u> 것을 <u>두 가지</u> 고르세요. (,   )

① 공룡이 남긴 발자국
② 방금 낳은 물고기의 알
③ 큰 돌로 만든 고인돌
④ 삼엽충이 기어 다닌 자국
⑤ 지층에 새겨져 있는 고사리 흔적

6

추론
하기

빈칸에 들어갈 화석의 종류를 [보기]에서 찾아 기호를 쓰세요.

[보기]   ㉮ 표준 화석   ㉯ 시상 화석

(1) 공룡 화석: 공룡은 지구 여러 곳에서 생활했지만 중생대에만 살았다. (   )

(2) 산호 화석: 산호는 수심이 얕고 따뜻하며, 깨끗하고 잔잔한 바다에서만 산다. 산호 화석이 발견되었다면 그 지층은 과거에 수심이 얕고 따뜻한 바다였음을 알 수 있다. (   )

7

추론
하기

이 글과 [보기]를 읽고 보인 반응으로 알맞지 <u>않은</u> 것은 무엇인가요? (   )

[보기]   최근 깃털로 뒤덮인 공룡 꼬리가 담긴 호박 화석이 발견되었다. 호박 안에는 꼬리의 주인이 육식 공룡임을 짐작할 수 있을 만큼 뼈, 조직, 혈액이 잘 보존되어 있었다. 여기서 말하는 호박은 나무에서 나오는 끈끈한 액체인 송진이 돌처럼 단단하게 굳은 것을 말한다.
　수천만 년 전, 거대한 나무에서는 끊임없이 끈적끈적한 송진이 밖으로 흘렀는데, 급격한 지각 변동으로 나무들이 주저앉으면서 엄청난 양의 송진이 땅속에 파묻혔다. 때마침 옆을 지나던 작은 동물들이 송진에 빠져 죽는 경우가 있었는데, 이때 송진이 탄소, 수소, 산소와 결합해 단단해지면서 호박 화석이 완성된 것이다.
　호박 속에 갇힌 생물은 송진에 들어 있는 성분이 세균 번식을 막아 주고, 단단한 호박 표면이 바람 등 외부 충격으로부터 보호해 주어 오랜 시간이 흘러도 그 형태가 유지되는 경우가 많다.

① 호박 안의 공룡 꼬리를 통해 호박이 생성된 시대를 짐작할 수 있겠군.
② 화석의 종류로 볼 때, 공룡 꼬리가 발견된 호박은 흔적 화석에 해당되겠군.
③ 호박 안의 공룡 꼬리가 잘 보존된 것은 송진에 들어 있는 방부제 성분의 영향도 있었겠군.
④ 호박 화석에 대한 연구는 각 지질 시대에 살았던 동식물과 환경을 아는 데 도움을 주겠군.
⑤ 생물이 죽은 후 바로 묻혀 썩지 않았다는 점에서 공룡 꼬리가 담긴 호박도 화석의 조건을 갖추고 있군.

13회 지문 익힘 어휘

1
어휘
의미

낱말의 알맞은 뜻을 찾아 선으로 이으세요.

(1) 환경 •

(2) 조건 •

(3) 흔적 •

(4) 생성 •

• ㉮ 없던 사물이 새로 생겨남.

• ㉯ 생물이 살아가는 데 영향을 주는 자연 상태나 조건.

• ㉰ 사물이나 현상이 없어지거나 지나간 뒤에 남겨진 것.

• ㉱ 어떤 일을 이루게 하기 위하여 미리 갖추어야 할 상태나 요소.

2
어휘
활용

빈칸에 들어갈 알맞은 낱말을 [보기]에서 찾아 쓰세요.

[보기]	환경	흔적	조건	생성

(1) 산길에는 사람이 지나간 (   )이 없었다.

(2) 태풍은 (   )과 성장, 소멸의 과정을 거친다.

(3) 이 지역은 포도 농사를 하기에 좋은 기후적 (   )을 갖추었다.

(4) 배에서 나온 기름으로 오염된 바다를 보며 (   ) 보호의 중요성을 깨달았다.

3
어휘
확장

밑줄 친 낱말과 바꾸어 쓸 수 있는 낱말의 기호를 쓰세요.

(1) 화석으로 남기 위해서는 생물이 <u>번성해</u> 개체 수가 많아야 한다. ………………… (   )
　　㉮ 쇠퇴해　　　㉯ 번창해　　　㉰ 진화해

(2) 화석은 정보 제공에 따라 표준 화석과 시상 화석으로 <u>나눌</u> 수 있다. ………… (   )
　　㉮ 분류할　　　㉯ 교환할　　　㉰ 설명할

(3) 생물이 죽은 후 바로 퇴적물 속에 묻혀 <u>썩지</u> 않아야 화석이 될 수 있다. ……… (   )
　　㉮ 얼지　　　㉯ 보존되지　　　㉰ 분해되지

(가) 집 안 구석구석 먼지가 나뒹굴고* 있을 때 진공청소기를 이용하면 문제가 말끔히* 해결된다. 진공청소기 덕분에 힘들고 번거로웠던* 청소는 [㉠].

(나) 진공청소기에는 어떤 원리*가 숨어 있을까? 공기는 압력*이 높은 곳에서 낮은 곳으로 이동하는데, 진공청소기는 기계 안의 압력을 주변보다 낮게 만들어 공기가 기계 안으로 들어오게 한 것이다. 원래 '진공'이란 완전히 비어 있는 공간을 말하지만, 지구 위에서 완전한 진공 상태를 만드는 것은 불가능하다. 진공청소기는 기계 안의 압력을 낮춰 진공에 가까운 상태를 만들어 '진공청소기'로 불리는 것이다.

진공청소기는 크게 호스*, 필터*, 모터*로 구성되어* 있다. 진공청소기는 모터를 강하게 회전시켜 청소기 내부의 압력을 낮춘다. 그렇게 하면 먼지가 공기와 함께 호스를 통해 들어와 먼지 봉투에 모이는데, 먼지 봉투의 미세한* 구멍을 통해 공기는 빠져나가고 먼지만 먼지 봉투에 남는다. 또, 먼지 봉투를 빠져나온 공기는 필터를 거쳐 깨끗한 공기만 청소기 뒤로 나간다.

(다) 진공청소기를 최초로 발명한 사람은 영국의 공학자*인 허버트 세실 부스이다. 당시 청소 기계는 바람을 내서 먼지를 흩어지게 했는데, 먼지가 이쪽저쪽으로 흩어져 주변 사람들이 먼지를 잔뜩 뒤집어썼다. 이 모습을 보고 기발한* 생각이 떠오른 세실 부스는 입에 손수건을 대고 바닥에 있는 먼지를 빨아들이는 실험을 했고, 먼지를 빨아들이는 방식이 훨씬 깨끗한 청소 방법임을 깨닫게 되었다. 세실 부스는 회사를 세우고, 1906년에 최초로 진공청소기를 탄생시켰다. 하지만 세실 부스가 발명한 진공청소기는 무게가 49킬로그램(kg)이나 되어 가정용으로 사용할 수 없었다.

(라) 진공청소기의 크기를 줄인 사람은 미국인 제임스 스팽글러이다. 1907년, 제임스 스팽글러는 필터와 먼지 봉투가 달린 가정용 진공청소기를 발명했다. 이후 청소기는 빠르게 발전을 거듭했고, 1913년 스웨덴의 발명가 아그셀 웨나크렐이 현대적인 진공청소기를 만들었다. 우리나라에서는 1960년 즈음 진공청소기를 만들기 시작했다. 그 후 전선*이 필요 없는 무선 청소기는 물론, 로봇 청소기까지 발명되어 우리들의 생활이 더욱 편리해졌다.

낱말
풀이

*나뒹굴고 사물이 여기저기 어지럽게 흩어져서 돌아다니고. *말끔히 티 없이 맑고 환할 정도로 깨끗하게. *번거로웠던 귀찮을 만큼 몹시 복잡했던. *원리 사물의 근본이 되는 이치. *압력 누르는 힘. *호스 물이나 가스 등을 보내는 데 쓰며, 잘 휘어지도록 비닐, 고무 등으로 만든 관. *필터 액체나 기체 속의 이물질을 걸러 내는 장치. *모터 증기나 물 또는 연료의 에너지로 움직이는 힘을 일으키는 기계. *구성되어 몇 가지 요소들이 모여 일정한 전체가 짜여 이루어져. *미세한 분간하기 어려울 정도로 아주 작은. *공학자 전자, 전기, 기계, 컴퓨터 등 공업의 이론과 기술을 연구하는 학자. *기발한 놀라울 정도로 재치가 있고 뛰어난. *전선 전기가 흐르는 선.

1

구조
알기

이 글에 대한 설명으로 알맞은 것은 무엇인가요? (   )

① 진공청소기의 원리와 역사를 설명한 글이다.
② 진공청소기의 생김새와 사용 방법을 관찰하여 기록한 글이다.
③ 진공청소기를 발명한 과학자들의 일생과 업적을 소개한 글이다.
④ 진공청소기의 편리성을 알려 진공청소기 사용을 권유한 글이다.
⑤ 진공청소기의 문제점을 밝히고 해결 방법이 필요하다고 주장한 글이다.

3주 14회

정답 및 풀이
28~29쪽

2

세부
내용

이 글의 내용과 일치하지 <u>않는</u> 것은 무엇인가요? (   )

① 진공청소기는 공기의 압력 차를 이용한 기구이다.
② 진공청소기는 크게 호스, 필터, 모터로 구성되어 있다.
③ 세실 부스가 만든 진공청소기는 가정용 청소기로 사용되었다.
④ 우리나라에서는 1960년 즈음부터 진공청소기를 만들기 시작했다.
⑤ 오늘날 진공청소기는 발전을 거듭해 로봇 청소기까지 등장하였다.

3

추론
하기

㉠에 들어갈 내용으로 가장 알맞은 것은 무엇인가요? (   )

① 한결 간편하고 손쉬워졌다.　　　　② 더욱 복잡하고 어려워졌다.
③ 더욱 안전하고 부드러워졌다.　　　④ 한결 깨끗하고 조용해졌다.
⑤ 더욱 유쾌하고 재미있어졌다.

4

세부
내용

[보기]의 ㉮~㉰에 들어갈 알맞은 말을 차례대로 나열한 것은 무엇인가요? (   )

[보기]　공기는 압력 차가 생기면 압력이 [　㉮　] 곳에서 [　㉯　] 곳으로 이동한다.
진공청소기는 모터를 회전시켜 청소기 내부의 압력을 외부보다 [　㉰　] 만들어
공기가 들어가도록 한 것이다.

① ㉮: 나쁜　㉯: 좋은　㉰: 높게　　　② ㉮: 좋은　㉯: 나쁜　㉰: 낮게
③ ㉮: 높은　㉯: 낮은　㉰: 높게　　　④ ㉮: 높은　㉯: 낮은　㉰: 낮게
⑤ ㉮: 적은　㉯: 많은　㉰: 높게

5 다음 그림의 ㉮~㉰에 들어갈 말이 알맞게 짝 지어진 것은 무엇인가요? (   )

추론
하기

```
[진공청소기 구조]
```

➡ 먼지가 섞인 바람
➡ 깨끗한 바람

㉮   ㉯   ㉰

① ㉮: 필터   ㉯: 모터   ㉰: 호스   ② ㉮: 필터   ㉯: 호스   ㉰: 모터
③ ㉮: 호스   ㉯: 필터   ㉰: 모터   ④ ㉮: 호스   ㉯: 모터   ㉰: 필터
⑤ ㉮: 모터   ㉯: 호스   ㉰: 필터

수능┬연계

6 이 글을 읽고, [보기]에 대해 보인 반응으로 가장 알맞은 것은 무엇인가요? (   )

추론
하기

> [보기] 보온병에 물이나 음료를 담으면 오랫동안 식지 않는다. 보온병의 원리는 무엇일까?
> 보온병은 이중의 벽 구조를 가지고 있다. 벽 사이는 '진공 상태'에 가까우며, 안쪽은
> 은을 얇게 입힌 유리벽으로 만들어져 있다. 공기나 물이 없는 빈 공간을 통해서는 열
> 이 전달되지 않으므로 열을 빼앗기지 않는다. 보온병 내부의 열은 유리벽이나 마개를
> 통해 열이 빠져나가겠지만, 벽이나 마개를 이루고 있는 유리, 플라스틱, 코르크가 모
> 두 열이나 전기를 잘 전달하지 않는 물체이므로 온도 변화에는 많은 시간이 걸린다.
> 그래서 보온병은 열의 손실이 적다.

① 보온병과 진공청소기 모두 열의 보관이 중요한 제품이구나.
② 진공청소기는 보온병과 달리 완벽한 진공 상태를 유지하는구나.
③ 보온병은 진공청소기보다 훨씬 더 복잡한 원리를 가지고 있구나.
④ 보온병과 달리 진공청소기는 제품을 판매하는 시장이 매우 크구나.
⑤ 보온병과 진공청소기 모두 진공 상태의 원리를 활용해 만든 제품이구나.

---

7 진공청소기와 같은 원리가 활용된 것은 무엇인가요? (   )

적용
창의

① 에어컨을 켜면 시원해진다.   ② 빨대로 주스를 빨아먹는다.
③ 구겨진 옷을 다리미로 편다.   ④ 가습기를 틀어 실내 습기를 제거한다.
⑤ 식은 음식을 전자레인지에 넣고 돌린다.

14회 지문 익힘 어휘

1

어휘
의미

뜻에 알맞은 낱말을 찾아 선으로 이으세요.

(1) 귀찮을 만큼 몹시 복잡하다. •

(2) 분간하기 어려울 정도로 아주 작다. •

(3) 놀라울 정도로 재치가 있고 뛰어나다. •

(4) 사물이 여기저기 어지럽게 흩어져서 돌아다니다. •

• ㉮ 번거롭다

• ㉯ 나뒹굴다

• ㉰ 기발하다

• ㉱ 미세하다

2

어휘
활용

빈칸에 들어갈 알맞은 낱말을 [보기]에서 찾아 쓰세요.

[보기]	나뒹구는	번거로운	미세한	기발한

(1) 그는 고민 끝에 (   ) 생각을 떠올렸다.

(2) 골목에는 여기저기 (   ) 쓰레기가 있어 지저분했다.

(3) 비도 안 오는데 우산을 매일 챙기는 것은 (   ) 일이다.

(4) 공기 청정기는 눈에 보이지 않는 (   ) 먼지까지 제거해 준다.

3

어휘
확장

두 낱말의 관계가 나머지와 <u>다른</u> 것은 무엇인가요? (   )

① 높다 – 낮다

② 내부 – 외부

③ 입구 – 출구

④ 나가다 – 들어오다

⑤ 흩어지다 – 퍼지다

㈎ 조선 후기에는 농업과 상업이 크게 발달해 돈이 많은 서민*이 늘어났다. 그래서 양반들만 누리던 문화를 서민들도 누리게 되면서 한글 소설과 판소리, 탈춤* 등 서민 문화가 발달하였다. 또한, 당시 사람들의 생활 모습을 생동감 있게 표현한 풍속화*가 크게 유행했는데 대표적인 풍속 화가가 바로 김홍도와 신윤복이다.

㈏ 김홍도는 풍속화의 대가*로 알려졌지만 산수화*나 초상화, 불화*도 잘 그리는 뛰어난 화가였다. 스승의 추천으로 도화서*의 화원이 된 김홍도는 금세 정조의 눈에 들었고, 정조는 그의 그림을 높이 평가했다*.

　김홍도는 서민적이고 소탈한* 그림을 많이 그렸는데, 당시 서민들의 모습을 예리하게* 관찰해 「씨름」, 「대장간」, 「논갈이」 등의 작품을 남겼다. 그의 그림에는 생생하게 살아 숨쉬는 당시 사람들의 생활 모습과 이를 바라보는 김홍도의 따뜻한 시선이 녹아 있다. 또, 김홍도의 그림에는 일하는 백성들의 모습이 자주 등장한다. 웃통을 벗거나 소매를 걷고 열심히 일하는 그림 속 백성들의 모습을 통해 김홍도가 노동의 가치를 중요하게 생각하고 있음을 짐작할 수 있다.

㈐ 김홍도와 쌍벽*을 이루는 풍속화의 대가는 신윤복이다. 화가 집안에서 태어난 신윤복은 어린 나이에 도화서 화원이 되었지만 김홍도와는 다른 길을 걸었다.

　신윤복은 양반과 여성, 기생을 즐겨 그렸다. 김홍도의 그림이 강한 선이 특징이라면, 그의 그림은 세밀하고 부드러운 선을 사용해 여성적이고 화려하며 섬세한 느낌을 주는데, 배경까지 자세하게 표현한 것이 특징이다. 신윤복은 자신만의 시각으로 당시 양반들의 거짓과 위선*을 비꼬고 남녀 간의 사랑을 표현했다. ㉠점잖은 척하면서 쾌락*에 정신이 빠진 양반의 이중적인 모습을 비판한 그는 양반들의 미움을 사 ㉡도화서에서 쫓겨나기도 했다.

　특히 신윤복은 유교 사회에서 남성에 비해 사회적으로 존중*을 받지 못하던 여성에 관심을 가졌다. 그는 여성들의 다양한 생활 모습을 표현했는데, 여성의 지위가 낮았던 조선 사회에서 여성을 그림의 주인공으로 그린 것은 파격적*인 행동이었다.

㈑ 김홍도와 신윤복의 그림 덕분에 우리는 조선 후기의 사회 변화상*과 사람들의 생활 모습을 생생하게 볼 수 있게 되었다.

낱말
풀이

*서민 특별히 높은 신분을 가지지 않은 일반 사람. *탈춤 탈을 쓰고 추는 춤. *풍속화 그 시대 사람들의 생활 모습과 풍습을 그린 그림. *대가 전문 분야에서 뛰어나 권위를 인정받는 사람. *산수화 동양화에서, 아름다운 자연의 경치를 그린 그림. *불화 불교의 내용을 그린 그림. *도화서 조선 시대에 그림의 일을 맡아보던 관아. *평가했다 사물의 가치나 수준 등을 헤아려 정했다. *소탈한 성격이나 태도 등이 형식에 매이지 않아 꾸밈이나 거짓이 없고 털털한. *예리하게 관찰이나 판단이 정확하고 날카롭게. *쌍벽 여럿 가운데 특별히 뛰어난, 우열을 가리기 어려운 둘을 비유적으로 이르는 말. *위선 겉으로만 착한 척함. 또는 그런 짓이나 일. *쾌락 유쾌하고 즐거움. 또는 그런 느낌. *존중 높이어 귀중하게 대함. *파격적 당시 사회의 정해진 수준이나 분위기에 맞지 않는. *변화상 변화한 양상이나 실태.

1

세부
내용

이 글에서 알 수 있는 조선 후기 사회의 모습이 <u>아닌</u> 것은 무엇인가요? (　　　)

① 부자 상민들이 늘어났다.

② 풍속화가 크게 유행하였다.

③ 농업과 상업이 크게 발달했다.

④ 양반들만 문화를 누릴 수 있었다.

⑤ 한글 소설, 판소리, 탈춤 등이 큰 인기를 끌었다.

2

구조
알기

이 글에 사용된 설명 방법으로 알맞은 것은 무엇인가요? (　　　)

① 어떤 현상의 원인을 밝혀서 설명하고 있다.

② 대상의 뜻을 분명히 밝혀서 설명하고 있다.

③ 두 대상의 공통점과 차이점을 들어 설명하고 있다.

④ 다른 사람의 말을 끌어와 대상의 특징을 설명하고 있다.

⑤ 변화하는 상황이나 흐름을 단계나 절차대로 설명하고 있다.

3

구조
알기

이 글의 짜임을 나타낸 그림으로 가장 알맞은 것은 무엇인가요? (　　　)

① (가) — (나) — (다) — (라)

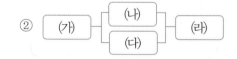

② (가) — [(나) / (다)] — (라)

③ [(가) / (나)] — (다) — (라)

④ (가) — (나) — [(다) / (라)]

⑤ (가) — [(나) / (다) / (라)]

4

어휘
어법

㉠과 같은 태도를 나타내기에 알맞은 속담은 무엇인가요? (　　　)

① 꿩 먹고 알 먹는다

② 겉 다르고 속 다르다

③ 윗물이 맑아야 아랫물이 맑다

④ 닭 잡아먹고 오리발 내놓는다

⑤ 개구리 올챙이 적 생각 못 한다

5

추론
하기

ⓛ의 까닭을 알맞게 짐작한 것은 무엇인가요? (   )

① 다른 화가에 비해 그림 실력이 뒤처졌었군.

② 정조가 김홍도를 높이 평가했기 때문이겠군.

③ 그림을 통해 양반들의 거짓과 위선을 드러내서군.

④ 백성들의 삶을 그리고 싶어 일부러 쫓겨난 것이로군.

⑤ 백성들이 힘들게 노동하는 모습을 주로 그렸기 때문이로군.

6

세부
내용

김홍도와 신윤복에 대한 설명으로 알맞지 <u>않은</u> 것은 무엇인가요? (   )

① 둘 다 정조의 눈에 들어 도화서의 화원이 되었다.

② 둘 다 조선 후기의 사람들의 생활 모습을 그림의 소재로 삼았다.

③ 서로 우열을 가릴 수 없는, 조선 후기의 뛰어난 풍속 화가들이다.

④ 이들의 그림을 통해서 조선 후기 사회의 모습을 생생하게 엿볼 수 있다.

⑤ 김홍도는 서민적이고 소탈한 그림을, 신윤복은 여성적이고 화려한 느낌의 그림을 그렸다.

7

추론
하기

이 글을 바탕으로 [보기]의 그림을 알맞게 이해한 친구는 누구인가요? (   )

[보기]   이 그림은 씨름을 하고 있는 두 사람을 중심으로 빙 둘러
선 구경꾼을 배치한 원형 구도이다. 가운데 있는 두 사람은
옷을 입고 버선을 신은 채 씨름을 하고 있다. 곧 넘어갈 듯
한 이 광경을 구경꾼들은 입을 벌리고 흥미진진하게 바라보
고 있다. 갓을 쓴 양반과 상투를 맨 상민이 한데 어울린 구
경꾼들의 익살스러운 표정은 그림 속에서 튀어나올 듯하다.

▲ 김홍도, 「씨름」

① 지후: 옛날이나 지금이나 씨름은 웃통을 벗고 해야 재미가 있다니까.

② 영은: 조선 후기의 생활 모습을 그린 것을 보니 신윤복의 그림이 확실해.

③ 나린: 서민들이 즐겼던 씨름을 주제로 그린 것을 보니 김홍도의 그림임을 알 수 있어.

④ 민규: 씨름을 구경하는 사람들의 표정과 동작이 모두 똑같아 그림 보는 재미가 떨어져.

⑤ 유진: 이 그림을 통해 당시 씨름 구경은 양반들만 할 수 있었다는 것을 짐작할 수 있어.

15회 지문 익힘 어휘

1 뜻에 알맞은 낱말을 [보기]에서 찾아 쓰세요.

어휘
의미

[보기]	존중	예리하다	소탈하다	평가하다

(1) (   ): 높이어 귀중하게 대함.

(2) (   ): 관찰이나 판단이 정확하고 날카롭다.

(3) (   ): 사물의 가치나 수준 등을 헤아려 정하다.

(4) (   ): 성격이나 태도 등이 형식에 매이지 않아 꾸밈이나 거짓이 없고 털털 하다.

2 빈칸에 들어갈 알맞은 낱말을 찾아 선으로 이으세요.

어휘
활용

(1) 사람을 외모로만 [   ]해서는 안 된다. ●

(2) 그는 [   ]한 눈초리로 나를 바라 보았다. ●

(3) 그녀는 성격이 [   ]하여 주변에 친구가 많다. ●

(4) 가까운 친구일수록 서로 [   ]하 는 필요하다. ●

● ㉮ 예리

● ㉯ 존중

● ㉰ 소탈

● ㉱ 평가

3 [보기]의 밑줄 친 부분과 바꾸어 쓸 수 있는 말은 무엇인가요? (   )

어휘
확장

> [보기] 세라: 너 어제 왜 축구 경기 시합에 안 왔어? 선수가 모자라 축구 경기가 취소됐잖아.
> 서준: 내가 요즘 컴퓨터 게임에 <u>정신이 빠져</u> 실수한 거야. 정말 미안해.

① 잃었던 의식을 되찾아

② 사리 분별을 하게 되어

③ 의식을 잃어 아픈 바람에

④ 즐겁고 신나는 마음이 들어

⑤ 몰두해 다른 일을 잊어버려

內
안 내

'내(內)' 자는 멀 경(冂) 자와 들 입(入) 자를 합쳐 만든 글자로 '안', '속', '대궐'이라는 뜻을 가지고 있어요. 집 안으로 들어간다는 데서 '안'이라는 뜻이 생겼어요.

● 다음 획순에 따라 한자를 따라 쓰세요.

內	ㅣ	冂	冂	內						
內	內	內								

내외 內外
(안 내, 바깥 외)

안쪽과 바깥쪽.
예 수아는 공부 잘하는 아이로 학교 내외에 알려져 있다.
비슷한말 안팎

안내 案內
(책상 안, 안 내)

어떤 내용을 소개하여 알려 줌.
예 비행기에서 곧 이륙한다는 안내 방송이 나왔다.

내면 內面
(안 내, 낯 면)

겉으로 잘 드러나지 않는 사람의 정신이나 마음속.
예 그 화가는 내면 세계를 그림으로 표현했다.
반대말 외면(外面): 겉으로 드러나는 사람의 말이나 행동.

Q 밑줄 친 낱말의 뜻은 무엇인가요? (   )

내외	안내	내면

① 안   ② 밖   ③ 강   ④ 산   ⑤ 우물

① 昂晏

4주

한자 完 (완전할 완) 자

(가) 수원 화성은 우리나라 성곽* 문화의 백미*로 꼽힐 만큼 과학적인 우수성과 예술적인 아름다움을 지닌 조선 시대 성곽으로, 1997년 유네스코 세계 문화유산으로 지정되었다*.

(나) 수원 화성은 조선 제22대 왕 정조가 아버지 사도 세자의 무덤을 수원의 남쪽 화산 아래로 옮기고, 화산 주변에 살던 백성들을 팔달산 아래 지금의 수원으로 옮기면서 건설*이 시작되었다. 수원 화성 건설의 총책임*은 좌의정 채제공이 맡고, 정약용이 성을 쌓는 모든 과정을 계획하고 감독했다*. 정약용은 거중기*, 녹로* 같은 기구를 만들어 공사에 사용했는데, 특히 거중기는 적은 힘으로 무거운 돌을 들어 올려 [㉠]. 덕분에 ㉡공사 기간이 10년은 걸릴 거라고 예상했던 수원 화성은 공사를 시작한 지 2년 7개월 만에 완공되었다*.

(다) 수원 화성은 사대문을 만들고 성벽으로 둘렀는데, 둘레가 5.7킬로미터(km)에 이른다. 화성 시가지*를 품으면서 산성*의 방어* 기능까지 갖춘 수원 화성은 팔달산 둘레에 성벽을 둘러 자연과 아름다운 조화를 이룬다.

수원 화성의 사대문에는 이중으로 적을 막을 수 있는 옹성*을 설치했으며, 물탱크를 두어 적이 불을 질렀을 때 얼른 끌 수 있도록 준비했다. 또한, 적을 감시하기 위한 망루*인 공심돈은 수원 화성에만 있는 구조물*인데, 안에서 군사들이 공격할 수 있도록 구멍을 뚫었다. 군사 지휘 본부인 서장대는 팔달산 정상에 세워 수원 화성과 그 주변이 한눈에 보이도록 했다. 통신 시설인 봉돈은 성곽보다 훨씬 높이 쌓아 정보 전달이 빠르게 이루어지게 했다.

(라) 정조는 수원 화성을 공사한 모든 내용을 『화성성역의궤』에 기록하게 했는데, 공사에 참여한 사람의 이름과 일한 기간, 시설물의 모습과 위치 등은 물론 모든 시설물들의 자세한 그림까지 실어 놓았다.

(마) 정조는 수원 화성을 정치, 경제, 군사의 중심지로 삼아 자신의 개혁* 정치를 완성하고자 했다. 비록 갑작스런 죽음으로 그 뜻이 이루어지지는 못했지만, 수원 화성에는 여전히 조선 후기 최고의 개혁 군주* 였던 정조의 꿈과 이상이 깃들어 있다.

낱말 풀이

＊**성곽** 적의 공격을 막기 위해 흙이나 돌로 높이 쌓은 담. ＊**백미** 흰 눈썹이라는 뜻으로, 여럿 가운데에서 가장 뛰어난 사람이나 물건을 이르는 말. ＊**지정되었다** 어떤 것이 특별한 자격이나 가치가 있는 것으로 정해졌다. ＊**건설** 건물, 설비, 시설 등을 새로 만들어 세우는 것. ＊**총책임** 전체적인 부분을 책임지는 임무. ＊**감독했다** 일의 전체를 지휘했다. ＊**거중기** 예전에, 무거운 물건을 들어 올리는 데에 쓰던 기계. ＊**녹로** 높은 곳이나 먼 곳으로 무엇을 달아 올리거나 끌어당길 때 쓰는 도르래. ＊**완공되었다** 공사가 완성되었다. ＊**시가지** 도시의 큰 거리를 이루는 지역. ＊**산성** 산 위에 쌓은 성. ＊**방어** 상대편의 공격을 막음. ＊**옹성** 성문을 보호하고 성을 튼튼히 지키기 위하여 큰 성문 밖에 원형 등으로 쌓은 작은 성. ＊**망루** 적이나 주위의 동정을 살피기 위하여 높이 지은 다락집. ＊**구조물** 일정한 설계에 따라 여러 가지 재료를 얽어서 만든 물건. ＊**개혁** 이론이나 이치에 맞지 않는 제도나 기구를 새롭게 고침. ＊**군주** 한 나라를 다스리는 왕.

1

세부
내용

이 글의 내용과 일치하지 <u>않는</u> 것은 무엇인가요? (   )

① 수원 화성은 정조 때 건설되었다.

② 수원 화성의 공사의 총책임은 채제공이 맡았다.

③ 수원 화성은 공사를 시작한 지 10년 만에 완공되었다.

④ 수원 화성 공사 과정 등이 『화성성역의궤』에 기록되었다.

⑤ 수원 화성은 1997년 유네스코 세계문화유산으로 등재되었다.

2

세부
내용

수원 화성이 건설된 배경은 무엇인가요? (   )

① 전국에 궁궐을 골고루 세우기 위해서

② 수원이 전국에서 가장 경치가 뛰어난 곳이어서

③ 조선에서 가장 뒤떨어진 지역인 수원을 개발하기 위해서

④ 조선이 성곽을 짓는 기술이 뛰어남을 증명해 보이기 위해서

⑤ 사도 세자의 무덤을 화산으로 옮기면서 그곳에 살던 백성들이 수원으로 옮겨 와서

3

주제
찾기

글 ㈎~㈒의 중심 내용으로 알맞지 <u>않은</u> 것은 무엇인가요? (   )

① 글 ㈎: 유네스코 세계 문화유산으로 지정된 수원 화성

② 글 ㈏: 수원 화성의 건설 배경과 건설 과정

③ 글 ㈐: 수원 화성의 구조 및 구조물의 특성

④ 글 ㈑: 수원 화성 공사 과정을 기록한 『화성성역의궤』

⑤ 글 ㈒: 수원 화성이 훼손된 것에 대한 안타까움

4

추론
하기

㉠에 들어갈 내용으로 가장 알맞은 것은 무엇인가요? (   )

① 백성들의 지루함을 달래 주었다.

② 백성들이 큰 돈을 벌 수 있게 해 주었다.

③ 공사 기간과 공사 비용을 크게 줄여 주었다.

④ 공사 기간이 더 늘어나게 하는 데 한몫하였다.

⑤ 공사를 하는 과정에서 다툼이 일어나게 만들었다.

5 ⓒ을 뒷받침할 내용으로 넣기에 알맞은 것을 <u>두 가지</u> 고르세요. (　　,　　)

추론
하기

① 정조는 신하들의 반대를 무릅쓰고 수원 화성 건설을 진행하였다.

② 수원 화성은 과학적 우수성과 예술적 아름다움이 뛰어난 조선의 성곽이다.

③ 정조는 수원 화성 공사에 동원된 백성들에게 임금을 주어 사기를 북돋웠다.

④ 수원 화성을 쌓을 때 벽돌을 사용했는데, 벽돌은 크기가 일정해 작업하기가 쉬웠다.

⑤ 정약용은 전쟁이 일어나도 성안에서 적을 방어할 수 있는 있도록 수원 화성을 설계하였다.

6 이 글에서 [보기]의 내용이 들어가기에 알맞은 곳은 어디인가요? (　　　)

구조
알기

> [보기]　이 밖에도 수원 화성은 암문, 수문, 포루, 각루 등 실용성과 합리성을 갖춘 구조물
> 들을 과학적으로 꼼꼼하게 배치해 건축 문화에 많은 변화를 가져왔다

① 글 (개)의 뒤　　　② 글 (내)의 뒤　　　③ 글 (대)의 뒤

④ 글 (래)의 뒤　　　⑤ 글 (매)의 뒤

7 이 글과 [보기]를 통해 짐작할 수 있는 것을 알맞게 말한 친구는 누구인가요? (　　　)

적용
창의

> [보기]　정조는 화성 공사 때 무더위에 지친 백성들의 건강을 염려하여 더위를 쫓는 약을 만
> 들어 보내고, 추운 겨울에는 털모자를 나눠 주었다. 또, 백성들이 일하다가 다치거나
> 병이 나면 치료할 수 있는 이 시설을 두어 무료로 치료해 주게 했다.
>
> － 『화성성역의궤』

① 혜원: 정조는 백성을 정말 아끼고 사랑했구나.

② 우승: 정조는 신하와 백성들을 동등하게 대했구나.

③ 유민: 정조는 화성 공사를 빨리 끝내고 싶어했구나.

④ 정수: 정조는 학문과 무예가 조선 왕 중 가장 뛰어났구나.

⑤ 서현: 정조는 수원 화성을 세상에서 가장 화려하게 짓고 싶어했구나.

16회 지문 익힘 어휘

1
어휘
의미

뜻에 알맞은 낱말을 낱말 카드로 만들어 쓰세요.

| 지 | 군 | 개 | 완 | 건 | 주 | 정 | 혁 | 공 | 설 |

(1) 공사가 완성되다. → ☐☐되다

(2) 한 나라를 다스리는 왕. → ☐☐

(3) 건물, 설비, 시설 등을 새로 만들어 세움. → ☐☐

(4) 이론이나 이치에 맞지 않는 제도나 기구를 새롭게 고침. → ☐☐

(5) 어떤 것이 특별한 자격이나 가치가 있는 것으로 정해지다. → ☐☐되다

2
어휘
활용

빈칸에 들어갈 알맞은 말을 [보기]에서 찾아 쓰세요.

| [보기] | 군주 | 지정 | 완공 | 건설 | 개혁 |

(1) 체육관이 ( )되어 운동을 할 수 있다.

(2) ( ) 현장에서는 안전모를 반드시 써야 한다.

(3) ( )은/는 백성이 편안하도록 나라를 잘 다스려야 한다.

(4) 이 탑은 작년에 문화재로 ( )되어 국가의 관리를 받고 있다.

(5) 시대에 맞지 않는 사회 제도의 ( )을/를 요구하는 사람들이 많아졌다.

3
어휘
확장

[보기]의 빈칸에 공통으로 들어가기에 알맞은 말은 무엇인가요? ( )

| [보기] | • 수원 화성은 우리나라 성곽 문화의 ☐☐(으)로 꼽힌다. |
| | • ○○ 작가는 『춘향전』을 한국 고전 문학의 ☐☐(으)로 손꼽았다. |

① 금의환향(錦衣還鄉): 출세를 하여 고향으로 돌아옴을 이르는 말.

② 등용문(登龍門): 어려운 과정을 통과하여 크게 출세함을 이르는 말.

③ 죽마고우(竹馬故友): 어릴 때부터 같이 놀며 자란 친구를 이르는 말.

④ 백미(白眉): 여럿 가운데에서 가장 뛰어난 사람이나 훌륭한 물건을 이르는 말.

⑤ 모순(矛盾): 어떤 사실의 앞뒤가 이치상 어긋나서 서로 맞지 않음을 이르는 말.

사람들은 모두 생김새나 말투, 행동, 성격 등 모든 부분에서 차이가 난다. 그것은 아주 자연스러운 일이다. 그런데도 우리는 그 차이를 인정하지 않고 오히려 차별할 때가 있다. 그렇다면 차이와 차별은 어떻게 다를까? '차이'는 서로 같지 않고 다르다는 뜻으로, 사람들이 서로를 구별할 수 있는 특성을 말한다. '차별'은 다르다는 이유로 근거* 없이 어느 한쪽에게 불이익*을 주는 것을 말한다. 차이는 말 그대로 그냥 다른 것뿐인데 그것을 가지고 왜 차별을 할까?

우리가 평소에 사용하는 말 중에 '다르다'와 '㉠틀리다'라는 말이 있다. 많은 사람들은 습관처럼 '다르다'와 '틀리다'를 구분하지 않고 잘못 사용한다.

"저 사람은 피부색이 우리와 틀리다."

"언니는 저와 생김새가 틀려요."

피부색이나 생김새는 수학 문제처럼 옳고 그름이 정해져 있지 않다. 피부색이나 생김새는 틀린 것이 아니고 다른 것이다. 이처럼 다른 것을 '틀렸다'라고 쓰는 잘못된 언어 습관에서 차별은 시작된다.

차별은 우리의 편견* 때문에도 일어난다. 남자와 여자가 잘할 수 있는 일이 따로 있을 것이라는 편견, 장애인이 비장애인보다 능력이 부족할 것이라는 편견, 피부색에 따라 더 우월하고* 열등한* 인종이 있다고 색안경을 끼고 보는* 편견은 차별을 가져온다.

또한 차별은 자신이 이미 가진 것을 빼앗기지 않고 지키려고 할 때도 일어난다. 남성 위주의 사회에서는 남자들이 여자들과 권력*을 나누고 싶어 하지 않고, 비장애인 위주의 사회에서는 자신들이 이미 누리고 있는 권리를 장애인에게 주고 싶어 하지 않는다. 이 밖에도 차별은 자신이 우월하다고 생각하는 마음 때문에도 일어난다. 다른 사람의 행동을 무시하고 잘못된 것으로 만들어 자신을 따르게 하려는 생각에서 차별이 나타나기도 한다.

사람들은 태어날 때부터 서로 다른 차이를 가지게 된다. 그러므로 피부색이나 생김새, 성별, 인종, 문화 등이 다르다는 이유로 사람들과 사회로부터 차별을 받아서는 안 된다. 우리 모두는 서로 다른 사람들이 자신의 능력을 발휘할 수 있도록 차이를 인정하고 받아들여야 한다.

낱말풀이

＊근거 어떤 일이나 의견 등에 대한 까닭. ＊불이익 이익이 되지 않고 손해가 됨. ＊편견 공정하지 못하고 한쪽으로 치우친 생각. ＊우월하고 다른 것보다 뛰어나고. ＊열등한 보통의 수준이나 등급보다 낮은. ＊색안경을 끼고 보는 대상을 좋지 않은 생각이나 감정을 가지고 대하거나 보는. ＊권력 남을 복종시키거나 지배하는 데에 쓸 수 있는, 사회적인 권리와 힘.

1

주제
찾기

이 글에서 글쓴이가 말하려고 한 것은 무엇인가요? (   )

① 잘못된 언어 습관을 고쳐야 한다.

② 친구들끼리 경쟁하지 말고 협력해야 한다.

③ 남자와 여자의 차이점을 올바르게 알아야 한다.

④ 장애인에게 특별한 혜택을 마련해 주어야 한다.

⑤ 사람마다 다른 차이를 인정하고 받아들여야 한다.

2

세부
내용

이 글을 읽고 알 수 있는 내용을 두 가지 고르세요. (,   )

① 차이와 차별의 뜻

② 피부색이 다른 까닭

③ 차별이 일어나는 까닭

④ 차별을 없애는 구체적인 방법

⑤ 차별을 이겨 낸 위대한 사람들의 삶

3

세부
내용

'차이'와 '차별'을 설명한 내용으로 알맞지 않은 것은 무엇인가요? (   )

① 차별은 편견 때문에 일어난다.

② 차이는 서로 같지 않고 다르다는 뜻이다.

③ 차이는 어느 한쪽에게 불이익을 주는 것을 말한다.

④ 차별은 자기 것을 빼앗기지 않고 지키려고 할 때도 일어난다.

⑤ 차별은 자신이 우월하다고 생각하는 마음 때문에 일어나기도 한다.

4

어휘
어법

㉠이 바르게 쓰인 것은 무엇인가요? (   )

① 나라마다 인사하는 방식이 틀리다.

② 오늘은 어제와 틀리게 날씨가 참 좋다.

③ 우리는 쌍둥이지만 성격이 각각 틀리다.

④ 우리 집 식구들은 좋아하는 음식이 다 틀리다.

⑤ 동생이 쓴 글을 읽으며 맞춤법이 틀린 곳을 고쳐 주었다.

5 이 글에서 설명한 '차별'의 예에 해당하지 <u>않는</u> 것은 무엇인가요? (   )

추론
하기

① 우영: 너희 나라는 왜 손으로 음식을 먹는 거야? 더러워 보여.

② 승호: 여자들은 아기를 낳을 수 있지만 남자들은 그럴 수 없어.

③ 지우: 축구는 위험하니까 남자인 우리들이 하고 여자들은 피구를 해.

④ 준태: 버스 안에서 피부색이 까만 외국인의 옆자리가 비어 있는데도 아무도 앉지를 않는 거야.

⑤ 소민: 우리 고모는 다리가 불편해 휠체어를 타야 하는 장애인인데 서류 심사에서 자꾸 탈락해 취직을 못하고 있어.

6 이 글을 바탕으로 [보기]를 알맞게 이해한 것은 무엇인가요? (   )

추론
하기

[보기]

> # 간호사
>
> 직업에도 **성별**이 있나요?
>
> 혹시 직업으로 성별을 판단하지 않으세요?
> 세상에는 한 성별만을 위한 직업은 없습니다.
> 편견이 아닌 사람을 봐주세요.
>
> kobaco
> 공익광고협의회

① 남자 간호사가 없을 것이라는 생각은 편견이야.

② 간호사는 아무나 할 수 없을 정도로 힘든 직업이야.

③ 세상에는 여자 직업, 남자 직업이 따로 정해져 있어.

④ 헷갈리니까 여간호사, 남간호사라고 따로 이름을 붙여야 해.

⑤ 시대가 변해도 간호사가 여자에게 더 잘 어울리는 직업이라는 생각은 바뀌지 않아.

7 우리 사회에서 차별을 없애기 위해 노력할 점으로 알맞지 <u>않은</u> 것은 무엇인가요? (   )

적용
창의

① 차별을 금지하는 법을 만들고 기관을 세운다.

② 교과서에 남녀 역할의 평등을 보여 주는 삽화를 더 많이 싣는다.

③ 모두가 평등하게 주차할 수 있도록 장애인 주차 전용 구역을 없앤다.

④ 우리나라에서 일하는 외국 노동자들이 불이익을 받지 않도록 도와준다.

⑤ 차별의 뜻이 담긴 말을 바꾸고 사람들이 바뀐 말을 사용할 수 있도록 안내한다.

17회 지문 익힘 어휘

1
어휘
의미

뜻에 알맞은 낱말을 낱말 카드로 만들어 쓰세요.

| 우 | 력 | 이 | 편 | 열 | 익 | 월 | 불 | 등 | 견 | 권 |

(1) 다른 것보다 뛰어나다. → ☐☐하다

(2) 이익이 되지 않고 손해가 됨. → ☐☐☐

(3) 보통의 수준이나 등급보다 낮다. → ☐☐하다

(4) 공정하지 못하고 한쪽으로 치우친 생각. → ☐☐

(5) 남을 복종시키거나 지배하는 데에 쓸 수 있는, 사회적인 권리와 힘. → ☐☐

2
어휘
활용

밑줄 친 낱말의 쓰임이 알맞지 않은 것은 무엇인가요? (   )

① 나는 공부를 잘해서 스스로 열등하다고 생각했다.
② 그는 왕의 권력에 절대 굽히지 않는 강직한 신하였다.
③ 수영 실력이 우월하여 전국 대회에서 금메달을 수상하였다.
④ 비만인 사람은 행동이 느릴 것이라는 편견을 가지고 있었다.
⑤ 이모는 임신을 했다는 이유로 일자리를 잃는 불이익을 당했다.

3
어휘
확장

두 낱말의 관계가 [보기]와 같은 것은 무엇인가요? (   )

| [보기] | 우월 – 우세 |

① 습관 – 버릇
② 차별 – 차이
③ 복숭아 – 과일
④ 옳다 – 그르다
⑤ 같다 – 다르다

(가) 퀴즈 하나! 백두산과 한라산의 공통점은 무엇일까? 정답은 두 산 모두 화산 활동으로 만들어진 '화산'이라는 것이다.

(나) 화산은 지구 내부에 있는 마그마로부터 시작된다. 마그마는 지구 내부의 높은 열 때문에 바위가 녹은 것인데, 땅 밑에 있는 암석에 틈이 생기면 지구 내부에 있던 뜨거운 마그마가 서서히 올라와 지하 깊은 곳에 고인다. 이렇게 마그마 웅덩이가 생기면 화산 폭발이 일어날 준비가 된 것이다. 화산 폭발은 땅속 깊은 곳의 마그마가 높은 압력을 이기지 못하고 지표면*의 갈라진 틈이나 암석의 약한 부분을 뚫고 폭발하는 것이다.

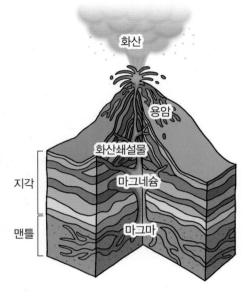

(다) 화산이 폭발하면 어떤 일들이 벌어질까? 화산이 폭발하면 ㉠땅이 쩍쩍 갈라지고 흔들리며, 산비탈이 무너져 산사태*가 나기도 하며, ㉡가스 폭발과 함께 용암*, 화산재 등이 솟구쳐 올라 마을을 뒤덮거나 불이 나기도 한다.

화산 폭발의 피해는 여기에서 멈추지 않는다. ㉢화산재와 화산 가스의 영향으로 날씨의 변화가 나타나기도 하며, ㉣농작물이 큰 피해를 입기도 한다. 또, ㉤화산재가 하늘을 시꺼멓게 뒤덮어 항공기 운항*을 막기도 한다.

(라) 그렇지만 화산 폭발의 이로움도 있다. 화산 폭발 때 나오는 화산재가 땅을 기름지게 하여 농작물이 자라는 데 도움을 주기도 한다. 또, 화산 활동이 활발한 곳 주변에는 땅속에서 온천*이 솟아나는데, 이것은 소중한 관광 자원이 되어 준다.

(마) 우리가 화산 폭발을 멈추게 하거나 줄일 수는 없지만, 오늘날에는 과학의 발달 덕분에 화산 폭발을 예측하고*, 이에 대비할* 수 있게 되었다. 과학자들은 로봇, 인공위성* 등 첨단 기기*를 이용하여 화산의 온도 변화나 화산 분출물*의 이동 경로 등을 감시한다*. 또한, 지진 활동, 가스 분출, 땅의 변형* 등으로 화산 폭발의 조짐*을 관찰하거나, 화산 일대의 암석을 잘라내 그 안에 있는 마그마의 성분이 어떻게 변화했는지 살피면서 화산 폭발을 예측하기도 한다.

낱말풀이

＊**지표면** 지구나 땅의 겉면. ＊**산사태** 폭우나 지진, 화산 등으로 산 중턱의 바윗돌이나 흙이 갑자기 무너져 내리는 현상. ＊**용암** 화산의 분화구에서 분출된 마그마. ＊**운항** 배나 비행기가 정해진 항로나 목적지를 오고 감. ＊**온천** 지열로 뜨겁게 데워진 지하수가 솟아 나오는 샘. ＊**예측하고** 앞으로의 일을 미리 추측하고. ＊**대비할** 앞으로 일어날지도 모르는 어떠한 일에 대응하기 위하여 미리 준비할. ＊**인공위성** 지구와 같은 행성 둘레를 돌도록 로켓을 이용하여 쏘아 올린 물체. ＊**첨단 기기** 기술 면에서 가장 앞서 나가는 기구나 기계 등을 통틀어 이르는 말. ＊**분출물** 솟구쳐서 뿜어져 나오는 물질. ＊**감시한다** 단속하기 위하여 주의 깊게 살핀다. ＊**변형** 모양이나 형태가 달라지거나 달라지게 함. ＊**조짐** 좋거나 나쁜 일이 생길 기미가 보이는 현상.

1 이 글에서 알 수 있는 내용이 <u>아닌</u> 것은 무엇인가요? (　　　)

세부
내용

① 한반도에 있는 화산에는 백두산과 한라산이 있다.

② 화산이 폭발하면 화산 가스와 용암, 화산재가 분출한다.

③ 화산 폭발로 한 마을이 화산재에 묻히거나 화재가 나기도 한다.

④ 화산이 폭발할 때 나오는 화산재가 땅을 기름지게 하기도 한다.

⑤ 인류는 화산 폭발을 멈추게 하거나 줄일 수 있는 방법을 발견해 냈다.

2 글 ㈎~㈺의 중심 내용으로 알맞지 <u>않은</u> 것은 무엇인가요? (　　　)

주제
찾기

① 글 ㈎: 화산의 종류

② 글 ㈏: 화산이 폭발하는 이유

③ 글 ㈐: 화산 폭발의 피해

④ 글 ㈑: 화산 폭발의 이로움

⑤ 글 ㈒: 화산 폭발의 예측과 대비

3 글 ㈐와 ㈑에 쓰인 설명 방법으로 알맞은 무엇인가요? (　　　)

구조
알기

① 대상의 특징을 나열하여 설명한다.

② 대상의 뜻을 분명히 밝혀서 설명한다.

③ 대상의 공통점과 차이점을 찾아 설명한다.

④ 어떤 현상이 일어난 원인을 밝혀서 설명한다.

⑤ 말하고자 하는 바와 반대되는 말을 하여 의미를 강조해서 설명한다.

4 [보기]의 내용은 ㉠~㉤ 중 무엇에 해당하는 예인가요? (　　　)

추론
하기

> [보기]　　1991년 필리핀에서 피나투보 화산이 폭발했는데, 이 폭발로 100억 톤이 넘는 마그
> 마가 분출되었고, 화산재는 8,500킬로미터나 떨어진 아프리카 동부 해안까지 퍼졌
> 다. 당시 어마어마한 화산재가 하늘 위에 머물면서 햇빛을 가려 이듬해 6월까지 지구
> 기온이 0.5도가 떨어졌다고 한다.

① ㉠　　　　② ㉡　　　　③ ㉢　　　　④ ㉣　　　　⑤ ㉤

5 다음의 ㉮, ㉯에 들어갈 알맞은 말끼리 묶은 것은 무엇인가요? (   )

세부
내용

> 화산 폭발은 땅속 [㉮   ]가 [㉯   ] 압력을 이기지 못하고 지표면의 갈라진 틈이나 암석의 약한 부분을 뚫고 폭발하는 것이다.

① ㉮: 지하수, ㉯: 높은   ② ㉮: 지하수, ㉯: 낮은

③ ㉮: 마그마, ㉯: 높은   ④ ㉮: 마그마, ㉯: 낮은

⑤ ㉮: 암반수, ㉯: 높은

6 이 글에서 [보기]의 내용이 들어가기에 알맞은 곳은 어디인가요? (   )

구조
알기

> [보기] 화산 주변의 땅에서 나오는 열은 전기를 만드는 데에도 쓰이는데, 이를 '지열 발전'이라고 한다. 2010년을 기준으로, 전 세계 24개국에서 지열 발전으로 6만 기가와트 이상의 전기를 생산하고 있다.

① 글 ㈎의 뒤   ② 글 ㈏의 뒤   ③ 글 ㈐의 뒤

④ 글 ㈑의 뒤   ⑤ 글 ㈒의 뒤

7 이 글을 바탕으로 [보기]를 알맞게 이해한 것은 무엇인가요? (   )

추론
하기

> [보기] 79년, 베수비오 화산이 폭발하면서 내뿜은 화산재 등이 폼페이 전체 시가지를 완전히 뒤덮어 이곳에 사는 주민들이 미처 대피하지도 못한 채 죽었다. 이 폭발로 검은 구름이 8일 동안 이탈리아 전체를 뒤덮었으며, 폼페이에는 두께가 6미터나 되는 화산재가 쌓였다. 이 사건을 계기로 폼페이는 역사 속에서 사라졌는데, 1599년 그 지역에서 수로 공사를 진행하던 중 우연히 유적이 발견되었다. 폼페이 유적은 1748년부터 본격적으로 발굴되기 시작해 현재까지 발굴되고 있다. 폼페이 유적의 발굴로 우리는 옛 로마 제국의 건축물은 물론 당시 사람들의 생활 모습까지 짐작할 수 있다.

① 이탈리아에는 유난히 화산이 많구나.

② 화산 폭발은 도시를 발전시키는 등 이로움도 많구나.

③ 화산 활동으로 만들어진 화산의 모양이 여러 가지구나.

④ 화산 폭발은 육지뿐만 아니라 바다에서도 발생할 수 있구나.

⑤ 화산 폭발로 도시가 없어질 만큼 화산 폭발의 위력과 피해는 엄청나게 크구나.

18회 지문 익힘 어휘

1
어휘
의미

뜻에 알맞은 낱말을 찾아 선으로 이으세요.

(1) 변형 •

(2) 운항 •

(3) 예측하다 •

(4) 감시하다 •

• ㉮ 앞으로의 일을 미리 추측하다.

• ㉯ 단속하기 위해 주의 깊게 살피다.

• ㉰ 모양이나 형태가 달라지거나 달라지게 함.

• ㉱ 배나 비행기가 정해진 항로나 목적지를 오고 감.

2
어휘
활용

빈칸에 들어갈 알맞은 낱말을 [보기]에서 찾아 쓰세요.

[보기]	변형	감시	예측	운항

(1) 폭풍이 심해 배들이 (   )을/를 중단했다.

(2) 이번 우리 학교 회장 선거 결과는 (   )하기 어렵다.

(3) 적의 움직임을 잘 (   )해야 전쟁에서 이길 수 있다.

(4) 그 물건은 (   )이/가 심하게 일어나 원래 형태를 찾아볼 수 없다.

3
어휘
확장

[보기]의 밑줄 친 부분과 어울리는 한자 성어는 무엇인가요? (   )

[보기]   화산 활동은 자연 현상이므로, 우리가 화산 폭발을 막을 수는 없다. 하지만, 첨단 기기를 이용하면 화산 폭발을 예측하고, 이에 대비하여 피해를 방지할 수 있다.

① 약육강식(弱肉强食): 약한 자는 강한 자에게 먹힌다는 말.

② 백척간두(百尺竿頭): 몹시 어렵고 위태로운 지경을 이르는 말.

③ 유비무환(有備無患): 미리 준비가 되어 있으면 걱정할 것이 없다는 말.

④ 용두사미(龍頭蛇尾): 거창하게 시작했지만, 갈수록 흐지부지 된다는 말.

⑤ 일망타진(一網打盡): 어떤 무리를 한꺼번에 모두 잡아 세력을 꺾음을 이르는 말.

(가) 전 세계에는 아직도 기술의 혜택을 누리지 못하고 일상생활조차 어려운 가난한 나라들이 많다. 이런 저개발 국가들을 위해 개발된 기술이 적정 기술이다. 적정 기술이란 그 지역의 환경이나 문화를 고려하여* 만든 기술로, 그 지역 사람들에게 가장 절실하게* 필요한 도움을 줄 수 있는 기술을 말한다.

(나) 적정 기술을 개발할 때 중요한 점은 현지*의 환경에 맞춰 만들어야 한다는 것이다. 이를 위해서 갖추어야 할 ㉠적정 기술의 조건은 다음과 같다.

첫째, 누구나 이용할 수 있도록 비용이 싸야 한다. 둘째, 가능하면 현지 재료를 사용해야 한다. 제품을 지속적*으로 생산하고 이용하는 데에 어려움이 없어야 하기 때문이다. 셋째, 제품의 사용 방법이 간단해야 한다. 제품의 사용 방법이 복잡하면 이용 횟수가 줄어 나중에는 ㉡무용지물*이 되기 때문이다. 넷째, 현지의 기술과 노동력*을 활용하여 일자리를 만들어 내야 한다. 다섯째, 재생* 가능한 에너지 자원을 활용해야 한다. 석유와 석탄 같은 화석 연료의 사용을 줄이고 태양열 같은 친환경 에너지를 활용해야 한다.

(다) 이와 같은 조건을 모두 갖추지 못해도 그 기술을 통해 지역 사람들의 삶을 향상시키고 일자리가 늘어난다면 적정 기술이라고 할 수 있다. 대표적인 적정 기술 제품으로 ㉢페트병 전구와 큐드럼을 꼽을 수 있다.

페트병 전구는 페트병에 물과 표백제를 넣어 만든 전구이다. 지붕에 물과 표백제를 넣은 페트병을 꽂아 두면 태양의 빛이 페트병 속에 담긴 물을 통과하면서 사방으로 흩어지게 된다. 물에 섞인 표백제는 빛이 더 잘 흩어지도록 도와 창문이 없는 집 안을 밝혀 준다.

큐드럼은 자동차 타이어에서 아이디어를 얻어 만든 물통이다. 물통 가운데 구멍에 줄을 끼우면 끌거나 굴릴 수 있어 힘을 덜 들이고도 약 50리터의 물을 운반할 수 있다.

(라) 이처럼 적정 기술은 간단하고 효율적*인 방법으로도 문제를 해결할 수 있다는 것을 일깨워 주는 기술이다. 가난한 나라에 사는 사람들에게만 쓰이던 적정 기술은 오늘날 장애나 자연재해로 인해 첨단 기술을 활용하지 못하는 선진국* 사람들에게도 도움을 주고 있다. 적정 기술은 인간과 환경을 지키는 기술로서 미래에도 함께할 세상을 바꾸는 기술이 될 것이다.

낱말풀이

*고려하여 어떤 일을 하는 데 여러 가지 상황이나 조건을 신중하게 생각하여. *절실하게 느낌이나 생각이 매우 크고 강하게. *현지 일을 실제로 진행하거나 작업하는 그곳. *지속적 어떤 일이나 상태가 오래 계속되는 것. *무용지물 쓸모없는 사람이나 물건. *노동력 몸이나 머리를 써서 일하는 데 필요한 사람의 힘. *재생 버리게 된 물건을 모아 새로운 것을 만들어 씀. *효율적 들인 노력에 비하여 얻는 결과가 큰 것. *선진국 다른 나라보다 정치, 경제, 문화 등의 발달이 앞선 나라.

1
주제
찾기

이 글의 제목으로, 글쓴이의 생각이 잘 드러난 것은 무엇인가요? (   )

① 첨단 기술이 미래다

② 적정 기술이 무엇일까?

③ 최첨단 기술, 적정 기술

④ 지속 가능하지 못한 기술, 적정 기술

⑤ 인간과 환경을 지키는 기술, 적정 기술

2
구조
알기

이 글에 사용된 설명 방법으로 알맞지 <u>않은</u> 것을 <u>두 가지</u> 고르세요. (,   )

① 글 (가)에서 적정 기술의 뜻을 명확히 밝혀 설명하고 있다.

② 글 (나)에서 적정 기술의 조건을 나열하여 설명하고 있다.

③ 글 (다)에서 대표적인 적정 기술 제품의 예를 들어 설명하고 있다.

④ 글 (다)에서 성공한 적정 기술과 실패한 적정 기술을 비교하여 설명하고 있다.

⑤ 글 (라)에서 적정 기술의 미래 모습에 대해 전문가의 말을 인용하여 설명하고 있다.

3
세부
내용

이 글의 내용과 일치하는 것은 무엇인가요? (   )

① 큐드럼은 오염된 물을 깨끗한 물로 바꿔 주는 물통이다.

② 전 세계 사람들은 기술의 혜택을 공평하게 누리고 있다.

③ 적정 기술은 그 지역의 환경을 고려하여 만든 기술이다.

④ 적정 기술은 간단하고 효율적인 방법으로 문제를 해결할 수 없다.

⑤ 적정 기술은 가난한 나라에 사는 사람들만 이용할 수 있는 기술이다.

4
세부
내용

㉠으로 알맞지 <u>않은</u> 것은 무엇인가요? (   )

① 비용이 많이 들어야 한다.

② 현지 재료를 사용해야 한다.

③ 사용 방법이 간단해야 한다.

④ 재생 가능한 에너지 자원을 활용해야 한다.

⑤ 현지의 기술과 노동력을 활용하여 일자리를 만들어야 한다.

5 ©과 바꾸어 쓰기에 알맞은 말은 무엇인가요? (   )

어휘
어법

① 소중한 경험이 되기

② 쓸모가 없는 물건이 되기

③ 새것과 같은 물건이 되기

④ 인기를 끄는 물건이 되기

⑤ 큰 구실을 할 물건이 되기

6 글 ⑭를 바탕으로 ©에 대해 알맞게 이해하지 <u>못한</u> 것은 무엇인가요? (   )

추론
하기

① 사용 방법이 복잡하지 않다.

② 현지의 재료를 사용하여 만들 수 있다.

③ 재생 가능한 에너지 자원을 활용하였다.

④ 현지의 기술과 노동력으로는 만들기 어렵다.

⑤ 재료가 비싸지 않아서 지속적으로 사용할 수 있다.

7 이 글을 읽은 학생이 [보기]에 대해 알맞게 평가하지 <u>못한</u> 것은 무엇인가요? (   )

비판
하기

> [보기] 플레이 펌프는 아프리카의 물 부족 문제를 해결하고자 개발된 적정 기술 제품이다. 아이들이 플레이 펌프를 돌리면서 놀 때마다 그 힘으로 지하수를 끌어 올리는 방식이다. 플레이 펌프로 15리터의 물을 얻으려면 27시간을 돌려야 한다. 여자 혼자서는 작동하기가 힘들었고 여러 사람의 노동력이 필요했다. 가격은 원래 쓰던 수동 펌프보다 비쌌으며, 현지에 기술자와  부품이 없어 고장 나면 약 6개월 정도를 기다려야 수리할 수 있었다. 이 제품은 설치된 지 3년 만에 서서히 사라졌다.

① 아프리카 현지의 기술과 부품으로 만들 수 있는 제품인지 고려하지 않았어.

② 그 지역 사람들의 삶을 향상시키지 않았으므로 실패한 적정 기술 제품이야.

③ 가난한 나라 사람들이 사용할 것을 고려해서 가격을 싸게 만들었어야 했어.

④ 물을 얻는 양에 비해 너무 많은 노동 시간과 노동력이 들어가는 적정 기술이야.

⑤ 제대로 먹지도 못하고 온종일 일만 하는 아프리카 아이들의 상황을 고려해서 만들었어.

19회 지문 익힘 어휘

1

어휘
의미

낱말과 그 뜻이 알맞게 짝 지어지지 <u>않은</u> 것은 무엇인가요? (   )

① 현지: 일을 실제 진행하거나 작업하는 그곳.

② 지속적: 어떤 일이나 상태가 오래 계속되는 것.

③ 재생: 버리게 된 물건을 모아 새로운 것을 만들어 씀.

④ 노동력: 몸이나 머리를 써서 일하는 데 필요한 사람의 힘.

⑤ 효율적: 들인 노력에 비하여 얻는 결과가 만족스럽지 못한 것.

2

어휘
활용

빈칸에 들어갈 알맞은 낱말을 찾아 선으로 이으세요.

(1) 시간을 [   ](으)로 관리하려면 먼저 목표를 세워야 한다. •

(2) [   ]이/가 가능한 캔류와 플라스틱류를 분리해서 버렸다. •

(3) 감기에 걸렸는지 어제부터 지금까지 [   ](으)로 두통이 있다. •

(4) 섬에 가서 지은 집은 모두 [   ]에서 얻을 수 있는 재료로 만들었다. •

(5) 농촌에는 젊은 사람들이 많이 떠나 농사를 지을 [   ]이/가 부족해졌다. •

• ㉮ 현지

• ㉯ 재생

• ㉰ 효율적

• ㉱ 노동력

• ㉲ 지속적

3

어휘
확장

밑줄 친 낱말과 바꾸어 쓸 수 있는 낱말의 기호를 쓰세요.

(1) 제품을 <u>지속적으로</u> 생산하고 이용하는 데 어려움이 없어야 한다. ·················· (   )

㉮ 일시적으로   ㉯ 계속적으로   ㉰ 순간적으로

(2) 적정 기술은 그 지역 사람들에게 <u>절실하게</u> 필요한 도움을 주는 기술이다. ········· (   )

㉮ 쉽게   ㉯ 적당하게   ㉰ 간절하게

(3) 적정 기술은 간단한 방법으로 문제를 해결할 수 있음을 <u>일깨워</u> 주는 기술이다. ··· (   )

㉮ 바꿔   ㉯ 지켜   ㉰ 깨우쳐

▲ 비상구

(가) 이 그림은 공공장소나 건물 등에서 비상구*를 표시하는 픽토그램이다. 픽토그램은 시설이나 사물, 행동 등을 단순한 그림으로 표현해 누가 보더라도 쉽게 이해하도록 만든 그림 문자이다. 픽토그램은 그림을 뜻하는 픽토(Picto)와 문자를 뜻하는 텔레그램(Telegram)이 합해진 말이다. 글자보다 그림으로 이해하는 것이 훨씬 빠르고 말이 통하지 않아도 의미를 쉽게 전달할 수 있기 때문에 세계 곳곳에서 픽토그램이 널리 사용되고 있다.

(나) 픽토그램은 1909년 프랑스 파리에서 처음 등장했다. 교통 관리를 위해 교통 표지판을 만든 것이 픽토그램의 시작이다. 1936년 독일 베를린 올림픽에서 운동 종목에 쓰이는 도구를 나타내는 픽토그램이 처음 등장하였고, 1964년 일본 도쿄 올림픽에서는 사람이 등장하는 픽토그램을 처음으로 사용하였다.

(다) 픽토그램을 만들 때는 나름대로의 규칙이 있다. 모든 사람들에게 똑같은 정보를 전달해야 하기 때문에 단순하고 의미가 ◯─── 한다. 우리나라의 경우도 일상생활에서 사용하는 픽토그램에 규칙을 정해 두었다. 공공시설을 나타내는 픽토그램에는 검은색 바탕의 사각형을 사용하고, 금지를 나타내는 픽토그램에는 빨간색 테두리의 원에 빨간색 선을 긋는다. 주의나 경고를 나타내는 픽토그램에는 노란색 바탕의 삼각형에 검은색 테두리를 사용하고, 행동을 지시하는 픽토그램에는 파란색 바탕의 원을 사용한다. 그리고 대피를 나타내는 픽토그램에는 초록색 바탕의 사각형을 사용한다.

(라) 픽토그램은 나라별로 국가 표준으로 정해 사용하고 있다. 다만, 공공시설에서 볼 수 있는 중요한 픽토그램은 국제 표준화 기구(ISO)가 국제 표준*으로 채택한 것을 쓰게 하고 있다. 가장 대표적인 것이 비상구이다. 국제 표준으로 채택된 것에는 우리나라가 제안한 '비상 대피소', '보안면* 착용', '애완동물 금지', '음식물 반입* 금지', '맹견* 주의' 같은 픽토그램도 포함되어 있다.

(마) 요즘은 어디를 가도 픽토그램을 보게 된다. 사회가 변함에 따라 이미 사용하는 픽토그램이 바뀌기도 하고 새로운 픽토그램이 생기기도 한다. 글자를 몰라도, 특별한 배경지식*이 없어도 픽토그램이 상징하는* 의미를 누구나 알 수 있으니 픽토그램은 없어서는 안 될 중요한 그림 문자이다.

낱말풀이

*비상구 갑작스러운 사고가 생겼을 때 급히 밖으로 나갈 수 있도록 만들어 놓은 출입구. *표준 사물의 성격이나 정도 등을 알기 위한 근거나 기준. *보안면 눈을 포함한 얼굴을 가리는 데 사용하는 보호 장비. *반입 다른 곳으로부터 물건을 운반하여 들여옴. *맹견 몹시 사나운 개. *배경지식 어떤 일을 하거나 연구할 때, 이미 머릿속에 들어 있거나 기본적으로 필요한 지식. *상징하는 막연하고 일반적인 사물이나 개념을 구체적인 사물로 나타내는.

1 이 글에서 설명하는 대상은 무엇인가요? (   )
주제
찾기
① 올림픽   ② 픽토그램   ③ 공공시설
④ 교통 표지판   ⑤ 국제 표준화 기구

2 이 글에서 [보기]가 들어가기에 가장 알맞은 곳은 어디인가요? (   )
구조
알기

> [보기]   우리나라는 2002년 한일 월드컵을 계기로 각종 시설을 안내하는 표지와 안전 표시
> 등의 픽토그램을 정해 사용하기 시작했다.

① 글 (가)의 뒤   ② 글 (나)의 뒤   ③ 글 (다)의 뒤
④ 글 (라)의 뒤   ⑤ 글 (마)의 뒤

3 픽토그램에 대한 설명으로 알맞지 <u>않은</u> 것은 무엇인가요? (   )
세부
내용
① 국제 표준으로 채택한 것을 쓰기도 한다.
② 배경지식이 없어도 상징하는 의미를 알 수 있다.
③ 글자보다 훨씬 쉽고 빠르게 의미를 전달할 수 있다.
④ 모든 사람들에게 다른 정보를 전달할 수 있어야 한다.
⑤ 시설이나 사물, 행동 등을 단순한 그림으로 표현한 그림 문자이다.

4 픽토그램을 만드는 규칙에 대한 설명으로 알맞지 <u>않은</u> 것은 무엇인가요? (   )
세부
내용
① 행동을 지시하는 픽토그램에는 파란색 바탕의 원을 사용한다.
② 대피를 나타내는 픽토그램에는 초록색 바탕의 사각형을 사용한다.
③ 공공시설을 나타내는 픽토그램에는 검은색 바탕의 사각형을 사용한다.
④ 금지를 나타내는 픽토그램에는 빨간색 테두리의 원에 빨간색 선을 긋는다.
⑤ 경고를 나타내는 픽토그램에는 검은색 바탕의 삼각형에 노란색 테두리를 사용한다.

5 ㉠에 들어갈 말로 알맞은 것은 무엇인가요? (   )

① 복잡해야   ② 헷갈려야   ③ 명확해야

④ 불확실해야   ⑤ 알쏭달쏭해야

어휘
어법

6 우리나라가 제안하여 국제 표준으로 채택된 픽토그램이 <u>아닌</u> 것은 무엇인가요? (   )

적용
창의

①

②

③

④

⑤

7 이 글을 읽은 학생이 [보기]에 대해 보인 반응으로 알맞은 것은 무엇인가요? (   )

추론
하기

[보기]   오른쪽 두 그림은 장애인을 표시하는 픽토그램이다. 첫 번째 것은 1968년부터 국제적으로 사용되고 있는 픽토그램이고, 두 번째 것은 미국 뉴욕시에서 2014년부터 새롭게 채택하여 사용하고 있는 픽토그램이다. 첫 번째 것이 수동적이고 딱딱한 느낌을 준다면 두 번째 것은 능동적이고 역동적인 느낌을 준다.

① 시대가 아무리 변해도 장애인을 나타내는 픽토그램이 바뀌어서는 안 돼.

② [보기]의 픽토그램에 글자를 넣어야 장애인에 대한 정보를 제대로 줄 수 있어.

③ 시대가 바뀜에 따라 장애인에 대한 픽토그램도 점점 복잡한 그림으로 바뀌어야 해.

④ [보기]의 두 그림은 장애인에 대해 가지고 있었던 인식을 바꾸어 주는 픽토그램이야.

⑤ [보기]의 두 그림은 장애인을 안전한 곳으로 대피시키라는 뜻을 나타내는 픽토그램이야.

20회 지문 익힘 어휘

1

어휘
의미

뜻에 알맞은 낱말을 [보기]에서 찾아 쓰세요.

[보기]	반입	표준	비상구	배경지식	상징하다

(1) (　　　　　　　): 다른 곳으로부터 물건을 운반하여 들여옴.

(2) (　　　　　　　): 사물의 성격이나 정도 등을 알기 위한 근거나 기준.

(3) (　　　　　　　): 막연하고 일반적인 사물이나 개념을 구체적인 사물로 나타내다.

(4) (　　　　　　　): 갑작스러운 사고가 생겼을 때 급히 밖으로 나갈 수 있도록 만들어 놓은 출입구.

(5) (　　　　　　　): 어떤 일을 하거나 연구할 때, 이미 머릿속에 들어 있거나 기본적으로 필요한 지식.

2

어휘
활용

밑줄 친 낱말의 쓰임이 알맞지 <u>않은</u> 것은 무엇인가요? (　　　　　)

① 동생의 몸무게가 <u>표준</u>에 못 미쳤다.

② 우리나라 문화재의 해외 <u>반입</u>을 막아야 한다.

③ 비빔밥과 김치는 우리나라를 <u>상징하는</u> 음식이다.

④ 여러 분야의 책을 읽으면 <u>배경지식</u>이 풍부해진다.

⑤ 화재 경보가 울리자 사람들이 모두 <u>비상구</u>를 통해 대피하였다.

3

어휘
확장

[보기]에서 밑줄 친 낱말의 뜻을 찾아 기호를 쓰세요.

[보기]	• 주의: ㉮ 마음에 새겨 두고 조심함.
	㉯ 어떤 한 곳이나 일에 관심을 집중하여 기울임.
	㉰ 경고나 훈계의 뜻으로 일깨움.

(1) 조카는 <u>주의</u>가 산만해서 함께 다니기가 힘들다. (　　　　　)

(2) 이 레고는 <u>주의</u> 사항을 잘 읽어 보고 조립해야 한다. (　　　　　)

(3) 뒷집 대문 앞에 '맹견 <u>주의</u>'라는 글이 적혀 붙어 있었다. (　　　　　)

(4) 수업 시간에 <u>주의</u>를 기울여서 선생님의 말씀을 들었다. (　　　　　)

(5) 사회자는 발표자에게 손을 들어 말할 기회를 얻고 말하라고 <u>주의</u>를 주었다. (　　　　　)

完

완전할 완

'완(完)' 자는 집 면(宀) 자와 으뜸 원(元) 자가 합쳐져 만들어진 글자예요. 집 둘레를 담으로 둘러쳐서 내부가 튼튼히 지켜지는 모양에서 '완전하다'라는 뜻을 나타내요.

● 다음 획순에 따라 한자를 따라 쓰세요.

完	丶	丶	宀	宀	宁	宇	完
完	完	完					

완성 完成
(완전할 완, 이룰 성)

완전하게 다 이룸.
예 이 건물이 완성되면 관광객들이 많아질 것이다.

반대말 미완성(未完成): 아직 덜 됨.

보완 補完
(기울 보, 완전할 완)

모자라거나 부족한 것을 보충하여 완전하게 함.
예 누리호는 기술적인 문제를 보완해서 발사하기로 했다.

완전 完全
(완전할 완, 온전 전)

부족한 점이 없이 모든 것이 다 갖추어져 있음.
예 이 우산은 단추 하나로 펴고 접는 완전 자동 우산이야.

반대말 불완전(不完全): 완전하지 않음.

Q 다음 중 밑줄 친 글자의 뜻이 나머지와 <u>다른</u> 것은 무엇인가요? (   )

① 완성   ② 보완   ③ 완전   ④ 수완   ⑤ 미완

5주

13분 안에 푸세요.

㈎ 인류 최초의 문명*인 메소포타미아 문명이 생겨날 때쯤, 아프리카 북부 나일강 하류 지역에서는 이집트 문명이 생겨났다. 이집트는 사막과 바다로 둘러싸인 지형이어서 다른 민족의 침입을 별로 받지 않았다. 무엇보다도 나일강을 끼고 있어서 농사짓기가 유리하고* 이동이 편리했다. 다만 이집트 사람들에게도 고민이 하나 있었는데, 그것은 나일강이 홍수로 자주 범람한다는* 것이었다.

㈏ 나일강의 물은 해마다 한 번씩 정기적*으로 흘러넘쳤다. 고대 이집트 사람들은 별을 관찰하여 나일강이 언제 넘치는지를 알아냈다. 시리우스라는 별이 보이는 6월이 되면 나일강이 항상 넘치는데, 그 주기*가 정확하게 365일이 걸린다는 것을 알게 되었다. 고대 이집트 사람들은 나일강이 넘치는 주기에 맞추어 생활하였다. 나일강의 물이 불어나서 흘러넘치는 6월부터 10월 사이에는 고기잡이를 하고, 물이 빠지면서 상류*에서 떠내려온 기름진* 흙만 남는 11월부터 2월 사이에는 농사를 지었다. 그리고 다음 해 물이 불어나기 전 3월부터 5월까지는 곡식을 수확하였다*. ㉠나일강의 범람 덕분에 나일강 주변에 살던 고대 이집트 사람들은 기름진 땅에 농사를 지으며 풍요롭게* 살 수 있었다.

㈐ 나일강의 정기적인 범람은 이집트에서 다양한 문명이 생겨나게 했다. 고대 이집트 사람들은 나일강이 범람하는 시기를 정확하게 예측하기* 위해 태양력을 만들었다. 시리우스 별의 움직임을 관찰하면서 한 달을 30일, 일 년을 365일로 하는 달력을 만들어 사용하였다. 나일강가에서 자라는 파피루스 줄기를 이용해서 종이도 만들었고, 그림으로 된 문자(상형 문자)를 만들어 파피루스에 기록도 하였다.

㈑ 고대 그리스의 역사가 헤로도토스는 ㉡'이집트는 나일강의 선물'이라고 표현했다. 나일강은 고대 이집트 사람들에게 풍요로운 땅과 지혜로움을 선물로 주었다. 이집트는 나일강 덕분에 풍요로운 땅에서 찬란한* 이집트 문명을 꽃피울 수 있었다.

낱말풀이

*문명 인류가 이룩한 물질적, 기술적, 사회 구조적인 발전. *유리하고 이익이 있고. *범람한다는 강이나 개천 등의 물이 흘러넘친다는. *정기적 기한이나 기간이 일정하게 정해져 있는 것. *주기 같은 현상이나 특징이 한 번 나타나고부터 다음번 되풀이되기까지의 기간. *상류 흐르는 강이나 냇물의 윗부분. *기름진 땅에 양분이 많은. *수확하였다 익거나 다 자란 농수산물을 거두어들였다. *풍요롭게 매우 많아서 넉넉함이 있게. *예측하기 미리 헤아려 짐작하기. *찬란한 어떤 것이 아주 훌륭한.

1 이 글의 제목으로 가장 알맞은 것은 무엇인가요? (   )

주제
찾기

① 고대 문명

② 물의 중요성

③ 이집트의 역사

④ 세계 주요 도시의 강

⑤ 나일강이 만든 이집트 문명

2 이 글에서 [보기]가 들어가기에 알맞은 곳은 어디인가요? (   )

구조
알기

> [보기]　 이 밖에도 나일강이 범람할 때마다 땅을 새로 측량하고 다시 나누어야 했기 때문에 자연스럽게 측량술과 수학도 발달하였다.

① 글 (개)의 앞　　　　　② 글 (개)의 뒤　　　　　③ 글 (내)의 뒤

④ 글 (대)의 뒤　　　　　⑤ 글 (래)의 뒤

3 글 (개)에 더 넣을 내용으로 가장 알맞은 것은 무엇인가요? (   )

추론
하기

① 이집트의 지형적 특징을 알려 주는 내용

② 인류 최초의 문명이 무엇인지 밝혀 주는 내용

③ 이집트에서 농사짓기가 유리한 까닭을 알려 주는 내용

④ 이집트 문명이 일어난 지역이 어디인지 밝혀 주는 내용

⑤ 메소포타미아가 구체적으로 어느 지역인지 밝혀 주는 내용

4 ㉠에 대한 설명으로 알맞지 <u>않은</u> 것은 무엇인가요? (   )

세부
내용

① 태양력을 만드는 데 영향을 주었다.

② 일 년에 두 번씩 정기적으로 흘러넘친다.

③ 범람할 때 상류의 기름진 흙이 떠내려온다.

④ 별을 관찰하여 나일강의 범람 시기를 알아냈다.

⑤ 6월이 되면 나일강의 물이 흘러넘치기 시작한다.

5 글 ㈐에 덧붙일 자료로 가장 알맞은 것은 무엇인가요? (   )

추론
하기

① 나일강에 서식하는 물고기 사진
② 세계 여러 나라 종이를 비교하여 정리한 표
③ 이집트 위치를 한눈에 알 수 있는 세계 지도
④ 이집트의 상형 문자가 적혀 있는 파피루스 사진
⑤ 고대 이집트 사람들의 농사짓는 모습을 그린 그림

6 ㉡의 뜻으로 알맞은 것을 <u>두 가지</u> 고르세요 (,   )

주제
찾기

① 이집트 문명은 나일강 덕분에 생겼다.
② 이집트는 나일강의 영향을 받지 않았다.
③ 나일강 없이 이집트는 만들어지지 않았다.
④ 나일강의 홍수는 이집트의 세력을 약화시켰다.
⑤ 이집트 사람들은 나일강을 사랑하여 잘 가꾸었다.

7 이 글을 바탕으로 [보기]를 알맞게 이해하지 <u>못한</u> 것은 무엇인가요? (   )

추론
하기

> [보기]   메소포타미아는 티그리스강과 유프라테스강 사이에 있는 지역으로, 지금의 이라크
> 를 중심으로 시리아 북동부와 이란 남서부에 해당한다. 메소포타미아 지역은 사방이
> 트인 넓은 평야 지대라서 외적의 침입이 많았다. 메소포타미아 지역의 강물은 불어나
> 서 흘러넘치는 시기가 일정하지 않았고 흘러넘치는 양도 때마다 달랐다. 그래서 수로
> 와 저수지를 만들어 필요할 때 물을 빼고 저장하여 농사를 지었다. 범람할 때 강 상류
> 에서 기름진 흙이 떠내려와 농사가 잘 되었다.

① 이집트 문명과 메소포타미아 문명은 큰 강을 끼고 일어났다.
② 이집트 사람들과 메소포타미아 사람들은 농사를 짓고 살았다.
③ 이집트 문명과 메소포타미아 문명은 기름진 땅에서 이루어졌다.
④ 메소포타미아 사람들은 이집트 사람들에 비해 전쟁을 많이 겪었다.
⑤ 메소포타미아 사람들도 이집트 사람들처럼 강물의 범람 시기를 미리 예상하고 대비했다.

21회 지문 익힘 어휘

1
어휘
의미

뜻에 알맞은 낱말을 낱말 카드로 만들어 빈칸에 쓰세요.

| 주 | 름 | 기 | 정 | 범 | 풍 | 기 | 요 | 람 | 기 |

(1) 큰물이 흘러넘침. → ☐☐

(2) 땅에 양분이 많다. → ☐☐ 지다

(3) 매우 많아서 넉넉함이 있다. → ☐☐ 롭다

(4) 기한이나 기간이 일정하게 정해져 있는 것. → ☐☐ 적

(5) 같은 현상이나 특징이 한 번 나타나고부터 다음번 되풀이되기까지의 시간. → ☐☐

2
어휘
활용

밑줄 친 낱말의 쓰임이 알맞지 <u>않은</u> 것을 <u>두 가지</u> 고르세요. (,   )

① 하천의 <u>범람</u>으로 시내가 물바다가 되었다.
② 우리 가족은 삼 년을 <u>주기</u>로 이사를 다녔다.
③ 아버지의 사업 실패로 <u>풍요로운</u> 생활을 하게 되었다.
④ 우리 고향에는 넓고 <u>기름진</u> 논밭이 있어 곡식이 넉넉하다.
⑤ 아무 때나 <u>정기적</u>으로 용돈을 받지 않고 정해진 날에 받고 싶다.

3
어휘
확장

밑줄 친 낱말과 바꾸어 쓸 수 있는 낱말의 기호를 쓰세요.

(1) 다음 해 물이 불어나기 전에 곡식을 <u>수확하였다</u>. ·· (   )
  ㉮ 심었다   ㉯ 저장하였다   ㉰ 거두어들였다

(2) 이집트는 나일강을 끼고 있어서 농사짓기가 <u>유리하다</u>. ······························ (   )
  ㉮ 이롭다   ㉯ 불리하다   ㉰ 까다롭다

(3) <u>풍요로운</u> 땅에서 <u>찬란한</u> 이집트 문명을 꽃피울 수 있었다. ···················· (   )
  ㉮ 소란한   ㉯ 훌륭한   ㉰ 초라한

(가) 만약 내가 사는 동네에 쓰레기 처리장 같은 시설이 ㉠들어선다면 어떨까? 누구나 쓰레기 처리장이 필요하다는 것에는 공감한다. 하지만 내가 사는 지역에 지저분한 시설이 들어서는 것에는 찬성하는 사람이 많지 않을 것이다. 이처럼 다른 지역 사람은 생각하지 않고 자신이 사는 곳의 이익이나 편리만을 추구하는* 태도를 '지역 이기주의*'라고 한다.

(나) 지역 이기주의에는 여러 종류가 있다. '님비(NIMBY)'는 쓰레기 처리장이나 핵폐기물* 처리장, 교도소와 같이 필요한 시설인 것은 알지만 사람들이 꺼리는 시설이 우리 지역에 들어서는 것을 반대하는 현상이다. 님비 현상보다 더 강력하게 기피* 시설 자체를 반대하는 ㉡'바나나(BANANA)' 현상도 있다. 이것은 자신이 사는 지역 안에는 환경오염 시설물을 아무것도 짓지 못한다는 뜻이 담겨 있다. 이 외에도 님비와 반대되는 현상으로 '핌피(PIMFY)'가 있다. 핌피는 백화점이나 지하철, 대형 쇼핑몰 같은 편리함을 주는 시설이 우리 지역에 들어서도록 발 벗고 나서는* 현상을 말한다. 이런 시설이 생기면 [㉢   ]는 생각에서 비롯된 태도이므로 핌피 현상도 지역 이기주의의 모습을 나타낸다.

(다) 이와 같은 지역 이기주의를 해결하려면 정부와 지방 자치 단체, 지역 주민의 이해와 협력이 함께해야 한다. 정부는 지방 자치 단체 대표자와 전문가들과 의논하여 시설을 지을 위치를 최대한 공정하게* 선정한다*. 지방 자치 단체는 공청회*나 주민 투표 등을 통해 주민의 의견을 충분히 듣고, 지역 주민이 반대하면 만나서 설득하고 이해시킨다. 개인의 이익과 권리*를 포기하는 주민들에게는 그에 알맞은 보상*을 해 준다.

(라) 쓰레기 처리장이나 하수 처리장* 같은 시설이 우리 동네에 들어오는 것을 꺼리는 마음은 누구나 똑같다. 하지만 살아가는 데 반드시 필요한 시설이므로 어딘가에는 꼭 세워져야 한다. 자기 지역의 이익과 편리만을 지나치게 앞세우는 것은 지역 이기주의임을 잊지 말아야 한다.

낱말풀이

＊**추구하는** 목적을 이룰 때까지 뒤쫓아 구하는. ＊**이기주의** 주변 사람이나 자신이 속한 집단을 살피지 않고 자기 자신의 이익만을 추구하려는 태도. ＊**핵폐기물** 핵을 이용하여 에너지를 얻은 뒤에 버리는, 방사능이 남아 있는 찌꺼기 물질. ＊**기피** 꺼리거나 싫어하여 피함. ＊**발 벗고 나서는** 적극적으로 나서는. ＊**공정하게** 한쪽으로 치우치지 않고 객관적이고 올바르게. ＊**선정한다** 여럿 가운데서 어떤 것을 뽑아 정한다. ＊**공청회** 공공 기관이 정책을 결정하기 전에 다양한 의견을 듣기 위해 공개적으로 여는 회의. ＊**권리** 어떤 일을 하거나 다른 사람에게 요구할 수 있는 정당한 힘이나 자격. ＊**보상** 발생한 손실이나 손해를 갚음. ＊**하수 처리장** 빗물이나 집, 공장 등에서 쓰고 버리는 더러운 물을 처리하기 위해 설치한 시설.

1
주제
찾기

이 글에서 설명하는 대상은 무엇인가요? (   )

① 공청회

② 기피 시설

③ 지방 자치 단체

④ 지역 이기주의

⑤ 쓰레기 처리 문제

2
구조
알기

글 (나)에 쓰인 설명 방법을 <u>두 가지</u> 고르세요. (,   )

① 시간의 순서에 따라 차례대로 썼다.

② 다른 사람의 말을 인용하며 설명했다.

③ 장소의 바뀜에 따라 차례대로 설명했다.

④ 세 가지 대상의 차이점을 찾아 설명했다.

⑤ 설명하려는 대상의 뜻을 자세하게 풀어서 설명했다.

3
어휘
어법

밑줄 친 낱말이 ㉠과 <u>같은</u> 뜻으로 쓰인 것은 무엇인가요? (   )

① 집 안에 들어서자마자 손부터 씻었다.

② 최근 들어서 감기 환자가 급격히 증가했다.

③ 댐이 들어서면서 마을 사람들은 다른 곳으로 떠났다.

④ 조선 왕조가 들어서고 200년 후에 임진왜란이 일어났다.

⑤ 할머니께서는 이모 배 속에 아이가 들어섰다고 좋아하셨다.

4
적용
창의

다음 신문 기사 제목 중, ㉡의 현상과 관계 <u>없는</u> 것은 무엇인가요? (   )

① "신공항을 우리 시로!"

② "하수 처리장 들어와서는 안 돼!"

③ "아파트 앞에 장례식장 건립이 웬말이냐!"

④ "우리 시에 원자력 발전소 설립 절대 반대!"

⑤ "우리 지역에 음식물 처리장 설치 두고 볼 수 없다!"

5 ⓒ에 들어갈 내용으로 알맞은 것은 무엇인가요? (   )

추론
하기

① 집값이 오른다

② 살기가 불편해진다

③ 지역 발전이 느려진다

④ 지역 분위기를 해친다

⑤ 환경오염이 심각해진다

6 이 글을 읽은 학생이 [보기]에 대해 보인 반응으로 알맞지 <u>않은</u> 것은 무엇인가요? (   )

추론
하기

> [보기]   경기도 ○○시에는 종합 쓰레기 처리 시설인 '△△△파크'가 있다. 겉으로 보기에는
> 평범한 공원의 모습이지만 지하에는 더러운 물을 내보내는 펌프장과 쓰레기를 태우는
> 소각장, 재활용 및 음식물 부피를 줄이는 압축 시설이 있다. 지상에는 주민들이 자유
> 롭게 이용할 수 있는 체육 시설과 놀이 시설, 산책로, 전망 시설 등이 갖춰져 있다. '△
> △△파크'를 건설할 당시 주민들의 반대가 심하였다. ○○시는 주민 협의회를 구성해
> 15차례 협의 과정을 거치고 주민들의 동의를 얻어 쓰레기 처리 시설을 설립하였다.

① 지역 주민들이 기피 시설을 다른 지역으로 떠넘기지 않았어.

② 지방 자치 단체는 지역 주민들의 의견을 무시하고 님비 현상을 해결했어.

③ 님비 시설과 핌피 시설을 동시에 설립하는 방법으로 지역 문제를 해결했어.

④ [보기]는 님비 시설에 편의 시설을 더해 핌피 시설로 바뀐 예를 보여 주고 있어.

⑤ [보기]는 개인의 이익과 권리를 포기한 주민에게 그에 알맞은 보상을 해 준 것이야.

7 다음은 이 글의 중심 내용을 정리한 것입니다. 빈칸에 들어갈 알맞은 낱말을 쓰세요.

구조
알기

지역 이기주의의 뜻	다른 지역 사람은 생각하지 않고 자신이 사는 곳의 (1) ( )(이)나 편리만을 추구하는 태도를 말한다.
지역 이기주의의 종류	• (2) ( ) 현상: 사람들이 꺼리는 시설이 우리 지역에 들어서는 것을 반대하는 태도를 말한다. • 바나나 현상: 기피 시설 자체를 강력하게 반대하는 태도를 말한다. • (3) ( ) 현상: 편리함을 주는 시설이 우리 지역에 들어서게 하려는 태도를 말한다.
지역 이기주의의 해결 방법	• 정부는 시설을 지을 위치를 최대한 공정하게 선정한다. • 지방 자치 단체는 (4) ( )(이)나 주민 투표 등을 통해 지역 주민의 의견을 듣고 설득과 이해를 시킨다. • 이익과 권리를 포기한 주민에게는 알맞은 보상을 해 준다.

22회 지문 익힘 어휘

1
어휘
의미

낱말에 알맞은 뜻을 찾아 선으로 이으세요.

(1) 권리 •	• ㉮ 꺼리거나 싫어하여 피함.
(2) 기피 •	• ㉯ 발생한 손실이나 손해를 갚음.
(3) 보상 •	• ㉰ 목적을 이룰 때까지 뒤쫓아 구하다.
(4) 선정하다 •	• ㉱ 여럿 가운데서 어떤 것을 뽑아 정하다.
(5) 추구하다 •	• ㉲ 어떤 일을 하거나 다른 사람에게 다른 사람에게 요구할 수 있는 정당한 힘이나 자격.

2
어휘
활용

밑줄 친 낱말의 쓰임이 알맞지 <u>않은</u> 것은 무엇인가요? (   )

① 사람은 누구나 불행을 <u>추구하며</u> 산다.
② 가고 싶은 여행지 두 곳을 <u>선정하였다</u>.
③ 투표를 하지 않는 것은 <u>권리</u>를 포기하는 일이다.
④ 젊은이들의 농촌 생활 <u>기피</u> 현상 때문에 일손이 부족하다.
⑤ 농민들은 태풍으로 인한 피해 <u>보상</u>을 국가에서 해 주기를 바란다.

3
어휘
확장

[보기]의 밑줄 친 부분의 뜻으로 알맞은 것은 무엇인가요? (   )

[보기]	많은 사람들이 산불 피해를 입은 지역을 위해 <u>발 벗고 나섰다</u>.

① 마음을 놓았다.　　　　　　　② 한발 물러났다.
③ 적극적으로 나섰다.　　　　　④ 재빨리 빠져나왔다.
⑤ 아무것도 신지 않았다.

13분 안에 푸세요.

　오늘날 우리는 '1, 2, 3, 4, 5, 6, 7, 8, 9, 0' 총 10개의 인도−아라비아 숫자를 사용한다. 이 숫자 중에서 0은 제일 늦게 만들어졌다. 수학과 천문학*이 발달했던 고대 그리스에서는 아무것도 없는 것을 숫자로 따로 써야 할 필요가 없다고 생각했다. 그런데 인도 수학자들은 아무것도 없는 것도 수가 될 수 있다고 생각해서 나중에 숫자 0을 만들었다. 왜 그들은 오랜 시간이 지난 후에 숫자 0이 필요하다고 느꼈을까?

　㉮인도−아리비아 숫자를 만든 인도에서도 처음 0이 없었을 때는 어떤 자릿수*가 없으면 그 자리를 비워 놓았다. 예를 들어 '304'라는 숫자를 나타낼 때 '3'과 '4' 사이에 자리를 그대로 남기고 '3　4'라고 썼다. 그 결과 '34'인지 '304'인지 헷갈리는 문제가 생겼다. 한참 시간이 지나 6세기 초에 이르러서야 숫자와 숫자 사이의 빈 자릿수를 나타내기 위한 기호의 표시로 0이 쓰였다. 하지만 지금과 같은 원 모양이 아니라 '·'과 같은 점으로 표시하였다.

　0을 가장 먼저 발견한* 사람이 누구인지, 언제 발견했는지는 정확하게 밝혀지지 않았다. 다만 6세기 말에 인도의 수학자 브라마굽타에 의해 ㉠0이 '아무것도 없음'을 나타내는 하나의 수로 쓰이기 시작했다. 그는 덧셈이나 뺄셈, 곱셈을 할 때 0을 사용하는 규칙도 만들었다. 예를 들어 어떤 수에 0을 더하면 어떤 수 자신이 되고, 어떤 수에 0을 곱하면 항상 0이 된다는 중요한 사실도 발견했다. 그뿐만이 아니다. 0을 기준*으로 음수와 양수가 구별된다는* 것도 발견했다. 0보다 작으면 음수(−)가 되고 0보다 크면 양수(+)가 된다.

　인도−아라비아 숫자 중에서 가장 마지막에 만들어진 숫자지만, 0은 수학과 과학을 발전시키는 데 중요한 역할을 했다. 0이 있었기에 자릿수에 맞춰 복잡한 수도 계산할 수 있었고, 0과 1로만 이루어진 컴퓨터와 스마트폰 같은 기기*도 발명할* 수 있었다. 아무 값도 없어 처음에 인정받지 못했던 0이지만 시간이 가면서 [　　㉡　　] 존재*가 되었다.

낱말
풀이

*천문학 우주의 구조와 운동, 천체의 생성과 진화 등을 연구하는 학문. *자릿수 수의 자리. 일, 십, 백, 천, 만 등이 있음. *발견한 아직 찾아내지 못했거나 세상에 알려지지 않은 것을 처음으로 찾아낸. *기준 여럿을 견주거나 나눌 때 기본으로 삼아 따르는 본보기나 잣대. *구별된다는 성질이나 종류에 따라 차이가 난다는. *기기 기계, 기구 등을 통틀어 이르는 말. *발명할 아직까지 없던 기술이나 물건을 새로 생각하여 만들어 낼. *존재 현실에 실제로 있음. 또는 그런 대상.

1 이 글에서 글쓴이가 말하려고 한 것은 무엇인가요? (   )

주제
찾기

① 숫자 0은 중요한 존재이다.

② 숫자 0은 수로 인정할 수 없다.

③ 숫자 0은 너무 늦게 만들어졌다.

④ 숫자 0을 알아야 수학을 잘할 수 있다.

⑤ 사람들은 오래전부터 숫자를 사용했다.

2 이 글의 내용과 일치하는 것은 무엇인가요? (   )

세부
내용

① 숫자 0은 그리스 수학자가 만들었다.

② 304에서 숫자 0은 자리가 비었다는 것을 나타낸다.

③ 숫자 0이 있어서 자릿수에 맞춰 수를 계산하기가 어렵다.

④ 숫자 0은 인도-아라비아 숫자 중에서 제일 처음에 만들었다.

⑤ 인도의 수학자 브라마굽타는 나눗셈을 할 때 0을 사용하는 규칙을 만들었다.

3 이 글에서 설명한 숫자 '0'의 역할이 <u>아닌</u> 것은 무엇인가요? (   )

세부
내용

① 빈 자릿수를 나타낼 때 사용한다.

② 끝나는 지점을 표시할 때 사용한다.

③ 양수와 음수를 나누는 기준점이 된다.

④ '아무것도 없음'을 나타낼 때 사용한다.

⑤ 일정한 규칙에 따라 덧셈, 뺄셈 같은 수 계산을 할 때 사용한다.

4 ㉮에 대한 설명으로 알맞은 것은 무엇인가요? (   )

구조
알기

① 34와 304을 비교하여 공통점을 설명했다.

② 인도-아라비아 숫자의 뜻을 자세히 설명했다.

③ 인도 수학자의 말을 인용하여 0의 의미를 설명했다.

④ 빈 자릿수를 나타내는 0에 대해 예를 들어 설명했다.

⑤ 인도-아라비아 숫자를 일정한 기준에 따라 묶어 설명했다.

5

적용
창의

⊙에서 말한 숫자 '0'에 해당하는 것을 <u>두 가지</u> 고르세요. (　　,　　　)

①

②

③

④

⑤

6

추론
하기

ⓛ에 들어갈 관용 표현으로 알맞은 것은 무엇인가요? (　　　　)

① 골치가 아픈　　　　② 발목을 잡는　　　　③ 빛을 발하는

④ 찬물을 끼얹는　　　　⑤ 코가 납작해지는

7

추론
하기

이 글을 읽은 학생이 [보기]에 대해 보인 반응으로 알맞은 것은 무엇인가요? (　　　　)

[보기]　　우리는 일상생활에서 0부터 9까지의 10개의 숫자를 이용하여 수를 나타내는 십진법을 사용한다. 그런데 컴퓨터는 오로지 0과 1만 사용해서 숫자를 세고 계산하는 이진법을 사용한다. 컴퓨터는 정보를 기억하는 것이 단순해서 전기 신호가 들어오면 1, 들어오지 않으면 0으로 처리한다. 이진법에서는 0과 1만 쓰니까 1을 넘어가면 자릿수를 올려 10, 11로 쓰고, 11을 넘어가면 같은 자릿수로는 써야 할 숫자가 없으므로 자릿수를 올려서 100으로 쓴다. 0, 1, 2, 3, 4, 5, 6, 7, 8, 9의 수를 컴퓨터에서는 0, 1, 10, 11, 100, 101, 110, 111, 1000, 1001로 나타낸다. 다만 이진법으로 만든 수라는 것을 알 수 있게 '100(2)'와 같이 수 옆에 2를 표시한다.

① 숫자 3은 컴퓨터에서 3으로 인식하는구나.

② 컴퓨터에서는 0과 1로 얼마든지 수를 표현할 수 있어.

③ 컴퓨터에서 0은 아무것도 없음을 나타내는 수로 쓰이는구나.

④ 0은 컴퓨터가 정보를 처리하는 데 오히려 방해를 주는 숫자였어.

⑤ 컴퓨터는 많은 숫자를 이용하여 복잡한 방법으로 정보를 처리하는구나.

23회 지문 익힘 어휘

1
어휘
의미

뜻에 알맞은 낱말을 찾아 기호를 쓰세요.

(1) 수의 자리. ··· (   )
　　㉮ 음수　　　　㉯ 양수　　　　㉰ 자릿수

(2) 성질이나 종류에 따라 차이가 나다. ····················· (   )
　　㉮ 고르다　　　㉯ 구별되다　　㉰ 비교되다

(3) 기계, 기구 등을 통틀어 이르는 말. ····················· (   )
　　㉮ 기기　　　　㉯ 전기　　　　㉰ 전구

(4) 여럿을 견주거나 나눌 때 기본으로 삼아 따르는 본보기나 잣대. ········ (   )
　　㉮ 약속　　　　㉯ 기초　　　　㉰ 기준

2
어휘
활용

빈칸에 들어갈 알맞은 낱말을 [보기]에서 찾아 쓰세요.

[보기]	기기	기준	구별	자릿수

(1) 텔레비전 시청률이 두 (　　　　　　)까지 올랐다.

(2) 인간이 언어를 가졌기 때문에 동물과 (　　　　　　)된다.

(3) 좋은 책을 고르는 (　　　　　　)은/는 사람마다 다를 수 있다.

(4) 날씨가 갑자기 쌀쌀해지면서 난방 (　　　　　　)을/를 사려는 사람들이 늘었다.

3
어휘
확장

[보기]를 참고하여 빈칸에 들어갈 알맞은 낱말의 기호를 쓰세요.

[보기] ㉮ 발견: 아직 찾아내지 못했거나 세상에 알려지지 않은 것을 처음으로 찾아냄.
㉯ 발명: 지금까지 없던 새로운 기술이나 물건을 처음으로 생각하여 만들어 냄.

(1) 긴 항해 끝에 무인도를 [　　]할 수 있었다. (　　　)

(2) 신발 가게에서 마음에 드는 신발을 [　　]했다. (　　　)

(3) 이번에 [　　]된 유물은 보존 상태가 매우 좋다. (　　　)

(4) 전자 현미경의 [　　]으로 바이러스 관찰이 가능해졌다. (　　　)

(5) 종이의 [　　]은 인류 문명을 발전시키는 데 큰 역할을 했다. (　　　)

(가) 자동차의 바퀴를 둘러싸고 있는 타이어의 역사는 자동차보다도 오래되었다. 타이어가 처음 발명되어 지금의 타이어로 발전되기까지의 과정을 알아보자.

(나) 타이어의 발명은 고무의 발명과 관련이 있다. 미국의 화학자이자 발명가인 찰스 굿이어는 바퀴에 사용할 수 있는 고무를 발명하기 위해 무려 15년 동안이나 애를 썼다. 결국 1844년에 부드러운 천연 고무와 황을 혼합하여* 강한 고무를 만드는 데 성공하였다.

(다) 1847년에 스코틀랜드의 발명가인 로버트 윌리엄 톰슨은 고무를 사용하여 '통고무 타이어'를 발명하였다. 이것이 최초의 타이어로 기록되고 있다. 톰슨은 마차 바퀴 테두리에 고무를 감아 타이어를 만들었다. 통고무 타이어는 바퀴에 철판을 고정해서* 사용했던 그 당시의 타이어에 비해 잘 미끄러지지 않았지만, 달리는 중에 타이어가 녹아 버리는 일이 자주 일어나 실용화*가 되지는 못했다.

(라) 이후 1888년에 영국의 수의사*였던 존 보이드 던롭이 고무에 공기를 넣은 '공기압* 타이어'를 발명하였다. 던롭은 아들이 자전거를 타다 딱딱한 생고무로 만들어진 자전거 바퀴 때문에 크게 다친 것을 보고, 아들에게 푹신한 바퀴를 만들어 주어야겠다고 생각했다.

'축구공처럼 자전거 바퀴에도 공기를 주입하면* 탄력*이 생겨 튕겨 나가지 않겠지?'

던롭은 곧바로 자전거 바퀴에 고무호스를 감싼 다음 공기를 주입해서 최초의 공기압 타이어를 만들었다. 자전거용 공기압 타이어는 전 세계적으로 ㉠눈길을 모았고, 던롭은 타이어 회사까지 설립하게 되었다.

(마) 1891년에 프랑스의 마쉐린 형제는 던롭이 개발한 공기압 타이어를 더 발전시켰다. 던롭의 타이어는 본드를 사용하여 바퀴에 접착시키는 방식이어서 수리하거나 교체할 때 불편하였다. 마쉐린 형제는 이를 보완하여 세계 최초로 탈부착*이 가능한 자전거용 공기압 타이어를 개발하고, 4년 뒤에는 자동차용 공기압 타이어를 성공적으로 출시하였다*.

(바) 1840년대에 바퀴용 고무가 발명되면서 고무 타이어가 처음 등장했고, 그 고무 타이어에 공기를 불어넣은 공기압 타이어가 개발되어 지금까지 이어져 왔다. ⎣　　　㉡　　　⎦ 그래서 최근에는 공기를 주입하지 않는 방식의 타이어 기술이 전 세계적으로 주목받고* 있다. 공기가 필요 없는 타이어를 사용할 미래가 기대된다.

낱말
풀이

*혼합하여 여러 가지를 뒤섞어 한데 합하여. *고정해서 한곳에서 움직이지 않게 해서. *실용화 실제로 쓰거나 쓰게 함. *수의사 동물의 병을 진찰하고 치료하는 의사. *공기압 공기의 압력. 특히 자동차 타이어 등의 속에 있는 공기의 압력을 가리킴. *주입하면 흘러 들어가도록 부어 넣으면. *탄력 물체를 당기거나 눌렀을 때 본래의 형태로 돌아가려는 힘. *탈부착 떼거나 붙임. *출시하였다 상품을 시중에 내보냈다. *주목받고 관심을 가지고 주의 깊게 살피는 시선을 받고.

1

주제
찾기

이 글을 쓴 목적으로 알맞은 것은 무엇인가요? (   )

① 자동차의 구조를 설명하려고 썼다.
② 타이어 고르는 방법을 알려 주려고 썼다.
③ 친환경 자동차의 장점을 설명하려고 썼다.
④ 타이어의 역사와 발전 과정을 설명하려고 썼다.
⑤ 친환경 타이어 사용의 중요성을 알려 주려고 썼다.

2

세부
내용

타이어의 발전 과정을 차례대로 알맞게 정리한 것은 무엇인가요? (   )

① 통고무 타이어 → 고무 발명 → 공기압 타이어 → 공기 없는 타이어
② 고무 발명 → 통고무 타이어 → 공기압 타이어 → 공기 없는 타이어
③ 공기 없는 타이어 → 공기압 타이어 → 고무 발명 → 통고무 타이어
④ 고무 발명 → 공기 없는 타이어 → 공기압 타이어 → 통고무 타이어
⑤ 공기 없는 타이어 → 고무 발명 → 통고무 타이어 → 공기압 타이어

3

세부
내용

존 보이드 던롭이 개발한 타이어에 대한 설명으로 알맞은 것은 무엇인가요? (   )

① 세계 최초의 타이어로 기록되어 있다.
② 자동차에 사용하려고 처음에 만들었다.
③ 바퀴에서 떼고 붙이기 쉽게 개발되었다.
④ 고무에 공기를 불어넣는 방식으로 개발되었다.
⑤ 자전거 바퀴에 생고무를 감아서 만든 방식이다.

4

구조
알기

글 (가)~(바)의 짜임을 나타낸 그림으로 알맞은 것은 무엇인가요? (   )

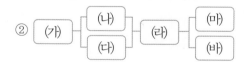

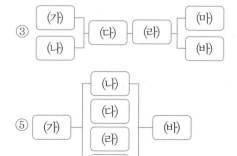

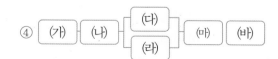

5

㉠의 뜻으로 알맞은 것은 무엇인가요? (   )

① 화가 나서 흥분하였다는 뜻이다.

② 업신여겨 쳐다보려고도 않았다는 뜻이다.

③ 여러 사람의 시선을 집중시켰다는 뜻이다.

④ 믿음을 잃고 미움을 받게 되었다는 뜻이다.

⑤ 보고 있던 것에서 다른 것으로 눈을 돌렸다는 뜻이다.

6

㉡에 들어갈 내용으로 알맞은 것은 무엇인가요? (   )

① 공기압 타이어의 좋은 점을 요약하는 내용

② 타이어에 무늬를 새겨 넣는 이유를 밝히는 내용

③ 타이어에 공기를 주입하는 방법을 자세히 설명하는 내용

④ 공기를 주입하지 않는 타이어를 언제부터 사용할 수 있는지에 대해 밝히는 내용

⑤ 공기를 주입해야 하는 공기압 타이어의 단점이나 불편한 점 등을 구체적으로 소개하는 내용

7

이 글과 [보기]를 읽고 알게 된 사실로 알맞지 <u>않은</u> 것은 무엇인가요? (   )

[보기] 자동차 전문가들은 장마철 빗길 안전 운전을 위해 타이어의 닳은 정도와 공기압을 꼭 점검해야 한다고 강조한다. 타이어의 무늬가 없어질 정도로 심하게 닳으면 고무층 사이의 홈을 통해 빗물이 빠져나가지 못해 물 위에서 미끄러지는 사고가 자주 일어난다. 또한 여름철에는 도로가 뜨거워 타이어가 팽창하면서 열이 발생해 터지는 사고가 일어난다. 타이어의 공기압이 너무 낮으면 도로의 땅바닥과 맞닿는 타이어 뒷부분이 부풀어 올라 터질 수 있다. 반대로 타이어의 공기압이 너무 높으면 외부의 충격으로 인해 터지는 사고가 발생할 수 있다.

▲ 타이어

① 타이어는 날씨와 온도의 영향을 받지 않는다.

② 타이어에 올록볼록한 무늬는 안전과 관계가 있다.

③ 타이어 안에 공기를 적당히 주입하는 것이 중요하다.

④ 타이어의 재료인 고무는 팽창하기도 하고 닳는 성질이 있다.

⑤ 타이어는 탈부착이 가능하므로 닳거나 터진 타이어는 교체할 수 있다.

24회 지문 익힘 어휘

1

어휘
의미

낱말과 뜻이 알맞게 짝 지어지지 <u>않은</u> 것은 무엇인가요? (   )

① 실용화: 실제로 쓰거나 쓰게 함.

② 출시하다: 상품을 시중에 내보내다.

③ 주입하다: 흘러 들어가지 못하게 막다.

④ 혼합하다: 여러 가지를 뒤섞어 한데 합하다.

⑤ 주목받다: 관심을 가지고 주의 깊게 살피는 시선을 받다.

2

어휘
활용

빈칸에 들어갈 알맞은 낱말을 찾아 선으로 이으세요.

(1) 튜브에 공기를 [   ]했더니 빵빵해졌다. •

(2) 형은 이번에 새로 [   ]하는 휴대폰을 사 달라고 졸랐다. •

(3) 요즘 [   ] 받는 배우가 나오는 영화라서 꼭 보고 싶었다. •

(4) 이 기술을 [   ]하려면 아직 많은 실험과 연구가 필요하다. •

(5) 어머니는 건강을 위해 콩과 보리 등을 [   ]한 잡곡밥을 지으셨다. •

• ㉮ 출시

• ㉯ 혼합

• ㉰ 주입

• ㉱ 주목

• ㉲ 실용화

3

어휘
확장

[보기]의 내용에 어울리는 속담은 무엇인가요? (   )

[보기]   찰스 굿이어는 바퀴에 사용할 수 있는 고무를 발명하기 위해 무려 15년 동안이나 애를 썼다. 결국 1844년에 부드러운 천연고무와 황을 혼합하여 강한 고무를 만드는 데 성공하였다.

① 고생 끝에 낙이 온다

② 백지장도 맞들면 낫다.

③ 달면 삼키고 쓰면 뱉는다

④ 뛰는 놈 위에 나는 놈 있다

⑤ 벼는 익을수록 고개를 숙인다

⑦ 쇼팽과 리스트는 낭만주의* 시대를 대표하는 음악가이다. 두 사람 모두 그 시대의 음악을 가장 잘 표현한 피아노 연주자이자 작곡가였다. 유럽의 약소국*에서 태어난 두 사람은 자신의 음악적 재능을 펼치고 뛰어난 작품을 많이 남겼다.

⑭ 쇼팽은 1810년에 폴란드 바르샤바에서 태어났다. 여섯 살 때 정식*으로 피아노를 배우기 시작하여 2년 뒤인 바르샤바 피아노 연주회에서 '제2의 모차르트'라는 평가를 받았다. 일곱 살 때 이미 즉흥 연주곡*을 작곡할 정도로 천재였다.

⑮ 리스트는 1811년에 헝가리에서 태어났다. 여섯 살 때부터 피아노를 배우기 시작했고, 아홉 살이 되던 해에 베토벤의 제자였던 체르니에게 지도를 받기 위해 독일 빈으로 이사를 했다. 체르니는 리스트의 재능에 감동을 받아 수업료를 받지 않고 가르쳤다는 일화*도 전해진다. 여덟 살 때 처음으로 곡을 썼고, 열두 살 때부터는 이미 피아니스트로서 이름을 떨쳐 유럽을 돌며 연주를 다녔다.

⑯ 쇼팽과 리스트는 둘 다 어린 시절부터 피아노 연주와 작곡에 뛰어났다. 하지만 성격이나 피아노를 연주하는 방식은 전혀 달랐다. 쇼팽은 스무 살 때 연주 여행을 하는 동안 러시아가 폴란드를 점령했다는* 소식을 듣고 프랑스에 눌러앉았다*. 그 시기에 프랑스에서 활동하는 리스트를 만났다. 예민하고* 내성적*이었던 쇼팽은 귀족들이 모이는 장소에서 조용히 연주하기를 좋아했다. '㉠피아노의 시인'이라 불릴 만큼 피아노를 연주하는 방식도 섬세하고* 부드러웠다. 몸이 약했던 쇼팽은 서른아홉 살에 세상을 떠날 때까지 오직 피아노곡만 작곡하고 연주했다.

⑰ 쇼팽과 달리 리스트는 성격이 당당하고 활발했다. 대형 연주회장에서 사람들에게 주목받고 연주하는 것을 즐겼다. '피아노의 달인*'이라 칭할 만큼 피아노 앞에서 화려한 기교*를 부리며 연주했다. 리스트는 다른 음악가들의 곡을 피아노곡으로 편곡해서* 연주하는 실력도 뛰어났다. 리스트가 남긴 200여 곡의 피아노 편곡은 후세의 음악가들에게 큰 영향을 주었다.

⑱ 조국을 떠나 다른 나라에서 같은 시기에 음악 활동을 했던 피아노의 거장* 쇼팽과 리스트. 둘은 [　㉡　]은/는 전혀 달랐지만 피아노에 대한 열정만큼은 너무도 닮은 음악가였다.

낱말
풀이

＊**낭만주의** 현실에 매이지 않고 감정적이고 이상적으로 사물을 대하는 경향이나 태도. ＊**약소국** 정치·경제·군사적으로 힘이 약한 작은 나라. ＊**정식** 절차를 갖춘 제대로의 격식이나 의식. ＊**즉흥 연주곡** 그 자리에서 바로 일어나는 생각이나 느낌에 따라 자유롭게 만들거나 연주하는 곡. ＊**일화** 세상에 널리 알려지지 않은 흥미 있는 이야기. ＊**점령했다는** 적군의 영토를 무력으로 빼앗아 차지했다는. ＊**눌러앉았다** 같은 장소에 계속 머물렀다. ＊**예민하고** 자극에 대한 반응이나 감각이 지나치게 날카롭고. ＊**내성적** 감정이나 생각을 겉으로 드러내지 않는 성격인 것. ＊**섬세하고** 매우 세밀하며 정확하고. ＊**달인** 어떠한 분야에서 남달리 뛰어난 재능을 가진 사람. ＊**기교** 꾸미거나 표현하는 솜씨가 아주 훌륭함. 또는 아주 훌륭한 솜씨. ＊**편곡해서** 지어 놓은 곡을 다른 형식으로 바꾸거나 다른 악기를 써서 연주 효과를 다르게 해서. ＊**거장** 예술, 과학 등의 어느 일정 분야에서 특히 뛰어난 사람.

1

주제
찾기

이 글의 제목으로 알맞은 것은 무엇인가요? (   )

① 피아노

② 피아노를 사랑한 쇼팽

③ 피아노의 달인 리스트

④ 유럽에 꽃핀 낭만주의 음악

⑤ 두 피아노 거장 쇼팽과 리스트

2

세부
내용

쇼팽에 대한 설명으로 알맞은 것을 <u>두 가지</u> 고르세요. (,   )

① 일생 동안 피아노곡만 작곡하였다.

② 작곡 실력뿐만 아니라 편곡 실력도 뛰어났다.

③ 열두 살 때부터 유럽을 돌며 피아노 연주를 다녔다.

④ 폴란드가 러시아에게 점령당해 조국으로 돌아가지 못했다.

⑤ 체르니가 그의 재능에 감동받아 수업료를 받지 않았다는 일화가 전해진다.

3

구조
알기

글 ㈔와 ㈕의 짜임에 대한 설명으로 알맞은 것은 무엇인가요? (   )

① 해결할 문제와 해결 방법을 제시했다.

② 주장과 주장을 뒷받침하는 근거를 제시했다.

③ 두 대상의 공통점과 차이점을 중심으로 썼다.

④ 시간이나 공간의 순서에 따라 차례대로 썼다.

⑤ 하나의 주제에 대해 몇 가지 특징을 늘어놓았다.

4

추론
하기

쇼팽이 ㉠으로 불리는 까닭을 알맞게 말한 친구는 누구인가요? (   )

① 연수: 어려서부터 피아노 연주에 재능을 보였기 때문이야.

② 종현: 피아노 앞에서 화려한 기교를 뽐내며 연주를 했기 때문이야.

③ 하준: 시인이 시를 쓸 때 예민한 것처럼 성격이 내성적이기 때문이야.

④ 태영: 그 시대에 시인들에게 가장 인기 있는 피아니스트였기 때문이야.

⑤ 지아: 평생을 피아노만 작곡하고 섬세하고 부드럽게 피아노를 연주했기 때문이야.

5

추론
하기

ⓒ에 들어갈 낱말로 알맞은 것은 무엇인가요? (   )

① 천재성   ② 연주 시간   ③ 연주하는 방식
④ 다루었던 악기   ⑤ 피아노를 배운 시기

6

비판
하기

이 글과 [보기]를 읽고 보인 반응으로 알맞은 것은 무엇인가요? (   )

> [보기]   리스트는 바이올린 연주자 파가니니의 화려한 연주를 보고 큰 감동을 받았다. 리스트는 자신과 젊은 연주자들이 피아노 연주 기술을 익힐 수 있도록 12개의 「초절 기교 연습곡」을 만들었다. 이 곡을 치려면 엄청난 기교가 필요해서 오늘날에도 연주자들이 어려워한다. 리스트도 이 어려운 연습곡을 통해 자신만의 기교를 선보여 많은 사람들에게 극찬을 받았다. 리스트는 최초로 관객들과 대화도 하는 방식의 콘서트를 하였다. 또, 최초로 무대에서 연주자의 화려한 손놀림을 관객들이 볼 수 있도록 피아노의 방향을 옆으로 돌려서 배치하였다.

① 리스트가 단독 콘서트를 한 것을 보면 원래 사람들 앞에 서는 것을 꺼려 했어.
② 리스트는 피아노 연주가 뛰어나지 못해서 기교를 부리는 것에만 신경을 썼던 거야.
③ 리스트가 「초절 기교 연습곡」을 만든 것은 자신의 뛰어난 피아노 실력을 과시하기 위해서야.
④ 「초절 기교 연습곡」을 만들 정도로 리스트는 섬세하고 부드러운 연주법을 중요하게 생각했어.
⑤ 리스트가 처음 시도한 공연 방식과 피아노 배치 방향이 오늘날에도 이어지고 있으니 그는 시대를 앞서갔던 연주자였어.

7

구조
알기

쇼팽과 리스트의 공통점과 차이점을 정리한 것입니다. 빈칸에 들어갈 알맞은 낱말을 쓰세요.

공통점		• 낭만주의를 대표하는 (1) ( ) 연주자이자 작곡가임. • 어린 시절부터 피아노 연주와 작곡에 뛰어남. • 유럽의 약소국에서 태어나 프랑스에서 음악 활동을 함.
차이점	쇼팽	• 성격이 예민하고 (2) ( )임. • 귀족들이 모이는 장소에서 조용히 연주하기를 좋아함. • 섬세하고 부드럽게 연주함. • 피아노곡만 작곡하고 연주함.
	리스트	• 성격이 당당하고 활발함. • 대형 연주회장에서 사람들에게 주목받고 연주하는 것을 즐김. • 화려한 (3) ( )을/를 부리며 연주함. • 다른 음악가들의 곡을 (4) ( )해서 연주함.

25회 지문 익힘 어휘

1
어휘
의미

뜻에 알맞은 낱말을 찾아 선으로 이으세요.

(1) 같은 장소에 계속 머무르다.　●

(2) 정치·경제·군사적으로 힘이 약한 작은 나라.　●

(3) 감정이나 생각을 겉으로 드러내지 않는 성격인 것.　●

(4) 예술, 과학 등의 어느 정도 일정 분야에서 특히 뛰어난 사람.　●

(5) 꾸미거나 표현하는 솜씨가 아주 훌륭함. 또는 아주 훌륭한 솜씨.　●

●　㉮ 거장

●　㉯ 기교

●　㉰ 약소국

●　㉱ 내성적

●　㉲ 눌러앉다

2
어휘
활용

밑줄 친 낱말의 쓰임이 알맞지 <u>않은</u> 것은 무엇인가요? (　　　　)

① 그 가수는 어려운 기교를 부리며 노래를 불렀다.

② 삼촌은 미국에서 공부를 마치고 거기에 눌러앉았다.

③ 나는 성격이 내성적이어서 사람들과 잘 어울리지 못한다.

④ 힘이 강한 약소국은 무력으로 주변 국가의 영토를 침범했다.

⑤ 이번 국제 영화제에서 세계적인 거장의 작품들을 감상할 수 있었다.

3
어휘
확장

[보기]의 밑줄 친 부분과 바꾸어 쓸 수 있는 낱말은 무엇인가요? (　　　　)

[보기]　　열두 살 때부터는 이미 피아니스트로서 <u>이름을 떨쳐</u> 유럽을 돌며 연주를 다녔다.

① 유명해져　　　　　　　② 힘들어져

③ 끌려다녀　　　　　　　④ 제외되어

⑤ 시들해져

117

'천(天)' 자는 큰 대(大) 자와 한 일(一) 자가 합쳐진 글자로, '하늘', '임금', '자연'을 뜻해요. 옛날에는 사람의 머리 위에 동그라미를 그려 하늘을 표현했어요. 이 글자가 천(天) 자가 되어 '하늘'을 뜻하게 되었어요.

天
하늘 천

● 다음 획순에 따라 한자를 따라 쓰세요.

天	一	二	于	天				
天	天	天						

천지 天地
(하늘 천, 땅 지)

하늘과 땅.
예 나이아가라 폭포는 실제로 보니 사진으로 봤던 것과 천지 차이이다.

천체 天體
(하늘 천, 몸 체)

우주에 있는 모든 물체.
예 망원경으로 천체의 운동을 관찰할 수 있다.

천연 天然
(하늘 천, 그럴 연)

사람의 힘을 보태지 않은 자연 그대로의 상태.
예 어머니는 천연 조미료를 넣어 음식을 만드신다.
반대말 인공(人工): 자연적인 것이 아니라 사람의 힘으로 만들어 낸 것.

Q 다음 낱말과 반대되는 뜻을 가진 낱말은 무엇인가요? (   )

천연

① 천지   ② 공동   ③ 인공   ④ 과연   ⑤ 천체

ⓒ 윤곰

❹학년 | 비문학_사진 출처

수능 국어
실전 30분 모의고사

비문학

4학년 | 2회분 수록

NE 능률

제1회 모의고사
비문학

이름	

※ 모의고사 유의 사항

○ 문제지의 해당란에 이름을 쓰십시오.

○ 모의고사의 문항 수는 총 20문제이며, 시간은 총 30분입니다.

○ 표지를 넘기면 우측 상단에 있는 QR 코드를 스마트폰으로 찍으십시오.

○ 타이머 영상이 재생되면 스마트폰을 옆에 두고 남은 시간을 확인하면서 문제를 풀면 됩니다.

[1~4] 다음 글을 읽고 물음에 답하시오.

우리는 종종 화를 낸다. 우리는 화를 인간의 자연스러운 감정 중 하나로 받아들이는 것은 물론, 불의에 맞서 정의를 실현하는 것이라고 생각하기도 한다. 하지만 고대 로마의 철학자인 세네카는 "화는 인간을 칼끝으로 뛰어들게 한다. 인간의 마음은 절대로 격정의 노예가 되어서는 안 된다. 그 어떤 경우가 생기더라도 화라는 감정은 불필요하다."라고 말한다.

그런데 우리는 왜 화를 내는 걸까? 세네카는 화를 일으키는 조건에 두 가지가 있다고 말한다. '자신이 해를 당했다고 생각하는 것'과 '그런 해를 부당하게 당했다고 생각하는 것'이다. 즉, 자신이 부당하게 해를 당하고 있다는 생각이 화를 일으킨다는 것이다.

분노는 3단계의 과정을 거쳐 발생한다. 첫째는 준비 단계로, 외부에서 자극이 와서 마음 속에 어떤 움직임이 생긴다. 둘째는 숙고 단계로, 자신이 부당하게 해를 당했다는 결론을 낸다. 셋째는 통제 불능의 단계로, 합리적 판단과 이성이 완전히 무너지고 분노라는 감정이 모든 행동을 지배한다.

하지만 앞서 얘기했듯이 세네카는 화를 내는 것이 백해무익하다고 주장한다. 화가 나면 말이나 행동이 거칠어져 나의 건강한 몸과 마음을 해치며, 화는 한번 내지르면 거둘 수 없고 표현할수록 더욱 더 커져 나중에는 작은 일에도 화를 내 영혼이 점점 황폐해진다는 것이다.

그렇다면 화를 극복하는 방법은 무엇일까? 세네카는 3가지 방법을 우리에게 알려 준다.

첫째, 내가 왜 화를 냈는지 스스로에게 물어보아야 한다. 감기에 걸린 사람은 찬바람만 스쳐도 ㉠몸서리치지만 건강한 사람은 어지간한 추위에도 끄떡없듯이, 강인한 사람은 상대가 약 올리고 흥분시키려 해도 바위처럼 단단하다. 그러니까 화가 난다면, 몸이 피곤하거나 스트레스를 받아서 신경이 날카로워진 것은 아닌지 내 상태를 점검해야 한다.

둘째, 화의 포로가 되지 말아야 한다. 훌륭한 인품을 가진 사람은 복수를 꿈꾸지 않는다. 환자가 아파서 짜증을 낸다고 의사가 화를 내지는 않는다. 오히려 따뜻하게 환자의 병을 치료해 줄 것이다. 나에게 분노를 일으킨 사람을 대할 때도 마찬가지이다. 그는 영혼이 아픈 사람이니 화를 낼 이유가 없다. 북받치는 감정에 휘둘린다면 내 영혼 또한 약해지고 불안해질 뿐이다.

셋째, 그저 조금 뒤로 물러나 껄껄 웃어 보자. 어차피 우리는 모두 죽을 운명이다. 화를 내며 보내기에는 우리 인생이 너무도 짧다. 나를 화나게 하는 사람을 바꾸는 것은 어렵지만, 내 마음은 내가 바꿀 수 있다. 내 마음을 평온하게 지키는 것이야말로 최고의 '분노 대처법'이며 나를 진정 사랑하는 길이다.

1. 이 글의 제목으로 알맞은 것은 무엇인가요?
(　)

① 분노의 이유
② 세네카의 일생
③ 화를 다스리는 방법
④ 화내는 이유와 극복 방법
⑤ 고대 로마의 철학자 세네카

2. 이 글의 내용과 일치하는 것은 무엇인가요?
(　)

① 우리는 화를 내지 않는다.
② 세네카는 화를 내는 것이 건강에 좋다고 했다.
③ 내가 화를 냈는지 다른 사람에게 물어보아야 한다.
④ 세네카는 화를 일으키는 조건에 한 가지가 있다고 했다.
⑤ 분노는 준비, 숙고, 통제 불능 3단계의 과정을 거쳐 발생한다.

3. ㉠의 뜻으로 알맞은 것은 무엇인가요? (　)

① 몹시 싫거나 무서워서 몸이 떨리다.
② 사람이나 동물의 형상을 이루는 전체.
③ 해롭기만 하고 하나도 이로운 바가 없다.
④ 감정이나 힘 등이 속에서 세차가 치밀어 오르다.
⑤ 떼를 지어 남의 과일, 곡식, 가축 등을 훔쳐 먹는 장난.

4. 이 글을 읽고 이야기를 나누었습니다. 바르게 말하지 않은 친구는 무엇인가요? (　)

> ─── < 보 기 > ───
>
> **진기:** 세네카는 자신이 해를 당했다고 생각할 때 화를 낸다고 했어.
> **미영:** 맞아. 그리고 해를 당했을 때 부당하다는 생각이 들면 화를 일으킨다고 했어.
> **태준:** 근데 화가 나면 말이나 행동이 거칠어서 나의 건강한 몸과 마음이 황폐해질 거야.
> **하민:** 그럼 화를 극복하려면 어떻게 하지? 화를 한 번에 크게 내서 스트레스를 풀 거야.
> **예지:** 아니야. 화의 포로가 되지 않아야 해.

① 진기
② 미영
③ 태준
④ 하민
⑤ 예지

만약 내가 사는 동네에 쓰레기 처리장 같은 시설이 들어선다면 어떨까? 누구나 쓰레기 처리장이 필요하다는 것에는 공감한다. 하지만 내가 사는 지역에 더러운 시설이 들어서는 것에는 찬성하는 사람이 많지 않을 것이다. 이처럼 다른 지역 사람은 생각하지 않고 자신이 사는 곳의 이익이나 편리만을 추구하는 태도를 '지역 이기주의'라고 한다.

지역 이기주의에는 여러 종류가 있다. 쓰레기 처리장이나, 핵폐기물 처리장, 교도소 같이 필요한 시설인 것은 알지만 사람들이 ㉠꺼리는 시설을 우리 지역에 들어서는 것을 반대하는 '님비(NIMBY)' 현상이 있다. 님비 현상보다 더 강력하게 기피 시설 자체를 반대하는 '바나나(BANANA)' 현상이 있다. 이것은 자신이 사는 지역 안에는 아무것도 짓지 못한다는 뜻이 담겨 있다. 이 외에도 님비와 반대되는 '핌피(PIMFY)' 현상이 있다. 백화점이나 지하철, 대형 쇼핑몰 같은 편리함을 주는 시설이 우리 지역에 들어서도록 발 벗고 나서는 태도를 말한다. 이런 시설이 생기면 집값이 오른다는 생각에서 비롯된 태도이므로 핌피 현상도 지역 이기주의를 보여 주는 말이다.

이와 같은 지역 이기주의를 해결하려면 정부와 지방 자치 단체, 지역 주민의 이해와 협력이 함께해야 한다. 정부는 지방 자치 단체 대표자와 전문가들과 의논하여 시설을 지을 위치를 최대한 공정하게 선정한다. 지방 자치 단체는 공청회나 주민 투표 등을 통해 주민의 의견을 충분히 듣는다. 지역 주민이 반대하면 만나서 설득하고 이해시킨다. 개인의 이익과 권리를 포기하는 주민들에게는 그에 알맞은 보상을 해 준다.

쓰레기 처리장이나 하수 처리장 같은 시설이 우리 동네에 들어오는 것을 꺼리는 마음은 누구나 똑같다. 하지만 살아가는 데 반드시 필요한 시설이므로 어딘가에는 꼭 세워져야 한다. 자기 지역의 이익과 편리만을 지나치게 앞세우는 것은 지역 이기주의임을 잊지 말아야 한다.

5. 이 글의 내용과 일치하지 <u>않는</u> 것은 무엇인가요? ( )

① 지역 이기주의는 여러 종류가 있다.
② 자기 지역의 이익과 편리만을 지나치게 앞세우면 안 된다.
③ 지역 이기주의는 자신이 사는 곳의 이익이나 편리만을 추구하는 태도이다.
④ 바나나 현상은 편리 시설이 우리 지역에 들어서도록 발 벗고 나서는 것이다.
⑤ 지역 이기주의를 해결하려면 정부, 지방 자치 단체, 지역 주민이 함께해야 한다

6. 어떤 지역 이기주의에 대한 설명인지 〈보기〉에서 찾아 기호를 쓰세요.

┌─────── 〈 보 기 〉 ───────┐
│   │
│   ㉮ 님비 현상   ㉯ 핌피 현상   │
│   │
│ 현재 우리나라에 있는 교도소의 절반 이상이 │
│ 약 30년이 넘었다고 한다. 새로운 교도소를 │
│ 지어서 이사하고 싶지만, 우리 집 앞에 교도 │
│ 소가 들어오는 걸 찬성하는 지역은 그 어디 │
│ 에도 없다. 지역 주민들은 집값이 내려가거 │
│ 나 주변 분위기가 안 좋아질 수 있다고 생각 │
│ 하며 교도소 이전을 반대하고 있다.   │
│   │
└────────────────────────────┘

( )

7. 밑줄 친 말 중 ㉠과 같은 의미로 사용되지 <u>않은</u> 것은 무엇인가요? ( )

① 사람들 만나는 걸 <u>꺼리는</u> 편이다.
② 범인은 신분 노출하는 것을 <u>꺼렸다</u>.
③ 사람들 앞에서 말하는 것을 <u>꺼리다</u>.
④ 양심에 <u>꺼릴</u> 만한 일은 하지 않아야 한다.
⑤ 마을 사람들의 눈을 <u>꺼려</u> 밤에만 돌아다녔다.

8. 이 글을 바탕으로 〈보기〉를 설명한 것으로 알맞지 <u>않은</u> 것은 무엇인가요? ( )

┌─────── 〈 보 기 〉 ───────┐
│   │
│   정부에서 국제 공항을 새로 만든다고 발표 │
│ 했다. 지역마다 국제 공항 유치를 위해 많은 │
│ 홍보를 하고 있다. 국제 공항이 들어서면 공 │
│ 항에 오는 여행객 등으로 인해 주변 지역이 │
│ 발전되어 상권이 살아나는 것뿐만 아니라 보 │
│ 다 나은 시설을 가질 수 있기 때문이다.   │
│   │
└────────────────────────────┘

① 님비 현상과 반대되는 현상이다.
② 집값이 오른다는 생각에서 비롯되었을 것이다.
③ 국제 공항을 지을 위치를 최대한 공정하게 선정해야 된다.
④ 지방 자치 단체는 주민 투표 등을 통해 주민 의견을 들어야 한다.
⑤ 편리한 시설이 우리 지역에 들어서도록 하는 것은 지역 이기주의가 아니다.

(가) 사막은 언제나 건조하고 물이 아주 귀하다. 일 년에 25cm 이하로 비가 적게 오고, 햇볕이 쨍쨍 내리쬐기 때문이다. 이렇게 열악한 환경 속에서 사막의 식물들은 어떻게 적응하며 살아갈까? 사막에 사는 식물은 크게 네 가지 종류로 나눌 수 있다.

(나) 첫째, 평소에 잎이나 줄기 등에 최대한 물을 저장해 두는 종류이다. 선인장은 사막에 사는 대표적인 식물로 고슴도치를 닮은 '금호 선인장', 기둥 모양으로 곧게 자라는 '기둥 선인장', 부채같이 넓은 모양의 '부채선인장' 등이 있다. 줄기에 물이 저장되어 있으며, 잎은 가시로 변해 수분을 빼앗기는 걸 막는다. 가시가 크고 뾰족해 줄기의 물을 먹으려는 동물을 막아 주기도 한다. 길게 빼 문 용의 혓바닥을 닮은 '용설란'의 경우, 줄기 없이 뿌리에서 바로 잎이 난다. 그래서 두꺼운 껍질에 싸인 두툼하고 긴 칼 모양 잎에 물을 저장한다. 그 잎을 잘라 보면 자른 면이 미끄럽고 촉촉하다. 어린왕자 이야기에 나오는 '바오바브나무'도 사막에 산다. 10m 이상 크게 자라고 굵고 둥근 줄기 안에 물을 많이 저장하고 있다.

(다) 둘째, 뿌리를 깊고 넓게 퍼뜨려서 땅속 깊이 숨어 있는 물을 찾아내는 종류이다. 사막에 사는 여러해살이 식물들이 환경을 이겨 내는 방법 중 하나가 뿌리를 발달시키는 것이다. 뿌리를 땅속 30m 깊이까지 뻗는 나무도 많으며, 메스키트는 뿌리를 땅속 58m까지 뻗는다.

(라) 셋째, 오랫동안 씨앗의 형태로 지내다가 비가 오면 재빨리 자라는 종류이다. 사막에서 사는 한해살이 식물들은 대부분 씨 형태로 모래 속에서 비를 기다린다. 그러다 비가 내리면 재빨리 자라서 꽃을 피우고, 열매를 맺어 씨를 퍼뜨리고 난 후 죽는다. 싹이 터서 씨를 퍼뜨리기까지의 모든 과정이 20일도 채 되지 않는다.

(마) 넷째, 바람을 타고 굴러다니는 종류이다. 이런 식물을 '회전초'라고 하는데, 물이 부족하면 바싹 말라 버리고 뿌리 또는 줄기가 끊어져 굴러다닌다. 굴러다니면서 사방에 씨앗을 퍼뜨리고, 비가 오거나 물이 있는 곳을 만나면 재빨리 뿌리를 내리고 쑥쑥 자란다. 회전초는 한 종류의 식물이 아니라 여러 가지 식물을 포함한 것으로, 어떤 것은 뿌리가 없어도 살 수 있다.

9. 이 글의 제목으로 알맞은 것은 무엇인가요?
(   )

① 식물의 종류
② 선인장의 이름
③ 사막에 사는 식물
④ 사막이 만들어진 이유
⑤ 사막에서 사는 동물과 식물

10. 이 글에 (가)~(마)의 관계를 그림으로 알맞게 나타낸 것은 무엇인가요? (　　　)

① (가) - (나) - (다) - (라) - (마)
② (가) - [(나), (다)] - [(라), (마)]
③ (가) - [(나), (다), (라)] - (마)
④ (가) - [(나), (다), (라), (마)]
⑤ [(가), (나)] - [(다), (라), (마)]

11. (다)를 바탕으로 <보기>를 알맞게 이해하지 <u>못한</u> 것은 무엇인가요? (　　　)

<보 기>

메스키트는 멕시코 북부와 미국의 일부 지역에서 흔히 보이는 식물이다. 나무처럼 하늘로 길게 뻗어서 자

▲메스키트의 모습

라지만 폭이 작다. 뿌리는 땅속 깊이까지 뻗어 내려가 지하에 있는 물을 흡수하며, 물이 부족할 때를 대비하여 저장해 놓는다. 사막과 같이 물이 부족한 지역이나 가뭄이 많은 지역에서도 살아남을 수 있다.

① 가뭄을 이겨 낼 수 있겠어.
② 물을 저장할 수 있다니 신기해.
③ 메스키트는 사막에서 살 수 있는 식물이구나.
④ 입이 가시라서 수분이 빼앗기는 것을 막나 봐.
⑤ 뿌리는 땅속 58m까지 뻗어서 지하에 있는 물을 흡수하나 봐.

12. (마)에서 설명하는 선인장을 <보기>에서 찾아 그 기호를 쓰세요.

<보 기>
㉮
㉯
㉰

(　　　　　　)

[13~16] 다음 글을 읽고 물음에 답하시오.

(가) 전 세계에는 아직도 기술의 혜택을 누리지 못하고 의식주와 교육 등 기본적인 생활조차 어려운 가난한 나라들이 많다. 이렇게 기술에서 소외된 저개발국가들을 위해 나온 것이 적정 기술이다. 이런 나라에 필요한 기술이 바로 적정 기술이다. 적정 기술이란 그 지역의 환경이나 문화를 ⓐ고려하여 만든 기술로, 그 지역 사람들에게 가장 절실하게 필요한 도움을 줄 수 있는 기술을 말한다.

(나) 적정 기술을 개발할 때 가장 중요한 점은 현지의 환경에 맞춰 만들어져야 한다는 것이다. 이를 위해서 갖추어야 할 [㉠   ]은 다음과 같다.
첫째, 모든 사람들이 이용할 수 있도록 비용이 ⓑ싸야 한다. 둘째, 가능하면 현지 재료를 사용해야 한다. 제품을 지속적으로 생산하고 이용하는 데에 어려움이 없어야 하기 때문이다. 셋째, 제품의 크기는 적당해야 하고 사용 방법은 간단해야 한다. 제품의 사용 방법이 ⓒ복잡하면 이용 횟수가 줄어 나중에는 무용지물이 되기 때문이다. 넷째, 현지의 기술과 노동력을 활용하여 일자리를 만들어 내야 한다. 다섯째, 재생 가능한 에너지 자원을 활용해야 한다. 석유와 석탄 같은 화석 연료의 사용을 줄이고 태양열 같은 친환경 에너지를 활용해야 한다.

(다) 이와 같은 조건을 모두 갖추지 못해도 해당 기술을 통해 지역 사람들의 삶을 향상시키고 일자리가 늘어난다면 적정 기술이라고 할 수 있다. 대표적인 적정 기술 제품으로 페트병 전구와 큐드럼을 꼽을 수 있다. 페트병 전구는 페트병에 물과 표백제를 넣어 만든 전구이다. 지붕에 물과 표백제를 넣은 페트병을 꽂아 두면 태양의 빛이 페트병 속에 담긴 물을 통과하면서 사방

으로 흩어지게 된다. 물에 섞인 표백제는 빛이 더 잘 ⓓ흩어지도록 도와 창문이 없는 집 안을 밝혀 준다. 큐드럼은 타이어에서 아이디어를 얻어 만든 구르는 물통이다. 물통 가운데 구멍에 줄을 끼우면 끌거나 굴릴 수 있어 힘을 덜 들이고도 약 50리터의 물을 운반할 수 있다.

(라) 이처럼 적정 기술은 간단하고 효율적인 방법으로도 문제를 해결할 수 있다는 것을 일깨워 주는 기술이다. 가난한 나라에 사는 사람들에게만 ⓔ쓰이던 적정 기술은 오늘날 장애나 자연재해로 인해 첨단 기술을 활용하지 못하는 선진국 사람들에게도 도움을 주고 있다. 적정 기술은 인간과 환경을 지키는 기술로서 미래에도 함께할 세상을 바꾸는 기술이 될 것이다.

13. ㉠에 들어갈 내용으로 가장 알맞은 것은 무엇인가요? (   )

① 적정 기술의 의미
② 적정 기술의 조건
③ 적정 기술의 종류
④ 적정 기술의 예시
⑤ 적정 기술을 발전 과정

14. '적정 기술'에 대한 설명으로 알맞지 <u>않은</u> 것은 무엇인가요? (   )

① 현지의 환경에 맞춰 만들어야 한다.
② 재생 가능한 에너지 자원을 활용해야 한다.
③ 기술에서 소외된 저개발국가들을 위한 것이다.
④ 모든 사람이 이용할 수 있도록 비용이 싸야 한다.
⑤ 지역 사람들에게 도움을 준다면 제품의 사용 방법이 복잡해도 된다.

15. <보기>의 내용이 들어가기에 알맞은 곳은 어디인가요? (   )

> ┌─────── <보 기> ───────┐
> 아프리카는 오염된 물로 많은 사람이 목숨을 잃는다고 한다. 오염된 물 안에는 기생충뿐만 아니라 병을 일으키는 바이러스가 들어 있다. 이를 해결하기 위해 개발된 것으로 라이프스트로가 있다. 라이프스트로는 휴대용 정수기로 빨대처럼 물에 대고 흡입하면 물이 정화되어 깨끗한 물을 마실 수 있다. 무게가 가벼우며 간편하게 휴대할 수 있어서 생명을 살리는 빨대라고 불린다.
> └────────────────────┘

① (가)의 앞
② (가)의 뒤
③ (나)의 뒤
④ (다)의 뒤
⑤ (라)의 뒤

16. ⓐ~ⓔ와 바꾸어 쓸 수 있는 낱말로 알맞지 <u>않은</u> 것은 무엇인가요? (   )

① ⓐ: 걱정하여
② ⓑ: 낮아야
③ ⓒ: 어려우면
④ ⓓ: 퍼지도록
⑤ ⓔ: 이용되던

[17~20] 다음 글을 읽고 물음에 답하시오.

(가) 펜싱은 두 선수가 검으로 찌르거나 베는 동작으로 득점을 겨루는 스포츠이다. 펜싱의 역사는 아주 오래되었지만 오늘날과 같은 경기용 운동으로 자리 잡은 것은 19세기 말이다. 펜싱의 종주국은 프랑스로, 모든 경기 용어는 프랑스어를 사용한다. 펜싱에는 에페, 사브르, 플뢰레의 세 종목이 있는데, 각 종목은 검의 종류, 공격 범위 등 여러 가지 차이점이 있다.

(나) 에페는 옛날 유럽의 기사들이 일대일로 결투를 한 것에서 유래하였다. 상대 선수의 온몸을 공격할 수 있고, 양 선수가 동시에 공격과 방어를 할 수 있으며, 찌르기 공격만 할 수 있다. 만약 양 선수가 동시에 찔렀다면 양 선수 모두 점수를 얻는다. 길이 110센티미터, 무게 770그램 이하의 검을 사용하며, 5분씩 3회 또는 10분씩 5회에 걸쳐 경기를 한다.

(다) 사브르는 옛날 기마병들이 말을 타고 싸우던 것에서 유래하였다. 옛날 기마병들이 싸울 때 적의 허리 위를 공격한 것이 그대로 이어져 상대 선수의 머리와 팔을 포함한 상체만 공격할 수 있고, 찌르기와 베기 공격 모두 가능하다. 또한 공격 자세를 먼저 ㉠취한 선수에게 공격권을 주며, 공격권을 받지 못한 선수는 상대방의 공격을 막아야 공격권을 얻을 수 있다. 길이 105센티미터, 무게 500그램 이하의 검을 사용하며, 6분씩 5회에 걸쳐 경기를 한다.

(라) 플뢰레는 옛날에 기사들을 훈련시키기 위해 했던 연습 경기에서 유래하였다. 펜싱의 종목 중에서 공격 범위가 가장 좁아 상대 선수의 몸통만 공격할 수 있고, 찌르기 공격만 할 수 있다. 사브르와 마찬가지로 공격 자세를 먼저 취한 선수에게 공격권을 주고, 공격권을 받지 못한 선수는 상대방의 공격을 막아야 공격권을 얻을 수 있다. 길이 110센티미터, 무게 500그램 이하의 검을 사용하며, 6분씩 5회에 걸쳐 경기를 한다.

(마) 펜싱은 제1회 아테네 올림픽 대회 때부터 정식 종목으로 채택되어 지금까지 이어지고 있다. 그런데 2019년에 프랑스에서 광선 검을 사용하는 라이트 세이버를 펜싱의 네 번째 종목으로 채택했다. 그래서 2024년 파리 올림픽부터는 네 가지 종목의 펜싱 시합을 볼 수 있다.

17. '플뢰레'에 대한 설명으로 알맞은 것은 무엇인가요? (   )

① 6분에 3회에 걸쳐 경기를 한다.

② 상대 선수의 하체만 공격할 수 있다.

③ 펜싱의 종목 중에서 공격 범위가 가장 넓다.

④ 공격 자세를 나중에 취한 선수에게 공격권을 준다.

⑤ 옛날에 기사들을 훈련시키기 위해 했던 연습 경기에서 유래했다.

18. 이 글에서 답을 찾을 수 <u>없는</u> 질문은 무엇인가요? (   )

① 에페의 유래는 무엇인가?

② 펜싱의 세 종목은 무엇인가?

③ 펜싱의 종주국은 어느 나라인가?

④ 각 종목의 검은 무엇으로 만들어졌는가?

⑤ 어떤 올림픽 대회 때 정식 종목으로 채택되었는가?

19. 밑줄 친 말 중 ㉠과 같은 의미로 사용된 것은 무엇인가요? (   )

① 선생님에게 연락을 <u>취했다</u>.

② 사진 찍기 위해 포즈를 <u>취했다</u>.

③ 주말 내내 집에서 휴식을 <u>취했다</u>.

④ 새로 산 베개를 베고 숙면을 <u>취했다</u>

⑤ 여러 가지 중에 마음에 드는 것을 <u>취했다</u>.

20. <보기>를 읽고 이 글의 독자가 보인 반응으로 알맞지 <u>않은</u> 것은 무엇인가요? (   )

―――――――― <보 기> ――――――――

펜싱은 사용하는 검에 따라 에페, 사브르, 플뢰레 3종류로 나뉘며, 남녀 개인전과 단체전이 있다. 각각 다른 규 ▲펜싱 경기하는 모습
칙에 따라 시합하는데, 펜싱 경기를 진행하는 데 사용하는 공식 용어는 모두 프랑스어이다. 펜싱의 세 가지 종목은 공격할 수 있는 범위가 각각 다르다. 플뢰레는 몸통, 사브르는 머리와 몸통, 에페는 전신을 공격해도 된다. 이러한 점이 독특하다고 볼 수 있다.

① 에페는 머리를 공격하면 안 되겠다.

② 사브르는 다리를 공격하면 안 되는 거구나.

③ 펜싱 할 때 사용하는 검은 모양이 다 다르게 생겼나 봐.

④ 펜싱 공식 용어를 알기 위해서 프랑스어를 공부해야겠어.

⑤ 플뢰레, 사브르, 에페 순서대로 공격할 수 있는 범위가 늘어나는군.

끝

제2회 모의고사
비문학

이름	

※ 모의고사 유의 사항

○ 문제지의 해당란에 이름을 쓰십시오.

○ 모의고사의 문항 수는 총 20문제이며, 시간은 총 30분입니다.

○ 표지를 넘기면 우측 상단에 있는 QR 코드를 스마트폰으로 찍으십시오.

○ 타이머 영상이 재생되면 스마트폰을 옆에 두고 남은 시간을 확인하면서 문제를 풀면 됩니다.

[1~4] 다음 글을 읽고 물음에 답하시오.

(가) 인류 최초의 문명인 메소포타미아 문명이 생겨날 때쯤, 아프리카 북부 나일강 하류 지역에서는 이집트 문명이 @생겨났다. 이집트는 사막과 바다로 둘러싸인 지형이어서 다른 민족의 침입을 별로 받지 않았다. 무엇보다도 나일강을 끼고 있어서 농사짓기가 유리하고 이동이 편리했다. 다만 이집트 사람들의 고민은 나일강이 자주 넘친다는 것이었다.

(나) 나일강의 물은 해마다 한 번씩 정기적으로 흘러넘쳤다. 고대 이집트 사람들은 별을 관찰하여 나일강이 언제 넘치는지를 알아냈다. 시리우스라는 별이 보이는 6월이 되면 나일강이 항상 넘치는데, 그 주기가 정확하게 365일이 걸린다는 것을 알게 되었다. 고대 이집트 사람들은 나일강이 넘치는 주기에 맞추어 생활하였다. 나일강의 물이 불어나서 흘러넘치는 6월부터 10월 사이에는 고기잡이를 하고, 물이 빠지면서 상류에서 떠내려온 ⓑ기름진 흙만 남는 11월부터 2월 사이에는 농사를 지었다. 그리고 다음 해 물이 불어나기 전 3월부터 5월까지는 곡식을 ⓒ수확하였다. 나일강의 범람 덕분에 나일강 주변에 살던 고대 이집트 사람들은 기름진 땅에 농사를 지으며 ⓓ풍요롭게 살 수 있었다.

(다) 나일강의 정기적인 범람은 이집트에서 다양한 문명이 생겨나게 했다. 고대 이집트 사람들은 나일강이 범람하는 시기를 정확하게 ⓔ예측하기 위해 태양력을 만들었다. 시리우스 별의 움직임을 관찰하면서 한 달을 30일, 일 년을 365

일로 하는 달력을 만들어 사용하였다. 나일강가에서 자라는 파피루스 줄기를 이용해서 종이도 만들었고, 그림으로 된 문자(상형 문자)를 만들어 파피루스에 기록도 하였다.

(라) ㉠고대 그리스의 역사가 헤로도토스는 '이집트는 나일강의 선물'이라고 표현했다. 나일강은 고대 이집트 사람들에게 풍요로운 땅과 지혜로움을 선물로 주었다. 이집트는 나일강 덕분에 풍요로운 땅에서 찬란한 이집트 문명을 꽃피울 수 있었다.

1. 이 글의 내용과 일치하지 <u>않은</u> 것은 무엇인가요?
(   )

① 이집트 사람들은 달력을 만들어 사용했다.
② 고대 이집트 사람들은 태양력을 만들었다.
③ 메소포타미아 문명이 생겨날 때 이집트 문명도 생겨났다.
④ 나일강이 넘치는 6월부터 10월 사이에 곡식을 수확했다.
⑤ 이집트 문명은 나일강을 끼고 있어서 농사짓기가 유리했다.

2. ㉠의 이유로 알맞은 것은 무엇인가요? (   )

① 나일강 물이 맑고 깨끗해서
② 나일강을 타고 이동하기 편리해서
③ 나일강에서 농사를 많이 지을 수 있어서
④ 고기잡이를 해서 많은 돈을 벌 수 있어서
⑤ 나일강 덕분에 이집트 문명이 발전할 수 있어서

3. ⓐ~ⓔ와 바꾸어 쓸 수 있는 낱말로 알맞지 <u>않은</u> 것은 무엇인가요? (   )

① ⓐ: 조작했다.
② ⓑ: 비옥한
③ ⓒ: 거두었다.
④ ⓓ: 부유하게
⑤ ⓔ: 예상하기

4. 이 글과 〈보기〉를 읽고 자신의 생각을 바르게 말하지 <u>못한</u> 친구는 누구인가요? (   )

─── 〈 보 기 〉 ───

고대 이집트 사람들은 파피루스라는 식물의 줄기를 세로와 가로로 겹쳐서 종이를 만들었다. 파피루스 종이

▲이집트 파피루스
에 적은 고대 문서를 파피루스라고 부른다. 세계 최초 종이책 '사자의 서'는 파피루스에 상형문자가 쓰여진 두루마리 책이다. 이 책은 지하 세계의 안내서로 죽은 이들이 안전하게 다음 세상에 도착하기를 기원하는 기도문 등이 적혀 있다.

① 파피루스에 그림과 글이 함께 적혀 있어.
② 세계 최초 종이책에는 상형문자가 적혀 있구나.
③ 그림으로 된 문자를 만들어서 파피루스에 기록했어.
④ 나일강가에서 자라는 파피루스 줄기로 종이를 만들었어.
⑤ 고대 이집트 사람들은 파피루스에 그림 그리는 걸 좋아했어.

중세 시대 때 후추는 '검은 금'이라 불릴 만큼 귀했다. 한 알씩 낱개로 거래될 정도로 가치가 높아 세금이나 집세를 낼 때 돈 대신 사용하기도 했다. 당시 후추 한 상자의 가격이 3,570만 원이나 되었다고 한다. 비싸다는 말을 할 때, '후추처럼 비싸다'고 표현할 정도였다.

중세 시대에 후추가 이토록 비쌌던 이유는 뭘까? 중세 유럽은 기후 여건 때문에 향신료를 재배하기가 어려웠다. 그래서 후추를 멀리 인도에서 유럽에 들여왔다. 게다가 냉장 시설이 없어 음식이 상하기 쉬웠기에, 맵싸한 맛과 독특한 향으로 변질된 고기의 맛을 살려 주는 후추가 꼭 필요했다. 여기에 악취가 모든 병의 근원이라고 믿어 후추를 약품 대신 이용했던 것도 한몫했다. 이처럼 필요로 하는 곳은 많은데 구하기 어렵다 보니 가격이 오를 수밖에 없었던 것이다.

그러자 후추에 대한 사람들의 욕망도 한없이 올라갔다. 후추는 귀족들이 부와 힘을 자랑하는 데 쓰는 사치품이 되었다. 궁중 파티가 열리면 왕은 자신의 부를 뽐내기 위해 후추 열매를 한 줌씩 뿌리고 그것을 주우러 귀부인들이 대리석 바닥을 기는 진풍경이 벌어졌다고 한다.

이처럼 인간의 욕구는 무한한 데 이를 충족시켜 줄 수 있는 자원의 양은 상대적으로 부족한 현상을 자원의 희소성이라고 한다. 희소성은 희귀성과는 달라, 자원의 절대적인 양의 많고 적음이 아니라 인간의 필요와 욕구에 따라 달라지며, 희소성이 있으면 가격이 올라가고 없으면 떨어진다.

이후 유럽인들은 인도에서 직접 후추를 들여오기 위해 바다로 눈을 돌리기 시작했다. 바스쿠 다가마는 동쪽으로 뱃길을 열어 인도에서 후추와 황금을 들여오는 데 성공했다. 서쪽으로 간 콜럼버스도 신대륙 '아메리카'와 '고추'라는 새로운 향신료를 발견했다. 대항해 시대가 열리면서 유럽은 후추를 빼앗기 위해 인도와 아시아 일대를 식민지로 만들었다. 17세기 중반 이후 네덜란드와 영국이 식민지에서 경쟁적으로 후추를 들여오면서 농민들도 시장에서 후추를 쉽게 살 수 있게 되었다. 그러자 귀족들은 구하기 어려운 다른 향신료로 눈을 돌리기 시작했다. ㉠결국 후추의 희소성도 떨어졌다. 그 결과 후추는 오늘날과 같이 누구나 싼 가격으로 쉽게 구할 수 있는 대중 소비품이 되었다.

5. 이 글의 내용과 일치하는 것은 무엇인가요?
(   )

① 중세 시대에 후추는 흔했다.
② 오늘날에는 대중 소비품이 되었다.
③ 후추는 평민들이 사용하는 물건이었다.
④ 중세 유럽은 향신료를 재배하기 쉬웠다.
⑤ 콜럼버스는 신대륙에서 후추를 발견했다.

6. 이 글에서 답을 찾을 수 <u>없는</u> 질문은 무엇인가요? (   )

① 후추가 비쌌던 이유는 무엇인가?
② 후추를 사용하는 요리는 무엇인가?
③ 자원의 희소성의 의미는 무엇인가?
④ 후추가 사치품이 된 이유는 무엇인가?
⑤ 후추의 희소성이 떨어진 이유는 무엇인가?

7. ㉠의 이유로 알맞은 것은 무엇인가요? (   )

① 후추의 맛이 변해서
② 고추가 더 맛있어서
③ 새로운 향신료가 발견되어서
④ 후추를 쉽게 살 수 있게 되어서
⑤ 사람들이 요리에 사용하지 않아서

8. 이 글과 〈보기〉에서 이해한 내용으로 알맞지 <u>않은</u> 것은 무엇인가요? (   )

> ─── 〈보 기〉 ───
>
> 반짝이는 금은 많은 사람이 갖고 싶어 한다. 하지만 전 세계에서 캘 수 있는 금의 양은 한정되어 있다. 금의 양에 비해서 원하는 사람이 많기 때문에 금의 가치는 점차 높아지고 있다. 또한, 금의 가격도 다른 물건들보다 비싸다는 것을 알 수 있다.

① 희소성 때문에 가격이 비싸다.
② 금은 자원의 희소성에 해당한다.
③ 사람들이 원하는 것보다 양이 적다.
④ 금은 대중 소비품이라고 할 수 있다.
⑤ 중세 시대의 후추와 같다고 볼 수 있다.

지구는 나이는 몇 살일까? 아주아주 먼 옛날, 지구에는 어떤 동식물이 살았을까? 지질 시대에 대해 알 수 있는 방법은 없을까? '화석' 속에 그 답이 있다. 화석은 지구의 역사뿐만 아니라, 각 지질 시대를 살았던 [　　　㉠　　　]까지 알려 준다.

화석은 지질 시대에 살았던 고생물의 몸이나 뼈, 발자국 등의 흔적이 퇴적물 등에 남아 있는 것을 말한다. 대다수의 화석은 오랜 세월 동안 땅속에 묻혀 있었기 때문에 단단하다.

고생물들이 화석으로 남기 위해서는 몇 가지 조건이 필요하다. 우선 당시에 그 생물이 번성해 개체 수가 많아야 하며, 단단한 부분(뼈, 이, 껍질 등)이 있어야 하고, 생물이 죽은 후 바로 퇴적물 속에 묻혀 썩지 않아야 한다.

화석은 정보 제공에 따라 표준 화석과 시상화석으로 나눌 수 있다. 표준 화석은 지질 시대의 특정한 시기에만 살았던 생물 화석으로, 지층이 만들어진 시대를 알려 준다. 표준 화석은 생존 기간이 짧고 진화 속도가 빠르며, 여러 곳에서 나타난다는 특징이 있으며, 공룡, 삼엽충, 암모나이트, 매머드 등이 이에 속한다. 시상화석은 지질 시대의 특정한 환경에서만 살았던 생물 화석으로, 지층의 생성 환경을 알려 준다. 시상화석은 생존 기간이 길고, 특정한 환경에서만 생존한다는 특징이 있으며, 고사리, 산호, 조개 등이 이에 속한다. 또한, 화석은 동식물의 일부 또는 전체가 나타난 경우 '체화석'이라 하고, 발자국, 기어 다닌 자국 등의 생활 모습이 나타나 경우 '흔적 화석'이라고 부른다.

우리는 화석이라는 타임머신을 타고 과거 속으로 들어가 지질 시대를 생생하게 경험할 수 있게 되었다. 화석 연구를 통해 고생대, 중생대, 신생대 등 지구의 역사를 알게 되었고, 각 지질 시대에 어떤 모습을 가진 동식물이 어떤 환경 속에서 생활했는지 짐작해 볼 수 있게 되었다. 또한, 각 지질 시대에 남겨진 화석들을 비교하면서 생물들의 모습이 어떻게 변했는지, 멸종된 동물과 오늘날의 동물이 어떤 연결 관계가 있는지에 대해서도 생각해 보게 되었다. 앞으로도 화석은 비밀스러운 지구의 과거를 우리에게 더 많이 안내해 줄 것이다.

9. ㉠에 들어갈 내용으로 가장 알맞은 것은 무엇인가요? (　　　)

① 동물의 종류
② 식물의 개수
③ 동식물의 특징
④ 식물이 살았던 시대의 환경
⑤ 동식물의 모습과 각 시대의 환경

10. 이 글의 내용과 일치하지 <u>않는</u> 것은 무엇인가요? (   )

① 화석은 지구의 역사를 알려 준다.
② 체화석은 생활 모습이 나타난 경우를 말한다.
③ 대다수의 화석은 땅속에 묻혀 있어서 단단하다.
④ 화석은 지질 시대에 살았던 고생물의 흔적이 퇴적물에 남아 있는 것이다.
⑤ 고생물들이 화석으로 남기 위해서는 당시에 생물의 개체 수가 많아야 한다.

11. 어떤 화석에 대한 설명인지 〈보기〉에서 찾아 기호를 쓰세요.

```
─────── 〈 보 기 〉 ───────
   ㉮ 표준 화석          ㉯ 시상화석
```

일정한 시기에 번성했던 동식물의 화석을 말한다. 생존 기간이 짧고 진화 속도가 빠르며,

▲공룡 화석

전 세계 여러 곳에서 나타난다는 특징을 가지고 있다. 공룡, 삼엽충, 암모나이트, 매머드 등과 같은 화석이 여기에 속한다.

(   )

12. 이 글을 참고 하여 〈보기〉를 읽은 후의 반응으로 알맞지 <u>않은</u> 것은 무엇인가요? (   )

```
─────── 〈 보 기 〉 ───────
```

현재에도 고고학자들이 수만 년 전 화석을 발굴하고 있다. 에티오피아에서는 250만 년 전 수달 화석이 발견

▲화석 발굴 현장

되었는데, 오늘날 사자 정도의 덩치를 가졌을 것이라고 보인다. 그뿐만 아니라 이스라엘에서는 50만 년 전 거대 코끼리의 상아 화석이 발견되기도 했다.

① 두 화석은 오랜 세월 땅 속에 묻혀 있었구나.
② 수달과 코끼리는 죽은 바로 뒤에 퇴적물에 묻혔어.
③ 수달은 예전에 비해 크기가 작아졌다고 볼 수 있겠다.
④ 각 지질 시대에 어떤 동물들이 살았는지 추측할 수 있구나.
⑤ 거대 코끼리의 상아 화석은 흔적 화석이라고 부를 수 있어.

자동차의 바퀴를 둘러싸고 있는 타이어의 역사는 자동차보다도 오래되었다. 타이어가 처음 발명되어 지금의 타이어로 발전되기까지의 과정을 알아보자.

타이어의 발명은 고무의 발명과 관련이 있다. 미국의 화학자이자 발명가인 찰스 굿이어는 바퀴에 사용할 수 있는 고무를 발명하기 위해 무려 15년 동안이나 애를 썼다. 결국 1844년에 부드러운 천연고무와 황을 혼합하여 강한 고무를 만드는 데 성공하였다.

1847년에 스코틀랜드의 발명가인 로버트 윌리엄 톰슨은 고무를 사용하여 '통 고무 타이어'를 발명하였다. 이것이 최초의 타이어로 기록되고 있다. 톰슨은 마차 바퀴 테두리에 고무를 감아 타이어를 만들었다. 통 고무 타이어는 바퀴에 철판을 고정해서 사용했던 그 당시의 타이어에 비해 잘 미끄러지지 않았지만, 달리는 중에 타이어가 녹아 버리는 일이 자주 일어나 실용화가 되지는 못했다.

이후 1888년, 고무에 공기를 불어넣은 '공기압 타이어'가 영국의 수의사였던 존 보이드 던롭에 의해 발명되었다. 던롭은 아들이 자전거를 타다 딱딱한 생고무로 만들어진 자전거 바퀴 때문에 크게 다친 것을 보고 아들에게 푹신한 바퀴를 만들어 주어야겠다고 생각했다.
'축구공처럼 자전거 바퀴에도 공기를 주입하여 탄력이 생겨 튕겨 나가지 않겠지?'
던롭은 곧바로 자전거 바퀴에 고무호스를 감싼 다음 공기를 주입해서 최초의 공기압 타이어를 만들었다. 자전거용 공기압 타이어는 전 세계적으로 눈길을 모았고, 던롭은 타이어 회사까지 설립하게 되었다.

1891년, 프랑스의 마쉐린 형제는 던롭이 개발한 공기압 타이어를 더 발전시켰다. 던롭의 타이어는 본드를 사용하여 바퀴에 접착시키는 방식이어서 수리하거나 교체할 때 불편하였다. 마쉐린 형제는 이를 보완하여 세계 최초로 탈부착이 가능한 자전거용 공기압 타이어를 개발하고, 4년 후에는 자동차용 공기압 타이어를 성공적으로 출시하였다.

1840년대에 바퀴용 고무가 발명되면서 고무 타이어가 처음 등장했고, 그 고무 타이어에 공기를 불어넣은 공기압 타이어가 개발되어 지금까지 이어져 왔다. 하지만 공기를 주입해야 하는 공기압 타이어를 사용하다 보니 불편한 점들이 생기기 시작했다. 그래서 최근에는 공기를 주입하지 않는 방식의 타이어 기술이 전 세계적으로 ㉠주목받고 있다. 공기가 필요 없는 타이어를 사용할 미래가 기대된다.

13. 이 글의 설명 방식으로 알맞은 것은 무엇인가요? (   )

① 신뢰성 있는 자료를 보여준다.
② 전문가의 의견을 바탕으로 설명한다.
③ 두 대상의 차이점을 비교하며 설명한다.
④ 시간의 흐름에 따른 대상의 변화를 설명한다.
⑤ 두 대상의 공통점과 차이점을 나열하며 설명한다.

14. <보기>는 이 글을 정리한 내용입니다. 순서대로 알맞게 나열한 기호를 쓰세요.

(   )→(   )→(   )→(   )→(   )

───── <보 기> ─────

㉠ 존 보이드 던롭은 공기압 타이어를 발명했다.
㉡ 로버트 윌리엄 톰슨은 통 고무 타이어를 발명했다.
㉢ 찰스 굿이어는 바퀴에 사용할 수 있는 고무를 발명했다.
㉣ 공기를 주입하지 않는 방식의 타이어 기술이 전 세계적으로 주목받고 있다.
㉤ 마쉐린 형제는 세계 최초로 탈부착이 가능한 자전거용 공기압 타이어를 개발했다.

15. ㉠의 뜻으로 알맞은 것은 무엇인가요? (   )

① 주된 의미
② 마음에 새겨 두고 조심함.
③ 관심을 가지고 주의 깊게 살핌.
④ 조심하고 경계하는 눈으로 살핌.
⑤ 사람들에게 시선을 모으라는 명령

16. 이 글을 읽고 이야기를 나누었습니다. 바르게 말하지 <u>않은</u> 친구는 무엇인가요? (   )

───── <보 기> ─────

희준: 타이어의 발명은 고무의 발명과 연관되어 있어.
수민: 맞아. 고무를 만드는 데 성공하면서 타이어가 발전되었어.
태영: 통 고무 타이어는 달리는 중에 타이어가 녹아 버렸다고 해.
희진: 최근에 만들어진 공기가 필요 없는 타이어는 어떨지 궁금해.
지원: 그래도 공기압 타이어가 가장 편리할 것 같아.

① 희준
② 수민
③ 태영
④ 희진
⑤ 지원

(가) 쇼팽과 리스트는 낭만주의 시대를 대표하는 음악가이다. (㉠) 두 사람 모두 그 시대의 음악을 가장 잘 표현한 피아노 연주자이자 작곡가였다. 유럽의 약소국에서 태어난 두 사람은 자신의 음악적 재능을 펼치고 뛰어난 작품을 많이 남겼다.

(나) 쇼팽은 1810년에 폴란드 바르샤바에서 태어났다. 여섯 살부터 정식으로 피아노를 배우기 시작하여 2년 뒤에 바르샤바에서 열린 피아노 연주회에서 '제2의 모차르트'라는 평가를 받았다. 일곱 살 때 이미 즉흥 연주곡을 작곡할 정도로 천재였다. (㉡)

(다) 리스트는 1811년에 헝가리에서 태어났다. 여섯 살부터 피아노를 배우기 시작했고, 아홉 살이 되던 해에 베토벤의 제자였던 체르니에게 지도를 받기 위해 독일 빈으로 이사를 했다. (㉢) 체르니는 리스트의 재능에 감동을 받아 수업료를 받지 않고 가르쳤다는 일화도 전해진다. 여덟 살 때 처음으로 곡을 썼고, 열두 살 때부터는 이미 피아니스트로서 이름을 떨쳐 유럽을 돌며 연주를 다녔다.

(라) 쇼팽과 리스트는 둘 다 어린 시절부터 피아노 연주와 작곡에 뛰어났다. 하지만 성격이나 피아노를 연주하는 방식은 전혀 달랐다. 쇼팽은 스무 살 때 연주 여행을 하는 동안 러시아가 폴란드를 점령했다는 소식을 듣고 프랑스에 ㉠눌러앉았다. (㉣) 그 시기에 프랑스에서 활동하는 리스트를 만났다. 예민하고 내성적이었던 쇼팽은 귀족들이 모이는 장소에서 조용히 연주하기를 좋아했다. '피아노의 시인'이라 불릴 만큼 피아노를 연주하는 방식도 섬세하고 부드러웠다. 몸이 약했던 쇼팽은 서른아홉 살에 세상을 떠날 때까지 오직 피아노곡만 작곡하고 연주했다.

(마) 쇼팽과 달리 리스트는 성격이 당당하고 활발했다. (㉤) 대형 연주회장에서 사람들에게 주목받고 연주하는 것을 즐겼다. '피아노의 달인'이라 칭할 만큼 피아노 앞에서 화려한 기교를 부리며 연주했다. 리스트는 다른 음악가들의 곡을 피아노곡으로 편곡해서 연주하는 실력도 뛰어났다. 리스트가 남긴 200여 곡의 피아노 편곡은 후세의 음악가들에게 큰 영향을 주었다.

(바) 조국을 떠나 다른 나라에서 같은 시기에 음악 활동을 했던 쇼팽과 리스트. 둘은 피아노를 연주하는 방식은 전혀 달랐지만 피아노에 대한 열정만큼은 너무도 닮은 음악가였다.

17. 이 글의 제목으로 알맞은 것은 무엇인가요?
(   )

① 쇼팽의 일생
② 낭만주의 시대 음악가
③ 쇼팽과 리스트의 공통점
④ 피아노를 연주하는 유럽의 음악가
⑤ 낭만주의를 대표하는 음악가 쇼팽과 리스트

18. 이 글의 내용과 일치하지 <u>않는</u> 것은 무엇인가요? (   )

① 리스트는 성격이 당당하고 활발했다
② 리스트는 200여 곡의 피아노 편곡을 남겼다.
③ 쇼팽과 리스트의 피아노 연주 방식이 같다.
④ 쇼팽과 리스트는 유럽 약소국에서 태어났다.
⑤ 쇼팽은 오직 피아노곡만 작곡하고 연주했다.

19. 〈보기〉의 내용이 들어가기에 알맞은 곳은 어디인가요? (   )

─────〈 보　기 〉─────
　낭만주의 시대의 음악은 딱딱한 형식에서 벗어나 다양한 개성과 인간의 열정적인 감정을 표현하는 것을 중요하게 생각하였다.

① ㉮
② ㉯
③ ㉰
④ ㉱
⑤ ㉲

20. ㉠과 바꾸어 쓸 수 있는 낱말로 알맞은 것은 무엇인가요? (   )

① 왔다
② 갔다
③ 떠났다
④ 진행했다
⑤ 머물렀다

끝

모의고사 정답 및 해설

제1회 모의고사 비문학 정답 및 해설

1. ④ 2. ⑤ 3. ① 4. ④ 5. ④ 6. ㉮ 7. ④ 8. ⑤ 9. ③ 10. ④ 11. ④ 12. ㉯ 13. ②
14. ⑤ 15. ④ 16. ① 17. ⑤ 18. ④ 19. ② 20. ①

1. 이 글은 우리가 화를 내는 이유와 화를 극복하는 방법에 대한 내용을 담고 있습니다. 그러므로 '화내는 이유와 극복 방법(④)'이 제목으로 알맞다고 볼 수 있습니다.

2. 이 글의 내용과 일치하는 것은 ⑤라고 볼 수 있습니다.
① 우리는 종종 화를 내며 인간의 자연스러운 감정 중 하나로 받아들입니다. ② 세네카는 화를 내는 것이 백해무익하다고 주장했습니다. ③ 내가 왜 화를 냈는지 스스로에게 물어보아야 합니다. ④ 세네카는 화를 일으키는 조건에 두 가지가 있다고 했습니다.

3. ㉠은 '몹시 싫거나 무서워서 몸이 떨리다'로 쓰였습니다. 그러므로 ①이 뜻으로 알맞습니다.
②는 몸, ③은 백해무익하다, ④는 북받치다, ⑤는 서리의 뜻입니다.

4. 이 글에서는 화를 극복하는 세 가지 방법 중에서 화의 포로가 되지 말아야 한다고 설명하였습니다. 화를 한 번에 크게 내는 감정에 휘둘리면 내 영혼 또한 약해지고 불안해질 뿐이라고 하였습니다. 그러므로 이 글을 읽고 바르게 말하지 않은 친구는 하민(④)입니다.

5. ④ 바나나 현상은 님비 현상보다 더 강력하게 기피 시설 자체를 반대하는 현상이다.

6. 교도소같이 필요한 시설인 것은 알지만 사람들이 꺼리는 시설을 우리 지역에 들어서는 것을 반대하는 현상은 '님비 현상'입니다. 그러므로 〈보기〉에 해당하는 지역 이기주의는 ㉮가 알맞습니다.

7. '㉠ 꺼리다'는 '사물이나 일 등이 자신에게 해가 될까 하여 피하거나 싫어하다'라는 의미로 쓰였습니다. 반면에 ④는 '개운치 않거나 언짢은 데가 있어 마음에 걸리다'라는 의미로 사용되었습니다. 그러므로 ㉠과 같은 의미로 사용되지 않은 것은 ④입니다.
①, ②, ③, ⑤는 ㉠과 같은 의미로 사용되었습니다.

8. 〈보기〉는 편리함을 주는 시설이 우리 지역에 들어서도록 발 벗고 나서는 '핌피 현상'에 대한 내용을 담고 있습니다. '핌피 현상'도 지역 이기주 종류 중 하나라고 볼 수 있습니다. 그러므로 〈보기〉를 알맞지 않게 설명한 것은 ⑤입니다.

9. 이 글은 사막의 식물과 사막에 사는 식물의 네 가지 종류에 대한 내용을 담고 있습니다. 그러므로 '사막에 사는 식물(③)'이 제목으로 알맞다고 볼 수 있습니다.

10. (가)~(마)의 중심 내용을 살펴보면, (가) - [(나), (다), (라), (마)](④)입니다.
(가)는 사막의 특징과 식물이 어떻게 자라는지에 대한 질문으로 도입부이며 (나)는 평소에 잎이나 줄기 등에 물을 저장해 두는 종류, (다)는 뿌리를 깊고 넓게 퍼트려서 땅속 깊이 숨어 있는 물을 찾아내는 종류, (라)는 오랫동안 씨앗의 형태로 지내다가 비가 오면 재빨리 자라는 종류, (마)는 바람을 타고 굴러다니는 종류를 각각 설명해 줍니다.

11. (다)와 〈보기〉는 뿌리를 깊고 넓게 퍼트려서 땅속 깊이 숨어 있는 물을 찾아내는 종류인 '메스키트'에 대해 설명하고 있습니다. 그러므로 〈보기〉를 알맞게 이해하지 못한 것은 ④입니다. 잎이 가시라서 수분을 빼앗기는 걸 막는 식물은 선인장입니다.

12. ㉮ 금호 선인장, ㉯ 회전초, ㉰ 부채선인장입니다.
(마)는 바람을 타고 굴러다니는 종류인 '회전초'에 대해 설명하고 있습니다. 회전초는 굴러다니면서 사방에 씨앗을 퍼트리는 특징을 가지고 있습니다. 그러므로 (마)에서 설명하는 선인장은 '회전초(㉯)'가 알맞습니다.

13. 이 글은 적정 기술의 의미와 적정 기술을 개발할 때 갖추어야 할 조건에 대해서 설명하고 있습니다. 적정 기술에 대한 예시를 통해 적정 기술이 무엇인지에 대한 내용을 담고 있습니다. 그러므로 ㉠에 들어갈 내용으로 가장 알맞은 것은 ②라고 볼 수 있습니다.

14. 제품의 사용 방법이 복잡하면 이용 횟수가 줄어 나중에 무용지물이 되기 때문에 제품의 크기는 적당해야 하고 사용 방법은 간단해야 합니다. 그러므로 ⑤는 알맞지 않습니다.

15. 〈보기〉는 적정 기술에 대한 예를 설명한 내용입니다. (다)는 적정 기술에 대한 예시를 설명한 문단으로 (다)의 뒤(④)에 들어가는 것이 알맞습니다.

16. ⓐ는 '생각하고 헤아려 보다'라는 뜻으로 사용된 낱말로, '걱정하여(①)'로 바꾸어 쓰기에 적절하지 않습니다.

17. '플뢰레'에 대한 설명으로 알맞은 것은 ⑤라고 볼 수 있습니다.
① 6분에 5회에 걸쳐 경기를 합니다. ② 상대 선수의 몸통만 공격할 수 있습니다. ③ 펜싱의 종목 중에서 공격 범위가 가장 좁습니다. ④ 공격 자세를 먼저 취한 선수에게 공격권을 줍니다.

18. 이 글에는 각 종목의 검이 무엇으로 만들어졌는지에 대한 내용이 나오지 않습니다. 그러므로 이 글에서 답을 찾을 수 없는 질문은 ④입니다.

19. '㉠ 취하다'는 '어떤 특정한 자세를 하다'라는 의미로 쓰였습니다. 그러므로 ㉠과 같은 의미로 사용된 것은 ②라고 볼 수 있습니다.

20. 에페는 상대 선수의 온몸을 공격할 수 있으므로, 머리를 공격해도 됩니다. 그러므로 ①은 알맞지 않습니다.

제2회 모의고사 비문학 정답 및 해설

---

1. ④ 2. ⑤ 3. ① 4. ⑤ 5. ② 6. ② 7. ④ 8. ④ 9. ⑤ 10. ② 11. ㉮ 12. ⑤ 13. ④
14. ㉰ - ㉯ - ㉮ - ㉱ - ㉲ 15. ③ 16. ⑤ 17. ⑤ 18. ③ 19. ① 20. ⑤

---

1. ④ 나일강이 불어나서 흘러넘치는 6월부터 10월 사이에는 고기잡이를 하고, 다음 해에 물이 불어나기 전 3월부터 5월까지는 곡식을 수확합니다.

2. 헤로도토스가 '이집트는 나일강의 선물'이라고 표현한 이유는 나일강 덕분에 풍요로운 땅에서 찬란한 이집트 문명을 꽃피울 수 있었기 때문입니다. 그러므로 ⑤가 알맞다고 볼 수 있습니다.

3. ⓐ는 '없던 것이 있게 되다'라는 뜻으로 사용된 낱말로, '조작했다(①)'로 바꾸어 쓰기에 적절하지 않습니다.

4. 고대 이집트 사람들은 파피루스라는 식물의 줄기로 만든 종이 위에 그림으로 된 문자(상황 문자)로 기록하였습니다. 이 글과 <보기>를 통해 ⑤에 대한 내용을 찾을 수 없습니다.

5. 이 글의 내용과 일치하는 것은 ②라고 볼 수 있습니다.
① 중세 시대 때 후추는 귀했습니다. ③ 후추는 귀족들이 부와 힘을 자랑하는 데 쓰는 사치품이었습니다. ④ 중세 유럽은 기후 여건 때문에 향신료를 재배하기가 어려웠습니다. ⑤ 콜럼버스는 서쪽에서 신대륙 '아메리카'와 '고추'를 발견했습니다.

6. 이 글에서는 후추를 사용하는 요리가 무엇인지에 대한 내용이 나오지 않습니다. 그러므로 이 글에서 답을 찾을 수 없는 질문은 ②입니다.

7. 17세기 중반 이후 네덜란드와 영국이 식민지에서 경쟁적으로 후추를 들여오면서 농민들도 시장에서 후추를 쉽게 살 수 있게 되었기 때문입니다. 그러므로 ④가 알맞다고 볼 수 있습니다.

8. <보기>는 자원의 희소성에 해당하는 금을 설명하고 있습니다. 대중 소비품은 누구나 싼 가격으로 구할 수 있는 것을 말합니다. 그러므로 ④는 알맞지 않습니다.

9. 이 글은 화석을 통해 알 수 있는 정보에 대해서 설명하고 있습니다. 화석의 의미와 화석으로 남기 위한 조건, 표준 화석과 시상화석 등에 관한 내용을 담고 있습니다. 그러므로 ㉠에 들어갈 내용으로 가장 알맞은 것은 ⑤라고 볼 수 있습니다.

10. 체화석은 동식물의 일부 또는 전체가 나타난 경우를 말합니다. 그러므로 ②는 알맞지 않습니다.

11. 표준 화석은 지질 시대의 특정한 시기에만 살았던 생물 화석으로, 지층이 만들어진 시대를 알려 줍니다. 또한, 생존 기간이 짧고 진화 속도가 빠르며 여러 곳에 나타난다는 특징을 갖고 있습니다. 사진 속 공룡 등이 이에 속합니다. 그러므로 <보기>에 해당하는 화석은 ㉮가 맞습니다.

12. <보기>의 이스라엘에서 발견된 50만 년 전 거대 코끼리의 상아 화석은 코끼리의 상아 일부분만 나타난 경우이기 때문에 체화석이라고 말합니다. 그러므로 상아 화석을 흔적 화석이라 말한 ⑤는 알맞지 않습니다.

13. 이 글은 타이어가 처음 발명되어 지금의 타이어로 발전되기까지의 과정에 대해 시간의 흐름에 따라 설명하고 있습니다. 그러므로 이 글의 설명 방식으로 알맞은 것은 ④입니다.

14. 이 글을 바탕으로, <보기>를 순서대로 알맞게 나열한 것은 ㉰-㉯-㉮-㉱-㉲인 것을 알 수 있습니다.

15. ㉠은 '관심을 가지고 주의 깊게 살핌'으로 쓰였습니다. 그러므로 ③이 뜻으로 알맞습니다.

16. 이 글의 마지막 문단에서는 공기를 주입해야 하는 공기압 타이어를 사용하다 보니 불편한 점들이 생기기 시작했다고 말하고 있습니다. 그리고 이를 개선한 공기가 필요 없는 타이어에 주목한다고 했습니다. 그러므로 공기압 타이어가 가장 편리할 것 같다는 지원(⑤)이의 말은 알맞지 않습니다.

17. 이 글은 낭만주의 시대를 대표하는 음악가 쇼팽과 리스트에 관한 내용을 담고 있습니다. 그러므로 '낭만주의를 대표하는 음악가 쇼팽과 리스트(⑤)'가 제목으로 알맞다고 볼 수 있습니다.

18. 쇼팽과 리스트는 둘 다 어린 시절부터 피아노 연주와 작곡에 뛰어났지만, 성격이나 피아노를 연주하는 방식은 전혀 다르다고 나와 있습니다. 그러므로 ③은 알맞지 않습니다.

19. <보기>는 낭만주의 시대 음악의 특징을 설명한 내용입니다. 낭만주의 시대를 대표하는 음악가 쇼팽과 리스트를 소개하는 (가)의 첫 문장 뒤에서 낭만주의에 대해 설명하는 게 가장 자연스럽습니다. 그러므로 ①이 알맞습니다.

20. ㉠은 '같은 장소에 계속 머무르다'라는 뜻입니다. 이와 같은 뜻으로 쓰인 말은 ⑤입니다.

빠른 정답
빈틈없는 해설

4학년 | 비문학 독해

NE 능률

빠른 정답
빈틈없는 해설

4학년 | 비문학 독해

NE 능률

1
주제
찾기

이 글에서 설명하고 있는 것은 무엇인가요? (④)

① 바넘 효과의 과학적 의의 → 바넘 효과는 과학적인 내용이 아님.

② 피니어스 테일러 바넘의 일생 → 바넘의 일생을 설명하지 않음.

③ 심리 테스트 결과를 믿어야 하는 까닭 → 심리 테스트의 결과를 믿을 수 없는 까닭을 설명함.

④ 바넘 효과와 그것을 대하는 올바른 태도

⑤ 피니어스 테일러 바넘이 심리학자가 되는 과정 → 바넘은 사기꾼이라고 하였음.

이 글은 바넘 효과의 뜻과 유래, 바넘 효과를 활용한 사례 등을 설명하고 있습니다. 또한 어떤 경우에 바넘 효과가 커지는지 언급하고, 바넘 효과를 대하는 올바른 태도에 관해 설명하고 있습니다.

2
주제
찾기

글 ㈎~㈒의 중심 내용으로 알맞지 않은 것은 무엇인가요? (②)

① 글 ㈎: 바넘 효과의 뜻

② 글 ㈏: 바넘 효과의 위험성 유래

③ 글 ㈐: 바넘 효과의 활용 사례

④ 글 ㈑: 바넘 효과가 커지는 때

⑤ 글 ㈒: 바넘 효과를 대하는 태도

글 ㈏는 바넘 효과라는 말이 어떻게 나오게 되었는지 그 유래를 설명하고 있습니다. 바넘 효과는 미국의 유명한 사기꾼인 '피니어스 테일러 바넘'의 이름에서 생겨난 말입니다.

3
세부
내용

┌─ 바넘 효과: 일반적인 특성을 자신만의 특성으로 여기는 현상

㉠에 대한 설명으로 알맞지 않은 것은 무엇인가요? (①)

① 심리 테스트의 결과가 부정적일 때 커진다. 긍정적

② '피니어스 테일러 바넘'이라는 사람의 이름에서 유래되었다. → 글 ㈏의 내용

③ 일반적인 특성을 자신과 같다고 믿으려 하는 현상을 말한다. → 글 ㈎의 내용

④ 심리 테스트를 평가하는 사람이 유명하고 똑똑한 사람일 때 커진다. ┐
                                                                    ├→ 글 ㈑의 내용
⑤ 심리 테스트 결과에 자신이 생각하는 특성과 같은 것이 있을 때 커진다. ┘

글 ㈎에서 바넘 효과는 자신에게 이익이 있거나 좋은 것일수록 커진다고 하였고, 글 ㈑에서는 테스트 결과의 내용이 긍정적일 때 바넘 효과가 더 커진다고 하였습니다. 따라서 심리 테스트의 결과가 부정적일 때 커진다고 한 ①의 설명은 알맞지 않습니다.

4
어휘
어법

┌─ '살'

밑줄 친 낱말 중 ㉡과 같은 뜻으로 쓰인 것은 무엇인가요? (③)

① 그 물건을 살 생각이 없다. → '돈을 주고 어떤 물건이나 권리 등을 자기 것으로 만들다.'라는 뜻

② 너희는 아직 살 날이 많이 남았다. → '생명을 지니고 있다.'라는 뜻

③ 아기는 살이 포동포동하게 올라 있었다.

④ 수레는 바퀴의 살이 부러져 쓸 수가 없었다. → '창문이나 부채, 연, 수레바퀴 등의 뼈대가 되는 부분.'이라는 뜻

⑤ 조카는 4살이 되어서야 말을 배우기 시작했다. → '나이를 세는 단위.'라는 뜻

이 글에서 ㉡'살'은 '사람이나 동물의 뼈를 싸서 몸을 이루는 부드러운 부분'이라는 뜻으로 쓰였습니다. 이와 같은 뜻으로 쓰인 낱말은 ③의 '살'입니다.

독해 정답	1. ④	2. ②	3. ①
	4. ③	5. ⑤	6. ③
	7. ⑤		

어휘 정답	1. (1) ㉯ (2) ㉲ (3) ㉭ (4) ㉱ (5) ㉰
	2. (1) 교묘 (2) 심리 (3) 유래 (4) 경향
	(5) 애매모호 3. ④

5

추론
하기

── 바넘 효과를 활용한 예

©을 대할 때 **객관적인 시선**이 필요한 까닭은 무엇인가요? (⑤)

① ©은 객관적인 정보들이라 믿을 수 있기 때문이다. ──┐

② ©은 분명하고 날카롭게 따져서 얻어진 내용이기 때문이다. ──┘ → 애매모호하고 누구에게나 해당되는 일반적인 내용들이므로 객관적이고 분명한 정보라고 볼 수 없음.

③ ©을 바넘 효과의 대표적인 사례들로 보기 어렵기 때문이다. → 글 ㉣에서 바넘 효과를 활용한 예로 제시된 미래 예언, 성격 유형, 광고 등은 대표적인 사례들임.

④ ©은 과학적이어서 결과를 100퍼센트 믿을 수 있기 때문이다. → 과학적이지 않음.

⑤ ©은 누구에게나 해당하는 말이어서 무조건 믿거나 휘둘려선 안 되기 때문이다.

바넘 효과를 활용한 운세나 타로 카드 등의 예언, 혈액형이나 엠비티아이(MBTI) 등의 성격 유형 알아보기, 광고 등은 누구에게나 해당하는 말을 그럴싸하게 포장한 것입니다. 따라서 이들을 대할 때는 무조건 믿거나 휘둘리지 말고 객관적인 시선으로 바라보아야 합니다. '객관적인 시선'은 '개인의 생각이나 감정에 치우치지 않고 사실이나 사물을 있는 그대로 보거나 생각하는 것.'을 뜻합니다.

6

세부
내용

'**바넘 효과**'를 활용한 사례가 (아닌) 것은 무엇인가요? (③)

① 오늘의 운세 ──┐

② 타로 카드로 점치기 ──┘ → 미래 예언

③ 지진 소식을 전하는 신문 기사

④ 혈액형으로 알아보는 나의 성격 ──┐

⑤ 엠비티아이(MBTI) 성격 유형 조사 ──┘ → 성격 유형

③의 신문 기사는 지진이 언제, 어디서, 어떻게 났는지 정확한 정보와 사실을 전해 주는 객관적인 글이므로 바넘 효과를 활용한 사례가 아닙니다.

── 대부분의 사람들에게 해당하는 말임.(바넘 효과)

── 객관적인 시선으로 본

7

비판
하기

이 글을 읽고 [보기]의 **내용을 알맞게 이해한 친구**는 누구인가요? (⑤)

[보기] [성격 테스트 결과]

• 당신은 스스로에게 비판적인 경향이 있습니다.

• 당신의 목표 가운데 몇 가지는 비현실적입니다.

• 당신은 남이 당신을 좋아하길 원하며 남에게 존경받고 싶어 합니다.

① 민수: 내 성격이랑 똑같아. ──┐

② 지현: 이거 완전 내 얘기잖아.

③ 찬영: 내 마음을 꿰뚫어 보는 것 같아서 기분이 나빠.

④ 도연: 친구들과는 다른 나만의 특성을 잘 파악할 수 있어. ──┘ → [보기]의 결과가 자신의 성격을 그대로 나타낸 것이라며 무조건 믿고 있음.

⑤ 우성: 누구에게나 적용될 수 있는 애매한 내용으로만 되어 있네.

[보기]의 성격 테스트 결과는 대부분의 사람들에게 해당하는 말들로 이루어져 있습니다. 따라서 [보기]가 바넘 효과를 활용한 것임을 이해한 친구는 ⑤'우성'입니다.

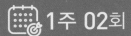

1 이 글에 대한 설명으로 알맞지 <u>않은</u> 것은 무엇인가요? (③)

구조
알기

① 글 ㈎는 이 글의 처음 부분에 해당한다.

② 글 ㈎에서는 비합리적인 소비의 뜻을 설명하였다. → '정의'의 설명 방법을 사용함.

③ 글 ㈏~㈐는 글의 중간 부분으로 시간의 흐름에 따라 썼다.

④ 글 ㈏~㈐에서는 구체적인 예를 들어 읽는 사람의 이해를 도왔다. → '예시'의 설명 방법을 사용함.

⑤ 글 ㈒는 글의 끝부분에 해당한다.

글 ㈏~㈐는 비합리적 소비의 유형으로 과소비, 충동 소비, 과시 소비, 모방 소비를 차례대로 설명하고 있을 뿐 시간의 흐름을 알 수 있는 말들은 나타나지 않습니다.

2 글쓴이가 이 글을 쓰기 위해 생각한 내용이 <u>아닌</u> 것은 무엇인가요? (④)

세부
내용

① 충동 소비란 무엇인가? → 글 ㈐의 내용

② 비합리적 소비의 문제점은 무엇인가? → 글 ㈒의 내용

③ 비합리적 소비의 유형에는 무엇이 있나? → 글 ㈏~㈐의 내용

④ 합리적 소비를 해야 하는 까닭은 무엇인가?

⑤ 과시 소비를 주로 하는 사람들은 누구인가? → 글 ㈑: 주로 소득이나 재산이 많은 사람들

이 글은 비합리적 소비의 뜻과 유형, 문제점을 설명하고, 합리적 소비를 위해 고려할 사항을 알려 주고 있습니다. 그러나 합리적 소비를 해야 하는 까닭은 설명하지 않았으므로 ④는 글쓴이가 이 글을 쓰기 위해 생각한 내용으로 알맞지 않습니다.

3 이 글의 내용과 일치하지 <u>않는</u> 것은 무엇인가요? (②)

세부
내용

① 비합리적 소비는 여러 가지 문제를 일으킨다. → 글 ㈒의 첫 번째 문장 내용

② 이용 후기가 많은 제품을 사는 것은 ~~과시 소비~~ 에 해당한다.   *모방 소비*

③ 충동 소비는 순간적인 감정에 따라 소비하는 형태를 말한다. → 글 ㈐의 두 번째 문장 내용

④ 다른 사람의 소비를 그대로 따라 하는 소비를 모방 소비라고 한다. → 글 ㈐의 두 번째 문장 내용

⑤ 비합리적 소비에는 과소비, 충동 소비, 과시 소비, 모방 소비가 있다. → 글 ㈏~㈐에 제시됨.

글 ㈐에서 이용 후기가 많은 제품을 사려는 것은 다른 사람의 소비를 그대로 따라 하는 모방 소비의 예라고 설명하였습니다. 따라서 ②는 과시 소비가 아니라 모방 소비에 해당합니다.

┌─ 새로 나온 빵을 보고 갑자기 사고 싶어진 상황

4 ㉠의 상황을 나타내기에 알맞은 한자 성어는 무엇인가요? (④)

어휘
어법

① 일석이조(一石二鳥): 동시에 두 가지 이익을 얻음.

② 소탐대실(小貪大失): 작은 것을 탐하다가 큰 것을 잃음.

③ 유비무환(有備無患): 미리 준비를 해 놓으면 걱정할 것이 없음.

④ 견물생심(見物生心): 물건을 실제로 보게 되면 가지고 싶은 욕심이 생김.

⑤ 어부지리(漁夫之利): 두 사람이 서로 다투는 사이에 다른 사람이 힘들이지 않고 이익을 대신 얻음.

㉠은 ○○○빵을 보고 나서 갑자기 ○○○빵을 사고 싶은 마음이 생긴 상황입니다. 이런 상황을 나타내기에 알맞은 한자 성어는 '물건을 실제로 보게 되면 가지고 싶은 욕심이 생긴다.'라는 뜻의 '견물생심(見物生心)'입니다

5

추론
하기

ⓒ에 들어갈 알맞은 말은 무엇인가요? (　④　)

① 계획적 → 미리 정해진 계획에
　　　　　따른 것.

② 소극적 → 스스로 하려는 의지가
　　　　　부족하고 활동적이지
　　　　　않은 것.

③ 합리적 → 논리나 이치에 알맞은 것.

④ 즉흥적

⑤ 효과적
　　└ 어떠한 것을 하여 좋은 결과가 얻어지는 것.

ⓒ이 들어 있는 문장은 살 계획이 없던 제품을 순간적인 기분에 따라 구매하는 충동 소비의 예를 설명하고 있습니다. 따라서 ⓒ에는 '그 자리에서 바로 일어나는 느낌이나 기분에 따라 하는 것.'이라는 뜻의 '즉흥적'이 들어가기에 알맞습니다

── 모방 소비

6

적용
창의

ⓒ에 해당하는 경우를 두 가지 고르세요. (　①　,　③　)

① 유명한 연예인이 신고 있는 신발을 따라 샀다.

② 제품과 기능을 따지지 않고 무조건 비싼 상표의 제품만 샀다. → 과시 소비의 예

③ 한 식당 앞에 길게 늘어선 줄을 보고 그 식당에서 밥을 먹었다.

④ 홈 쇼핑에서 최신 텔레비전을 파는 것을 보고 마음에 들어 구매하였다. ── → 충동 소비의 예

⑤ 하나를 사면 하나를 더 준다는 마트 직원의 말을 듣고 예정에 없던 피자를 샀다.

모방 소비는 다른 사람의 소비를 그대로 따라 하는 소비를 말합니다. ①은 유명한 연예인이 신고 있는 신발을 보고 따라 사고, ③은 많은 사람들이 식당 앞에 줄 서 있는 것을 보고 그 식당에서 밥을 먹었으므로 모방 소비에 해당합니다.

수능 연계

── 스놉 효과의 뜻과 예

7

추론
하기

이 글과 [보기]를 읽고 알맞게 말한 것은 무엇인가요? (　③　)

── 스놉 효과의 뜻

[보기]　'스놉 효과'는 많은 사람들이 사는 제품을 꺼리는 소비 현상을 말한다. 남들과 다른 자신만의 개성을 추구하는 사람들이 하는 소비 형태로, 제품 수가 한정되어 있어 사람들이 사기 어려운 물건을 사는 것, 특이하거나 매우 귀한 미술품을 사는 것 등이 스놉 효과의 대표적 예이다.

① 스놉 효과는 모방 소비와 비슷한 소비 유형이다.
　　　　　　　　　　　　　└ 반대되는

② 스놉 효과는 과시 소비와 반대되는 소비 유형이다. → 스놉 효과는 귀한 제품을 사서 과시하려는 심리가 있으므로 과시
　　　　　　　　　　　　　　　　　　　　　　　소비와 비슷한 유형임.

③ 스놉 효과는 모방 소비와 반대되는 소비 유형이다.

④ 충동 소비는 비합리적 소비이지만, 스놉 효과는 합리적 소비이다. → 스놉 효과는 자신의 소득이나 재산, 제품의 비용 등은 생각하지
　　　　　　　　　　　　　　　　　　　　　　　　　　　　　　않고 남들과 차별을 두는 것이 목표이므로 비합리적 소비임.

⑤ 과소비는 바람직하지 않은 소비 유형이지만, 스놉 효과는 바람직한 소비 유형이다.
　　└ 스놉 효과는 일반 소비자들이 사기 힘든 명품을 고집하는 현상이므로 바람직한 소비 유형이라고 보기 어려움.

많은 사람들이 구매하는 제품을 사지 않는 소비 현상인 스놉 효과는 다른 사람의 소비를 그대로 따라 하는 모방 소비와는 반대되는 소비 유형입니다.

1

주제
찾기

이 글에서 설명하고 있는 것은 무엇인가요? (④)

① 사막의 날씨 변화 → 사막의 건조한 날씨를 설명했을 뿐 날씨의 변화에 대해서는 설명하지 않음.
② 사막에 사는 동물의 종류 ┐
③ 사막에 비가 오지 않는 이유 ┘ → 글과 관계없는 내용임.
④ 사막에 사는 식물이 환경에 적응하는 방법
⑤ 한해살이 식물과 여러해살이 식물의 차이점 → 여러해살이 식물과 한해살이 식물을 견주어 차이점을 설명하지는 않음.

이 글은 식물이 건조하고 물이 귀한 사막의 환경에 적응하는 다양한 방법에 대해 설명하는 글입니다. 글 ㈎에서 종류에 따라 적응 방식이 다양하다고 했습니다.

2

주제
찾기

글 ㈎~㈐의 중심 내용으로 알맞지 않은 것은 무엇인가요? (③)

① 글 ㈎: 사막의 환경과 식물들의 생존
② 글 ㈏: 잎이나 줄기 등에 물을 저장해 두는 사막 식물
③ 글 ㈐: 잎이 발달한 사막 식물   뿌리가
④ 글 ㈑: 오랫동안 씨앗 형태로 지내는 사막 식물
⑤ 글 ㈒: 바람을 타고 굴러다니는 사막 식물

글 ㈐는 뿌리를 깊고 넓게 퍼뜨려서 땅속 깊이 숨어 있는 물을 찾아내는 식물에 대해 설명하고 있으므로, 중심 내용은 '뿌리가 발달한 사막 식물'이 알맞습니다.

3

세부
내용

┌─ 잎이나 줄기 등에 최대한 물을 저장해 두는 식물
㉠에 해당하지 않는 식물은 무엇인가요? (②)

① 용설란   ② 메스키트   ③ 금호선인장
④ 기둥선인장   ⑤ 바오바브나무

글 ㈏에서 잎이나 줄기 등에 최대한 물을 저장해 두는 식물의 종류를 설명하고 있으며 선인장들과 바오바브나무를 예로 들었습니다. 글 ㈐에서 메스키트는 뿌리를 깊고 넓게 퍼뜨려서 땅속 깊이 숨어 있는 물을 찾아내는 종류로 제시되었으므로 ㉠에 해당하지 않습니다.

4

구조
알기

┌─ 선인장의 예를 들어 설명함.
㉡과 같은 설명 방법이 쓰인 것은 무엇인가요? (⑤)

① 사과는 사과나무의 열매이다. → 정의: 대상의 뜻을 밝혀 설명함.
② 너는 홀쭉하고 나는 뚱뚱하다. → 대조: 두 대상의 차이점을 들어 설명함.
③ 소나무와 잣나무는 모두 뾰족한 잎을 가지고 있다. → 비교: 두 대상의 공통점을 들어 설명함.
④ 자동차는 크기에 따라서 대형차, 중형차, 소형차로 나뉜다. → 분류: 대상을 같은 종류끼리 묶어서 설명함.
⑤ 16세기에 활동한 대표적인 화가에는 라파엘로, 미켈란젤로 등이 있다.

㉡은 구체적인 예를 들어 설명하는 예시의 방법으로 선인장의 종류를 설명하고 있습니다. ⑤도 16세기에 활동한 대표적인 화가의 예를 들어 설명하고 있습니다.

5

세부
내용

이 글의 내용과 일치하지 않는 것은 무엇인가요? (③)

① 사막은 식물이 자라기 열악한 환경이다. → 글 ㈎의 내용

② 선인장의 잎은 수분을 빼앗기지 않기 위해 가시로 변했다. → 글 ㈏의 내용

③ 사막에 사는 여러해살이 식물은 대부분 씨 형태로 오랫동안 비를 기다린다.

④ 사막에서 식물이 뿌리를 땅속 깊게 퍼뜨리는 이유는 물을 찾기 위해서이다. → 글 ㈐의 내용

⑤ 물이 부족하면 바싹 말라 뿌리 또는 줄기가 끊어져 굴러다니는 식물을 회전초라고 한다. → 글 ㈒의 내용

글 ㈑에서 씨앗의 형태로 오랫동안 비를 기다리는 종류는 사막에 사는 한해살이 식물이라고 하였습니다. 여러해살
이 식물은 땅속 깊이 숨어 있는 물을 찾아내기 위해 뿌리를 발달시키는 종류입니다.

─ 사막 식물이 다양한 방법으로 살아남는 것

6

어휘
어법

이 글의 내용과 가장 관계 깊은 한자 성어는 무엇인가요? (⑤)

① 다다익선(多多益善): 많으면 많을수록 좋음.

② 취사선택(取捨選擇): 여럿 가운데서 쓸 만한 것은 쓰고 버릴 것은 버림.

③ 물물교환(物物交換): 돈을 사용하지 않고 직접 물건과 물건을 바꾸는 일.

④ 약육강식(弱肉強食): 강한 것은 약한 것을 잡아먹고, 약한 것은 강한 것에게 먹히는 것.

⑤ 적자생존(適者生存): 환경에 적응하는 생물만 살아남고, 그렇지 못한 것은 점점 줄어들어 없어
지는 현상.

이 글은 사막이라는 열악한 환경에서 여러 가지 방법으로 적응해 살아가는 식물에 대한 내용입니다. 따라서 이와
같은 내용과 관계 깊은 한자 성어는 '환경에 적응하는 생물만 살아남고, 그렇지 못한 것은 점점 줄어들어 없어지는
현상.'을 뜻하는 말인 '적자생존'입니다.

─ 아타카마 사막에서 꽃이 피는 방법: 글 ㈑와 관련된 내용

7

추론
하기

이 글을 바탕으로 [보기]를 알맞게 이해한 것은 무엇인가요? (⑤)

[보기] 칠레 아타카마 사막은 지구에서 가장 건조한 사막으로 유명하다. 메마른 이곳에도
수년에 한 번씩 꽃이 피는데, 어쩌다 내리는 비가 사막에 묻혀 있던 씨앗이 싹을 틔우
고 꽃을 피울 수 있게 돕는 것이다. 아타카마 사막에 묻힌 씨앗은 짧게는 3년, 길게는
10년을 기다렸다 한 번 꽃을 피운다. 보통 5~7년마다 한 번씩 모양과 색깔이 서로 다
른 꽃들이 피어나는데, 피어나는 꽃의 종류만 200여 종이 넘는다고 한다.

① 아타카마 사막의 꽃들은 여러해살이 식물이구나. → [보기]에서 아타카마 사막의 꽃들은 씨앗으로 있다가 5~7년마다
한 번씩 꽃을 피우므로 한해살이 식물임.

② 아타카마 사막의 꽃들은 줄기에 물을 저장해 놓는구나.

③ 아타카마 사막의 꽃들은 땅속 깊은 곳까지 뿌리를 뻗는구나.

④ 아타카마 사막의 꽃들은 바람을 타고 굴러다니다가 물을 만나면 뿌리를 내리는구나. → [보기]와 관계없는 내용임.

⑤ 아타카마 사막의 꽃들은 오랫동안 씨앗의 형태로 지내다가 비가 오면 재빨리 자라는구나.

글 ㈑에서 사막에 사는 식물 중에는 오랫동안 씨앗 형태로 지내다가 비가 오면 재빨리 자라는 종류가 있다고 설명
하였는데, [보기]는 그 예를 보여 주는 내용입니다.

1 이 글의 제목으로 가장 알맞은 것은 무엇인가요? (④)

주제
찾기

① 화재 시 행동 요령 → 글의 내용과 관계없는 제목

② 토크 감지 방식이란? → 글 ㈜의 일부분 내용

③ 인공 지능 시대가 온다 → 글의 내용과 관계없는 제목

④ 아이언맨의 옷을 만든다

⑤ 로봇이 이끌어 가는 미래 사회 → 글의 내용과 관계없는 제목

제목은 글의 전체 내용을 잘 드러낼 수 있어야 합니다. 글 ㈎에 이 글에서 다룰 내용이 아이언맨의 옷, 즉 웨어러블 로봇의 개발에 대한 것임을 소개하고 있으므로 ④가 이 글의 제목으로 가장 알맞습니다.

2 글 ㈎~㈜의 중심 내용으로 알맞은 것은 무엇인가요? (⑤)

주제
찾기

① 글 ㈎: 웨어러블 로봇의 ~~정의~~ → 제작 가능성

② 글 ㈏: 웨어러블 로봇의 ~~미래~~ → 정의

③ 글 ㈐: 웨어러블 로봇의 ~~종류~~ → 역사

④ 글 ㈑: 웨어러블 로봇의 ~~역사~~ → 종류

⑤ 글 ㈜: 웨어러블 로봇의 작동 원리

글 ㈜는 웨어러블 로봇이 어떤 원리로 움직이는지, 작동 원리에 대해 설명하고 있습니다.

— 웨어러블 로봇

3 ㉠에 대한 설명으로 알맞지 않은 것은 무엇인가요? (③)

세부
내용

① 인공 지능 기술을 사용한다. → 글 ㈜의 내용

② 외골격 로봇이라고도 부른다.

③ 아이언맨 옷과 겉모습이 동일하다.

④ 사람 몸에 직접 착용하는 '착용형 로봇'이다. → 글 ㈏의 내용

⑤ 착용한 사람의 능력을 끌어올려 주는 기능을 갖고 있다.

글 ㈏에서 웨어러블 로봇은 옷처럼 입는 로봇이지만 아이언맨 옷처럼 멋있지는 않다고 하였습니다. 따라서 아이언맨 옷과 겉모습이 동일하다고 한 ③의 설명은 알맞지 않습니다.

— 외면당했다

4 ㉡과 바꾸어 쓸 수 있는 말로 알맞은 것은 무엇인가요? (①)

어휘
어법

① 인정받지 못했다.

② 겉모습만 바뀌었다.

③ 인기가 아주 많았다.

④ 고장이 잦은 편이었다.

⑤ 쉽게 사용할 수 있었다.

이 글에서 '외면당하다'는 '인정되지 않고 무시되다.'의 뜻으로 사용되었습니다. 따라서 시장에서 외면했다는 것은 상품으로서의 가치를 인정받지 못했다는 뜻이므로 ㉡과 바꾸어 쓸 수 있는 말로 알맞은 것은 ①의 '인정받지 못했다.'입니다.

독해 정답	**1.** ④	**2.** ⑤	**3.** ③
	4. ①	**5.** ④	**6.** ②
	7. ①		

어휘 정답	**1.** (1) 마 (2) 나 (3) 라 (4) 다 (5) 가
	2. (1) 감지 (2) 재난 (3) 재활 (4) 장착 (5) 오차
	3. (1) 가 (2) 나 (3) 가 (4) 나

— 토크 감지 방식

5 ⓒ에 대한 설명으로 알맞은 것은 무엇인가요? (④)

세부
내용

① 동작 일치 여부는 그리 중요하지 않다. → 동작 일치 여부가 매우 중요함.

② 최초의 웨어러블 로봇에 사용되었으나 외면당했다.

③ 과거에 웨어러블 로봇을 만들 때 많이 사용되던 방식이다. ┐ → 최근에 많이 사용되는 방식임.

④ 팔다리를 구부리거나 펼 때 관절에 감지되는 힘을 파악하는 방식이다.

⑤ 사람이 움직인 뒤 이를 따라서 움직이는 형태라 반응이 늦고 오류도 발생하기 쉽다.
　　→ 착용한 사람의 동작에 맞춰 로봇이 동시에 따라 움직이는 방식임.

글 ⒨에서 토크 감지 방식은 사람이 팔다리를 구부리거나 펼 때 관절에 감지되는 힘을 파악하여, 착용한 사람의 동
작에 맞춰 로봇이 동시에 따라 움직인다고 하였습니다.

— 산업용 웨어러블 로봇의 장점 및 단점에 대한 내용

6 이 글을 바탕으로 [보기]를 알맞게 이해하지 못한 것은 무엇인가요? (②)

추론
하기

> [보기]　　산업용 웨어러블 로봇은 가장 빠르게 성장하고 있는 분야이다. 배에 무거운 물건을
> 싣거나 건설 현장에서 재료를 옮기는 경우처럼 무거운 것을 들고 나를 때 근로자의
> 힘을 세게 하고 부상 위험을 줄일 수 있기 때문이다. 그래서 건설, 공장 등의 산업 현
> 장에서 특히 관심을 끌고 있으며, 다양한 분야에서 활용이 늘어나고 있다. 하지만 아
> 직은 너무 비싸고 사용감이 떨어지는 게 사실이다. 실제로 웨어러블 로봇을 작업자
> 들에게 제공했지만 너무 무겁고 착용에 대한 부담감 때문에 오히려 부상이 더 많아진
> 경우도 있다고 한다. 높은 가격과 더불어 안정성, 착용 편리성 등이 여전히 숙제로 남
> 아 있는 것이다.　　　　　　　　　　단점

① 웨어러블 로봇이 널리 쓰이려면 아직은 보완할 것이 많군. → [보기]의 단점과 관련된 이해

② 웨어러블 로봇은 단점이 많으므로 만들지 않는 것이 좋겠군.

③ 이 글에 비해 [보기]는 웨어러블 로봇의 문제점을 더 자세하게 다루고 있군. → [보기]에서 산업용 웨어러블 로봇은 높은 가격, 안정성,
　　　　　　　　　　　　　　　　　　　　　　　　　　　　　　착용 편의성 등의 문제가 있다고 언급함.

④ [보기]는 산업용 웨어러블 로봇의 예이므로, 이 글의 ⒭와 관련 있는 내용이군.

⑤ 단점만 보완된다면 웨어러블 로봇은 산업 현장뿐 아니라 더 다양한 분야에서 사용되겠군.
└ 글 ⒭에 산업용 로봇에 대해 언급함.　　　　　　　└ [보기]의 다양한 분야에서 활용이 늘어나고 있다는 내용과 관련된 이해

현재 산업용 웨어러블 로봇은 발전해 가는 과정에 있습니다. 활용할 곳이 많은 좋은 기술이므로 만들지 않는 것보
다는 단점을 보완하려는 노력이 더 필요합니다.

7 다음 중 사용되는 웨어러블 로봇의 종류가 다른 하나는 무엇인가요? (①)

적용
창의

> ㉮ 하반신 마비 환자를 걷게 할 때 → 재활·의료용
>
> ㉯ 전쟁터에서 무거운 포탄이나 무기를 옮길 때 → 군사용
>
> ㉰ 건설 현장에서 무거운 건축용 자재를 옮길 때 → 산업용
>
> ㉱ 부두에서 커다란 짐을 배에 싣는 작업을 할 때 → 산업용
>
> ㉲ 화재 현장에서 무거운 장비를 짊어지고 높은 곳까지 올라갈 때 → 재난 구조용

① ㉮　　　② ㉯　　　③ ㉰　　　④ ㉱　　　⑤ ㉲

군사용, 산업용, 재난 구조용은 건강한 사람의 신체 능력을 높여 주는 로봇이고, 재활·의료용은 환자나 장애인의
활동을 돕는 로봇입니다.

1 이 글에서 설명하고 있는 것은 무엇인가요? (③)

주제
찾기
① 모네의 일생 → 모네가 태어나서 죽을 때까지의　　　② 모네의 친구들 → 모네와 신진 화가들의 이름만 언급됨.
　　　　　　　일생을 설명하지 않음.
③ 모네와 인상주의　　　　　　　　　　　　　　　④ 프랑스의 살롱 문화 → 그림 전람회인 '살롱전'만 언급됨.
⑤ 인상주의의 성장과 몰락 → 글 ㈎에서 인상주의의 특성을 언급했을뿐 성장과 몰락은 설명하지 않음.

이 글은 인상주의의 대표적 화가인 모네를 설명하면서 인상주의 화풍도 함께 설명하고 있습니다.

2 이 글의 내용과 일치하지 않는 것은 무엇인가요? (②)

세부
내용
① 인상주의는 19세기 후반에 프랑스를 중심으로 일어난 예술 운동이다. → 글 ㈎의 내용
② 인상주의 화가들의 작품은 처음부터 비평가들로부터 좋은 평가를 받았다.
③ 모네의 「인상, 해돋이」는 인상주의라는 새로운 개념을 소개하는 역할을 했다. ┐
④ 인상주의란 말은 비평가 루루아가 모네의 그림을 비난하며 쓴 말에서 비롯되었다. ┘ → 글 ㈐의 내용
⑤ 모네, 피사로, 시슬레, 드가, 세잔, 르누아르 등은 첫 인상주의 전시회를 연 화가들이다. → 글 ㈏의 내용

글 ㈐에 따르면 인상주의 화가들의 작품은 처음에는 붓질조차 서투른 아마추어 작품이라고 비웃음을 샀고, 비평가
루이 르루아는 모네의 그림을 '벽지 문양의 밑그림만도 못한 막연한 인상에 불과하다'고 비꼬았습니다. 이처럼 인
상주의 화가들의 작품이 처음부터 비평가들의 좋은 평가를 받은 것이 아니므로 ②는 이 글의 내용과 일치하지 않
습니다.

3 글 ㈎~㈏의 중심 내용으로 알맞지 않은 것은 무엇인가요? (④)

구조
알기
① 글 ㈎: 인상주의의 뜻　　　　　　　　　② 글 ㈏: 인상주의의 등장 배경
③ 글 ㈐: 인상주의란 말의 유래　　　　　　④ 글 ㈑: 인상주의의 한계
⑤ 글 ㈒: 모네의 대표작

글 ㈑에는 빛의 매력에 빠진 모네에 대해 설명하고 있을 뿐 인상주의의 한계는 언급하지 않았습니다. 따라서 글 ㈑
의 중심 내용을 '인상주의의 한계'라고 한 ④는 알맞지 않습니다.

　　　┌─ 모네
4 ㉠에 대해 바르게 설명하지 못한 친구는 누구인가요? (②)

세부
내용
① 주미: 늘 빛이 주인공인 그림을 그렸지. → 글 ㈑: 모네의 그림에서 주인공은 늘 '빛'이었음.
② 영석: 신문에 '인상주의자들의 전람회'라는 제목의 기사를 썼어.
③ 수아: 19세기 후반 프랑스 사람으로, 대표적인 인상주의 화가지. → 글 ㈎: 모네는 프랑스의 대표적 인상주의 화가임.
④ 철찬: 「인상, 해돋이」와 연작인 「건초더미」, 「포플러」, 「수련」 등을 남겼어. → 글 ㈐에 「인상, 해돋이」가, 글 ㈒에
　　　　　　　　　　　　　　　　　　　　　　　　　　　　　　　「건초더미」, 「포플러」, 「수련」 등이 언급됨.
⑤ 도담: 빛의 명암과 색채를 연구하여 계절과 시각에 따라 달라지는 빛의 세계를 그렸지.
　　　→ 글 ㈑: 모네는 빛의 경이로움을 그리기 위해 빛의 명암과 색채를 연구함.

글 ㈐에서 '인상주의자들의 전람회'라는 신문 기사를 쓴 사람은 비평가 루이 르루아임을 확인할 수 있습니다.

독해 정답	1. ③	2. ②	3. ④
	4. ②	5. ④	6. ①
	7. ③		

어휘 정답	1. (1) 인상 (2) 화풍 (3) 신진 (4) 묘사
	2. (1) 인상 (2) 화풍 (3) 신진 (4) 묘사
	3. (1) ㉯ (2) ㉱ (3) ㉰ (4) ㉮

5 ㉮~㉲를 다른 말로 바꾸었을 때 알맞지 <u>않은</u> 것은 무엇인가요? (**④**)

어휘
어법

① ㉮: 중시하여 → 중요하게 여겨   ② ㉯: 독자적인 → 혼자 힘으로

③ ㉰: 서투른 → 익숙하지 않은   ④ ㉱: 비꼬았다 → ~~극찬했다~~
                                                    빈정거렸다

⑤ ㉲: 이어졌다 → 계속됐다

㉱'비꼬다'는 '남의 마음에 거슬릴 정도로 빈정거리다.'란 뜻이고, '극찬하다'는 '매우 칭찬하다.'라는 뜻입니다. 뜻이 서로 다르므로 바꾸어 쓰기에 알맞지 않습니다.

─ 모네가 「인상, 해돋이」를 그리게 된 과정

6 이 글에서 [보기]의 내용이 들어가기에 가장 알맞은 곳은 어디인가요? (**①**)

구조
알기

[보기]   모네가 빛에 관심을 갖게 된 건 야외에서 그림을 그려 보라는 화가 부댕의 제안 덕분이었다. 모네는 야외에서 그림을 그리기 위해 풍경을 바라보다가 시간이 흐름에 따라 빛도 바뀌고, 풍경도 달라진다는 사실을 깨달았다. 빛의 매력에 빠진 그는 자연의 '빛'을 그리고 싶어서 매일 10시간이 넘게 밖에서 그림을 그렸다. 그렇게 해서 1872년, 르아브르 항구의 해돋이 광경을 그려 냈다. 바로 「인상, 해돋이」이라는 작품이었다.

① 글 ㉮의 뒤   ② 글 ㉯의 뒤   ③ 글 ㉰의 뒤   ④ 글 ㉱의 뒤   ⑤ 글 ㉲의 뒤

[보기]는 모네가 빛에 관심을 가지게 된 계기와 1872년에 「인상, 해돋이」를 그리게 된 과정이 설명되어 있습니다. 글 ㉮의 끝부분에서 모네가 빛의 조화로 자연의 변화무쌍한 힘을 기록하는 화가라는 설명이 있고, 글 ㉯에는 1874년에 「인상, 해돋이」를 전시하는 내용이 들어 있으므로 글의 흐름으로 볼 때 [보기]는 글 ㉮의 뒤에 오는 것이 가장 알맞습니다.

7 이 글을 바탕으로 [보기]의 그림을 알맞게 감상하지 <u>못한</u> 것은 무엇인가요? (**③**)

추론
하기

[보기]

1872년작, 「인상, 해돋이」

① 항구의 아침 풍경을 주제로 그린 그림이야. → [보기]의 그림을 바탕으로 한 감상임.

② 해돋이로부터 화가가 받는 인상을 표현하고 있어. → 인상을 중시하는 모네의 화풍과 [보기]의 그림을 바탕으로 한 감상임.

③사물의 변하지 않는 형태와 색채를 표현하려고 했어.

④ 빛의 조화로 자연의 변화무쌍한 힘을 기록하고 있어. → 글 ㉮의 '빛의 조화로 자연의 변화무쌍한 힘을 기록하는 화가'라는 내용을 바탕으로 한 감상임.

⑤ 해가 뜨는 순간 바닷물에 반사되는 빛을 잘 포착했어. → [보기]의 그림을 바탕으로 한 감상임.

글 ㉲에서 모네는 빛에 따라 변화하는 순간의 인상을 중시하여 그렸기에 같은 장소와 사물이라도 그림자 모양과 길이, 색채 등은 똑같은 것이 하나도 없다고 하였습니다. 따라서 사물의 변하지 않는 형태와 색채를 표현하려고 했다는 ③은 모네의 그림에 대한 감상으로 어울리지 않습니다.

1 이 글에 대한 설명으로 알맞은 것은 무엇인가요? (④)

주제
찾기

① 우리말의 소중함을 설명하고 있다.
② 우리말의 아름다움을 설명하고 있다.   → 글에서 다루지 않은 내용임.
③ 우리말을 잘못 사용하는 예를 소개하고 있다.
④ 역사와 관련된 유래를 가진 우리말을 설명하고 있다.
⑤ 다른 나라에는 없는 우리만의 독특한 표현들을 설명하고 있다. → 우리말의 독특한 표현을 설명하지 않음.

이 글은 '거덜 나다', '척지다', '을씨년스럽다' 등 우리 고유의 문화와 역사가 배어 있는 우리말에 대해 설명하고 있습니다.

2 이 글의 구성 방식으로 알맞은 것은 무엇인가요? (④)

구조
알기

① 두 대상의 공통점을 중심으로 설명하는 방식 → 비교
② 두 대상의 차이점을 중심으로 설명하는 방식 → 대조
③ 시간이나 공간의 순서에 따라 설명하는 방식 → 순서
④ 하나의 주제에 대하여 몇 가지 예시를 늘어놓는 방식
⑤ 해결할 문제와 그에 대한 해결 방법을 제시하는 방식 → 문제와 해결

이 글은 '역사를 알려 주는 우리말의 유래'라는 주제에 관련된 예시들을 늘어놓는 '나열'의 방식으로 구성되어 있습니다.

┌─ 말의 유래를 살펴볼 때의 장점

3 이 글에서 [보기]의 내용이 들어가기에 가장 알맞은 곳은 어디인가요? (⑤)

구조
알기

> [보기] 이처럼 말의 유래를 살펴보면 그 속에 배어 있는 역사와 문화를 알 수 있어 그 말을 이해하는 데 많은 도움이 된다.

① 글 ㈎의 앞   ② 글 ㈎의 뒤   ③ 글 ㈏의 뒤
④ 글 ㈐의 뒤   ⑤ 글 ㈑의 뒤

[보기]의 '이처럼'을 통해 앞의 내용이 말의 유래를 살펴보는 것임을 짐작할 수 있습니다. 이 글의 ㈏~㈑에서 역사적 유래를 가진 말들을 살펴보았으므로, 말의 유래를 살펴볼 때의 장점을 말한 [보기]가 글 ㈑의 뒤에 들어가는 것이 알맞습니다.

┌─ 거덜 나다

4 ㉠에 대한 설명으로 알맞지 않은 것은 무엇인가요? (②)

세부
내용

① '망하거나 없어지다'의 뜻으로 쓰인다.
                              다른
② '거드름을 피우다', '거들먹거리다'와 같은 뜻으로 쓰인다.
③ 거덜이 궁중 행차 때 우쭐거리며 소리를 높이고 몸을 흔들었던 것에서 비롯되었다.
④ 거덜은 조선 시대에 말과 가마를 맡아보던 관청에서 말을 돌보고 관리하던 종이다.
⑤ 거덜이 나와 소리치면 지나가던 백성들이 모두 엎드려 사방이 조용해진 것에 빗대어 생겨난 말이다.

'거드름을 피우다'와 '거들먹거리다'는 거만하게 행동하는 것을 뜻한다면, '거덜 나다'는 '재산이나 살림이 잘못되어 거의 없어지다.'라는 뜻으로 쓰입니다.

독해 정답	1. ④	2. ④	3. ⑤
	4. ②	5. ③	6. ⑤
	7. ⑤		

어휘 정답	1. (1) ㉰ (2) ㉯ (3) ㉱ (4) ㉮
	2. (1) 암울 (2) 행차 (3) 소송 (4) 고유
	3. (1) ㉯ (2) ㉱ (3) ㉮ (4) ㉰

5 낱말과 역사적 유래가 알맞게 짝지어진 것은 무엇인가요? (③)

세부
내용

	낱말	역사적 유래
①	척지다	사복시 → '거덜 나다'와 관계있음.
②	척지다	을사늑약 → '을씨년스럽다'와 관계있음.
③	척지다	조선 시대 소송 제도
④	을씨년스럽다	사복시
⑤	을씨년스럽다	조선 시대 소송 제도 → 척지다와 관계있음.

글 ㈃에서 '을씨년스럽다'는 을사늑약에서 유래한다고 설명하였습니다.

6 밑줄 친 낱말의 쓰임이 알맞지 않은 것은 무엇인가요? (⑤)

어휘
어법

① 좀 잘산다고 거들먹거리며 다니는 꼴이라니.
② 사장이 무리하게 공장을 늘려 회사가 거덜 났다.
③ 날씨가 을씨년스러운 게 곧 눈이라도 쏟아질 것 같다.
④ 그는 나와 심하게 척진 일이 있어 지금은 서로 왕래도 하지 않는다.
⑤ 결혼 8년 만에 아이를 낳았으니 이보다 더 기쁘고 을씨년스러운 일이 있겠느냐?
                                                                                       경사스러운

'을씨년스럽다'는 날씨나 마음이 쓸쓸하고 흐린 상태를 이르는 말입니다. 오랫동안 기다리던 아이를 낳은 경사스러운 상황에 쓰기에는 알맞지 않습니다.

              ┌─ '시치미를 떼다'라는 말의 유래

7 이 글을 바탕으로 [보기]를 알맞게 이해하지 못한 것은 무엇인가요? (⑤)

추론
하기

> [보기]   '시치미를 떼다'라는 말은 '매사냥'에서 유래된 말이다. 고려 시대에는 매사냥이 유행하였는데, 매의 주인을 표시하기 위해 매 꽁지에 '시치미'라는 이름표를 붙였다. 이 시치미를 보고 주인이 있고 길들인 매라는 걸 구분할 수 있었다. 그런데 시치미를 떼어 내고 주인 없는 매를 잡은 척하거나 자기 이름표로 바꾸고 자기 매인 척하는 사람들이 생겨났다. 그래서 자기가 하고도 하지 않은 척하거나 알고 있으면서도 모르는 척할 때 '시치미를 떼다'라는 표현을 사용하는 것이다.   '시치미 떼다'의 뜻

① '시치미를 떼다'는 고려 시대의 매사냥에서 유래한 말이야. → [보기]에서 알 수 있는 내용임.
② '떼다'는 붙어 있거나 이어져 있는 것을 뗀다는 뜻이겠구나. → 매의 꽁지에 붙어 있는 시치미를 떼는 것이므로 알맞은 이해임.
③ '시치미를 떼다'라는 말 속에는 우리의 역사와 문화가 배어 있어. → 고려 시대의 매사냥이라는 역사와 문화가 배어 있음.
④ '시치미'는 원래 주인을 표시하기 위해 매 꽁지에 붙이던 이름표였어. → [보기]에서 알 수 있는 내용임.
⑤ 매사냥이 사라지면서 '시미치를 떼다'라는 말도 사라져 지금은 쓰고 있지 않아.

고려 시대의 매사냥과 시치미를 붙이던 방식은 사라졌지만 '시치미를 떼다'란 말은 지금도 사용하고 있습니다. 이 말은 자기가 하고도 하지 않은 척, 알고 있으면서도 모르는 척하는 행동을 할 때 쓰입니다.

1 이 글에서 설명하고 있는 것은 무엇인가요? (⑤)
주제 찾기

① 중세 유럽의 몰락 → 글에서 다루지 않은 내용
② 대항해 시대의 탄생
③ 콜럼버스의 신대륙 발견 ┐
④ 향신료가 유럽에 전해지는 과정 ┘ → 글에서 언급되었지만 자원의 희소성을 설명하는 과정에서 부분적으로 나온 내용임.
⑤ 시대에 따라 달라진 자원의 희소성

이 글은 중세 시대에 '검은 금'이라고 불릴 만큼 귀했던 후추가 오늘날에는 싼 가격으로 구할 수 있는 대중 소비품이 되어버린 사례를 통해 시대에 따라 달라진 자원의 희소성에 대해 설명하고 있습니다.

2 글 ㈎~㈒의 중심 내용으로 알맞지 않은 것은 무엇인가요? (①)
주제 찾기

① 글 ㈎: 후추의 다양한 쓰임새 (높은 가치)
② 글 ㈏: 후추가 비쌌던 이유
③ 글 ㈐: 사치품이 된 후추
④ 글 ㈑: '자원의 희소성'의 의미
⑤ 글 ㈒: 후추 가치의 하락

글 ㈎는 중세 시대 때 후추의 가치가 매우 높았음을 여러 가지 사례를 들어 설명하고 있습니다. 따라서 글 ㈎의 중심 내용으로는 '후추의 높은 가치'가 알맞습니다.

3 ⊙에 해당하지 않는 것은 무엇인가요? (③)
세부 내용

┌ 중세 시대에 후추가 이토록 비쌌던 이유

① 후추를 약품 대신 이용했다. → 글 ㈏의 다섯 번째 문장
② 기후가 맞지 않아 향신료를 재배하기가 어려웠다. → 글 ㈏의 두 번째 문장
③ 네덜란드와 영국이 식민지에서 경쟁적으로 후추를 들여왔다.
④ 후추를 먼 인도에서부터 이집트, 베네치아를 거쳐 들여와야 했다. → 글 ㈏의 세 번째 문장
⑤ 냉장 시설이 발달하지 않아 변질된 고기 맛을 살려 주는 후추가 꼭 필요했다. → 글 ㈏의 네 번째 문장

③은 글 ㈒의 중간 부분에 들어 있는 내용으로 후추의 가격이 떨어지게 된 이유에 해당합니다.

4 ⊙과 바꾸어 쓰기에 알맞은 말은 무엇인가요? (⑤)
어휘 어법

┌ 진풍경이 벌어졌다

① 실제로 보는 듯했다고
② 위험한 풍경이 펼쳐졌다고
③ 눈부신 풍경이 펼쳐졌다고
④ 진짜 풍경을 볼 수 있었다고
⑤ 보기 드문 광경이 펼쳐졌다고

'진풍경'은 '보기 드문 놀라운 구경거리'란 뜻입니다. 따라서 진풍경이 벌어졌다는 표현은 ⑤와 바꾸어 쓸 수 있습니다.

─ 자원의 희소성

5
세부
내용

ⓒ에 대한 설명으로 알맞은 것은 무엇인가요? (⑤)

① 희귀성과 의미하는 바가 같다. → '희귀성'은 자원의 절대적인 양이 적어 매우 귀한 경우임.
　　　　　　　　　　　　다르다

② 인간의 필요와 욕구에는 큰 영향을 받지 않는다. → 인간의 필요와 욕구에 영향을 받음.

③ 자원의 절대적인 양의 많고 적음에 영향을 받는다. → '희귀성'에 대한 설명임.

④ 희소성이 있으면 가격이 떨어지고, 희소성이 없으면 가격이 올라간다.
　　　　　　없으면　　　　　　　　　　　　　있으면

⑤ 인간의 욕구는 무한한데, 이를 충족시켜 줄 자원의 양은 부족한 현상을 말한다.

자원의 희소성은 인간의 욕구는 무한한 데 비해, 이를 충족시켜 줄 수 있는 자원의 양은 상대적으로 부족한 현상을
말합니다.

─ 희소성의 법칙에 대한 설명

6
추론
하기

이 글과 [보기]를 통해, 후추와 희소성의 관계를 알맞게 이해하지 못한 것은 무엇인가요? (②)

[보기]　희소성의 법칙은 사람들이 원하는 것에 비해 물건이 부족할 때 값어치가 높아지는 → 희소성 법칙의 뜻
현상을 말한다. 그런데 어떤 자원의 양이 매우 적더라도 그것을 원하는 사람이 없다
면 그 자원은 희소성이 없고, 어떤 자원의 양이 매우 많더라도 그것을 원하는 사람들
의 욕구가 더 크다면 그 자원은 희소성이 있다. 때문에 희소성은 시대나 장소, 상황에 → 희소성의 특징
따라 달라진다는 특성을 가진다. 예를 들어, 열대 지방에서의 에어컨은 그 수가 많아
도 사람들이 필요로 하는 양이 더 많기 때문에 희소성이 있지만, 추운 지역에서의 에
어컨은 그 수가 적어도 사람들이 원치 않기 때문에 희소성이 없다. 또한 깨끗한 물은
옛날에는 매우 흔했기 때문에 희소성이 없었지만, 오늘날에는 환경 오염으로 인해 희
소성이 높아졌다.

① 후추의 희소성은 시대에 따라 달라졌다. → 희소성이 중세에는 높았고, 오늘날은 떨어짐.

② 후추는 옛날이나 지금이나 변함없이 희소성이 있다.

③ 17세기 중반 이후 후추의 희소성이 떨어지면서 가격도 싸졌다. → 17세기 중반 이후 네덜란드와 영국이 후추를 많이 들여옴.

④ 중세 유럽에서 후추는 희소성 때문에 값비싼 사치품이 될 수 있었다. → 희소성이 높으면 가격도 비싸짐.

⑤ 중세 유럽에서는 사람들이 원하는 것에 비해 후추가 부족했기 때문에 후추의 값어치도 높았다.
　　　　　　　　　　　　　　　　　　　　　　　　→ 후추를 원하는 사람에 비해 후추가 부족하면 값이 올라감.

후추는 옛날 중세 시대 때에는 희소성이 있어 가격이 비쌌으나 지금은 희소성이 없어 가격이 싸졌습니다.

7
적용
창의

이 글의 내용으로 볼 때, 희소성이 가장 떨어지는 것은 무엇인가요? (②)

① 사막에서의 물 → 사막은 물이 귀하므로 희소성이 있음.

② 숲속에 홀로 자란 독버섯 → 희귀성은 있지만 인간의 욕구와 필요가 따르지 않기 때문에 희소성은 떨어짐.

③ 식량을 구하기 어려운 전쟁터에서의 쌀 → 쌀도 구하기 어려운 식량에 속하므로 희소성이 있음.

④ 공기 오염이 심각한 곳에서의 맑은 공기 → 공기 오염이 심각한 곳에서는 맑은 공기가 필요하므로 희소성이 있음.

⑤ 세상에 하나밖에 없는 분홍색 다이아몬드 목걸이
　→ 다이아몬드는 인간의 욕구가 높은 물건인데 세상에 하나밖에 없는 분홍색 다이아몬드이므로 더욱 희소성이 있음.

희소성은 희귀성과는 달라서 절대적인 양의 많고 적음에 영향을 받기보다는 인간의 필요와 욕구에 영향을 받습니
다. 따라서 '숲속에 홀로 자란 독버섯'은 희귀성은 있지만 원하는 사람이 적으므로 희소성이 떨어집니다.

1 　이 글에서 설명하고 있는 것은 무엇인가요? (⑤)

주제
찾기

① 식물의 한살이 → 글 ㈎에만 나온 내용임.

② 식물의 진화 과정

③ 식물과 동물의 차이점 　　　　→ 글의 내용과 관계없음.

④ 꽃이 피지 않은 식물의 생존 전략

⑤ 식물이 씨를 퍼뜨리는 다양한 방법

글 ㈎에서 식물이 씨를 어떻게 퍼뜨리는지를 묻고, 글 ㈏~㈐에서 식물이 씨를 퍼뜨리는 여러 가지 방법에 대해 설명하였습니다. 그리고 글 ㈑에서는 식물이 씨를 퍼뜨리는 방법은 환경에 맞게 진화해 온 결과라고 하였습니다. 이처럼 이 글은 글 전체에서 식물이 씨를 퍼뜨리는 방법에 대해 설명하고 있습니다.

2 　이 글의 짜임을 나타낸 그림으로 가장 알맞은 것은 무엇인가요? (⑤)

구조
알기

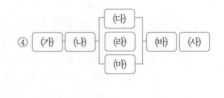

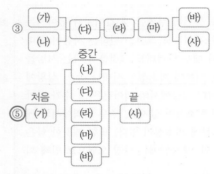

이 글은 '처음-중간-끝'의 구조로 이루어져 있습니다. 이 글은 '처음' 부분에서 식물이 어떻게 씨앗을 멀리 퍼뜨릴 수 있을지 묻고, '중간' 부분에서는 식물이 씨앗을 퍼뜨리는 여러 가지 방법을 설명하였습니다. '끝' 부분에서는 식물이 씨를 퍼뜨리는 다양한 생존 전략이 진화의 결과라며 글을 마무리하였습니다.

3 　㉠~㉢ 중 [보기]처럼 뜻이 있는 두 낱말로 나눌 수 없는 것은 무엇인가요? (①)

어휘
어법

[보기] 　　단풍나무 → 단풍 + 나무　　　　제비꽃 → 제비 + 꽃

① ㉠: 민들레　　　② ㉡: 꽃받침 → 꽃 + 받침　　　③ ㉢: 도깨비바늘 → 도깨비 + 바늘

④ ㉣: 야자열매 → 야자 + 열매　　　⑤ ㉤: 열매껍질 → 열매 + 껍질

민들레는 둘로 나눌 수 없는 낱말입니다. 민들레를 나누면 뜻이 없는 말이 됩니다.

　　┌ 식물이 환경을 이용해 씨를 퍼뜨리는 방법

4 　㉥의 예로 알맞지 않은 것은 무엇인가요? (②)

세부
내용

① 물을 이용하는 방법 → 야자열매, 노랑꽃창포

② 걸어서 이동하는 방법

③ 동물의 먹이가 되는 방법 → 수박, 사과, 배, 감, 포도 등의 열매

④ 동물의 털에 달라붙는 방법 → 도꼬마리, 도깨비바늘

⑤ 바람 타고 훨훨 날아가는 방법 → 민들레 씨앗, 단풍나무 씨앗

식물은 동물처럼 다리가 없기 때문에 걸어서 이동할 수 없습니다.

5

세부
내용

식물과 씨를 퍼뜨리는 방법이 알맞게 연결되지 않은 것은 무엇인가요? (④   )

	식물	씨를 퍼뜨리는 방법
①	사과	동물이 먹고 똥을 싸서 옮겨 줌.
②	봉숭아	열매껍질이 터지면서 멀리 튕겨져 날아감.
③	민들레	갓털이 있어 바람 타고 멀리 날아감.
④	~~도꼬마리~~ 제비꽃	열매가 오그라들면서 씨앗을 튕겨 떨어뜨림.
⑤	노랑꽃창포	물에 떠서 물길 따라 멀리 퍼져나감.

글 ㈜에서 '도꼬마리'는 동물의 털에 달라붙는 방법으로 씨를 퍼뜨린다고 설명하였습니다. 글 ㈝에 따르면 열매가 오그라들면서 씨앗을 하나씩 튕겨 떨어뜨리는 것은 '제비꽃'입니다.

┌─ 종자식물과 포자식물이 번식하는 방법

6

추론
하기

[보기]를 바탕으로 이 글을 알맞게 이해한 것은 무엇인가요? (③   )

> [보기] 식물은 크게 종자식물과 포자식물로 나눌 수 있다. 종자식물은 꽃이 피고 씨를 만들
어 번식하는 식물을, 포자식물은 꽃이 피지 않고 포자(홀씨)로 번식하는 식물을 말한
다. 그래서 종자식물은 꽃식물, 포자식물은 민꽃식물이라고도 부른다. 『무궁화, 봉선
화, 개나리, 진달래, 장미, 소나무, 은행나무, 벼 등 대부분의 식물이 종자식물에 속
하며, 솔이끼, 우산이끼, 고사리, 쇠뜨기 등이 포자식물에 속한다.』 『 』: 종자식물과 포자식물의 예

① 이 글은 포자식물의 종류에 대해 설명하고 있어. ─┐
② 이 글은 포자식물의 번식 방법에 대해 설명하고 있어. ─┘
③ 이 글은 종자식물의 번식 방법에 대해 설명하고 있어.
④ 이 글은 민꽃식물이 자라는 환경에 대해 설명하는 거야. → [보기]에 따르면 민꽃식물은 포자식물의 다른 이름임.
⑤ 이 글은 종자식물과 포자식물의 차이점에 대해 설명하는 거야. → 이 글은 포자식물을 다루지 않음.

→ [보기]에 따르면 포자식물은 꽃이 피지 않고 포자로 번식하는
식물임. 이 글은 꽃을 피워 씨앗으로 번식하는 종자식물에
대해 설명하였음.

[보기]에서 꽃이 피고 씨를 만들어 번식하는 식물은 종자식물이라고 하였습니다. 이 글은 씨앗을 퍼뜨리는 식물,
즉 종자식물의 번식 방법에 대해 설명하는 글입니다.

7

적용
창의

식물이 씨앗을 퍼뜨리는 방법과 관련된 발명품을 알맞게 말하지 못한 친구는 누구인가요?

(③   )

① 우찬: 낙하산은 민들레나 박주가리의 씨가 바람에 날아가는 모습을 보고 만들었다고 해. → 낙하산 발명
② 미영: 브이(V)자 형태의 글라이더는 삼각형의 날개가 있어 멀리 날아갈 수 있는 자바 오이의
씨앗을 보고 만든 거야. → 브이(V)자 형태의 글라이더 발명
③ 형돈: 가시철조망은 양들이 장미넝쿨의 뾰족한 가시를 두려워한다는 사실에서 아이디어를 얻
어 만들어진 것이라고 해.
④ 지현: 자동차나 비행기의 프로펠러는 단풍나무의 열매가 바람에 날릴 때 빙글빙글 돌면서 떨
어지는 모습에서 아이디어를 얻은 거래. → 프로펠러 발명
⑤ 가연: 도꼬마리 열매에 있는 갈고리 모양의 가시를 보고 단추나 끈보다 쉽게 붙였다 뗐다 할
수 있는 '벨크로(찍찍이)'를 발명했다고 해. → 벨크로 발명

가시 철조망은 장미의 가시와 관련된 발명품으로, 식물이 스스로를 보호하는 방법과 관련이 있습니다. 따라서 식물
씨앗을 퍼뜨리는 방법과는 관련이 없습니다.

1 이 글의 중심 글감으로 알맞은 것은 무엇인가요? (④)

주제
찾기

① 비와 눈   ② 자연재해   ③ 환경 오염
④ 인공 강우   ⑤ 기후 변화

이 글은 인공 강우의 뜻과 원리, 활용 사례, 중요성 등에 대해 설명한 글입니다. 따라서 글의 중심 글감은 '인공 강우'가 알맞습니다.

2 이 글을 읽고 답을 알 수 있는 질문이 아닌 것은 무엇인가요? (④)

세부
내용

① 비는 어떻게 내리는가? → 글 (내)에서 비가 내리는 원리를 설명함.
② 인공 강우란 무엇인가? → 글 (내)의 첫 번째 문장에서 인공 강우의 뜻을 설명함.
③ 인공 강우는 어떻게 활용되는가? → 글 (대)에서 인공 강우의 활용 방법을 설명함.
④ 최초로 인공 강우에 성공한 나라는 어디인가?
⑤ 아랍 에미리트가 인공 강우 연구와 실험을 하는 이유는 무엇인가? → 글 (개)에서 아랍 에미리트가 극심한 가뭄을 겪기 때문이라고 설명함.

이 글에서 최초로 인공 강우 실험에 성공한 나라가 어디인지는 알 수 없습니다.

3 이 글의 내용과 일치하는 것은 무엇인가요? (②)

세부
내용

① 구름은 크고 무거운 물방울들로 이루어져 있다.
　　　　　작고 가벼운
② 인공 강우는 비가 내리는 원리를 이용한 기술이다.
③ 구름 씨는 구름 속 물방울을 떨어내는 역할을 한다.
　　　　　　　　　　　　　뭉치게 하는
④ 지구 온난화를 일으키는 원인 중 하나가 인공 강우이다. → 글 (래)에서 인공 강우는 지구 온난화에 도움이 된다고 했음.
⑤ 인공 강우는 구름 씨 역할을 하도록 먼지나 꽃가루를 구름에 뿌린다.
　　　　　　　　　　　　　　　　　　　드라이아이스, 요오드화 은

②의 내용은 글 (내)의 첫 번째 문장, 인공 강우의 뜻을 설명해 주는 부분에서 확인할 수 있습니다.

　　　　　　　　　　인공 강우 기술을 실용화한 국가들의 사례

4 이 글에서 [보기]의 내용을 넣기에 가장 알맞은 곳은 어디인가요? (④)

구조
알기

[보기]　미국과 중국에서는 인공 강우를 이용해 가뭄을 해결한 적이 있고, 이스라엘에서는 물을 확보하기 위해 인공 강우 프로그램을 운영하고 있다.

① 글 (개)의 앞   ② 글 (개)의 뒤   ③ 글 (내)의 뒤
④ 글 (대)의 뒤   ⑤ 글 (래)의 뒤

글 (대)는 끝부분에서 인공 강우 선진국들이 이미 인공 강우 기술을 실용화하고 있다고 하였습니다. [보기]는 인공 강우 선진국들이 인공 강우 기술을 실제로 사용한 사례이므로 글 (대)의 뒤에 예시로 넣으면 글의 흐름이 자연스럽습니다.

5 ⊙에 들어갈 말로 알맞지 않은 것은 무엇인가요? (②)

추론
하기

① 태풍   ② 지진   ③ 홍수

④ 산불   ⑤ 가뭄

인공 강우는 기상 재해로 인한 어려움을 극복하기 위해 인공적으로 비를 내리게 하는 기술입니다. 그런데 '지진'은
기상 재해가 아닌 지질 재해에 해당하므로 ⊙에 들어갈 말로 알맞지 않습니다.

— 인공 강우의 문제점

6 이 글과 [보기]를 알맞게 이해한 것은 무엇인가요? (⑤)

추론
하기

[보기]   인공 강우는 사람이 인공적으로 비를 내리게 하는 것이다. 인공 강우 실험이 계속되 → 인공 강우의 문제점 ①
면 자연 강우가 줄어들어 공기 질이 나빠질 수 있다. 또한 구름 속 물방울을 인위적으 → 인공 강우의 문제점 ②
로 다 써 버렸을 경우, 인공 강우가 내리지 않는 다른 지역에는 가뭄이 발생할 수 있어
기상 이변이 더 심해질 수도 있다. 그리고 '요오드화 은'과 같은 화학 물질이 섞인 비 → 인공 강우의 문제점 ③
가 내리면 인체에 해롭고 땅이 오염될 수 있으며 생태계에 나쁜 영향을 줄 수도 있다.

① [보기]는 이 글에서 제기한 문제의 해결 방안에 해당한다. → 이 글은 인공 강우의 문제점을 제기하지 않음.
② [보기]는 이 글에 나타난 글쓴이의 생각을 뒷받침하는 자료로 알맞다. → 인공 강우의 장점을 강조한 이 글과 반대되는
                                                                            내용이라 알맞지 않음.
③ 이 글과 [보기] 모두 인공 강우에 대해 긍정적인 관점에서 썼다.
④ 이 글과 [보기] 모두 인공 강우에 대해 부정적인 관점에서 썼다. → 이 글은 긍정적 관점, [보기]는 부정적 관점에서 썼음.
⑤ 이 글을 통해 인공 강우의 장점을, [보기]를 통해 인공 강우의 단점을 알 수 있다.

이 글은 인공 강우의 장점을, [보기]는 인공 강우의 단점을 설명하였습니다. 따라서 이 글을 통해 인공 강우의 장점
을 알고, [보기]를 통해 인공 강우의 단점을 알 수 있다는 ⑤는 이 글과 [보기]의 내용을 알맞게 이해한 것입니다.

7 이 글을 읽고 자신의 생각을 알맞게 말한 친구는 누구인가요? (⑤)

비판
하기

① 영주: 구름이 왜 하늘에 떠 있는지 그 까닭을 밝혔으면 좋겠어. → 글 ㈏에서 구름은 작고 가벼운 물방울로 이루어져 있어서
                                                              하늘에 떠 있다고 하였음.
② 민유: 인공 강우가 사람들에게 큰 도움을 주는 것 같지는 않아. → 인공 강우는 가뭄, 산불, 태풍, 홍수 등을 막을 수 있음.
③ 수아: 인공 강우는 구름이 없어도 비를 내릴 수 있는 신기술이야. → 구름이 없으면 비를 내리게 할 수 없으므로 알맞은
                                                              내용이 아님.
④ 재호: 세계적으로 물이 부족한 원인이 무엇인지 밝히는 내용이 들어가면 더 좋을 것 같아. → 이 글의 글감인 '인공 강우'와
                                                                                      관련 없는 내용임.
⑤ 동훈: 구름 씨 역할을 하는 '드라이아이스'와 '요오드화 은'의 성질을 더 자세히 설명했으면 좋
         겠어.

이 글에는 '드라이아이스'와 '요오드화 은'이 어떤 것인지 설명하고 있지 않습니다. 동훈은 이에 대해 더 자세히 설
명했으면 좋겠다며 글에서 부족한 점을 생각하여 알맞게 말하고 있습니다.

1 이 글의 <u>중심 글감</u>으로 알맞은 것은 무엇인가요? (②)

주제
찾기

① 펜싱 장비   ②펜싱 종목

③ 펜싱 기술   ④ 펜싱의 역사

⑤ 펜싱 경기 용어

이 글은 펜싱의 세 종목인 에페, 사브르, 플뢰레에 대해 설명하고 있으므로 중심 글감은 ②의 '펜싱 종목'입니다. 글에 펜싱 장비나 경기 기술, 펜싱의 역사, 펜싱 용어 등이 조금씩 나오지만 모두 중심 글감인 펜싱 종목을 설명하기 위해 부분적으로 제시된 것이므로 중심 글감이라고 하기 어렵습니다.

2 이 글의 내용과 일치하지 <u>않는</u> 것은 무엇인가요? (③)

세부
내용

① 펜싱의 모든 경기 용어는 프랑스어이다. → 글 ㈎의 세 번째 문장에 나옴.

② 19세기 말에 경기용 운동으로 자리 잡았다. → 글 ㈎의 두 번째 문장에 나옴.

③에페는 옛날 기마병들이 말을 타고 싸우던 것에서 유래하였다.

④ 펜싱은 아테네 올림픽 대회 때부터 올림픽 정식 종목으로 채택되었다. → 글 ㈐의 첫 번째 문장에 나옴.

⑤ 펜싱은 두 선수가 검으로 찌르거나 베는 동작으로 득점을 겨루는 스포츠이다. → 글 ㈎의 첫 번째 문장에 나옴.

글 ㈏에서 에페는 옛날 유럽의 기사들이 일대일로 결투를 한 것에서 유래하였다고 설명했습니다. 기마병들이 말을 타고 싸우던 것에서 유래한 종목은 '사브르'입니다.

3 글 ㈎~㈐ 중 다음 내용을 덧붙이기에 알맞은 곳은 어디인가요? (②)

구조
알기

> 공격 범위가 펜싱 종목 중에서 가장 넓어 칼에 달린 손 보호막도 가장 넓다.
> 에페는 상대 선수의 온몸을 공격할 수 있음.

① 글 ㈎   ②글 ㈏   ③ 글 ㈐

④ 글 ㈑   ⑤ 글 ㈒

글 ㈏에서 에페는 상대 선수의 온몸을 공격할 수 있다고 하였으므로 공격 범위가 가장 넓음을 알 수 있습니다. 주어진 내용은 펜싱 종목 중에서 공격 범위가 가장 넓다고 했으므로 글 ㈏에 덧붙이기에 알맞습니다.

                           에페, 사브르, 플뢰레의 차이점

4 글 ㈏~㈑의 내용으로 볼 때, ㉠에 들어갈 말로 알맞은 것을 두 가지 고르세요. (① , ②)

추론
하기

①검의 종류   ②공격 범위   ③ 경기 장소

④ 참여 인원   ⑤ 경기 기록

글 ㈏~㈑는 펜싱 종목인 에페, 사브르, 플뢰레의 유래, 공격 범위, 사용하는 검의 길이와 무게, 공격 기술, 경기 시간 등을 설명하고 있습니다. 세 종목은 검의 종류와 공격 범위에서 차이점을 보이고 있습니다.

┌─ 마치

5 글의 흐름으로 볼 때, ⓒ 대신 들어가기에 알맞은 낱말은 무엇인가요? (①)

어휘
어법

① 만약   ② 결코   ③ 전혀

④ 비록   ⑤ 아마

ⓒ의 뒤에 나오는 '찔렀다면'과 호응을 이루어야 하므로 ⓒ 대신 '만약'이 들어가는 것이 알맞습니다.

┌─ 사브르

6 ⓒ에 대한 설명으로 알맞은 것은 무엇인가요? (④)

세부
내용

① 광선 검을 사용한다. → 라이트 세이버 종목에 쓰는 검

② 찌르기 공격만 할 수 있다. → 찌르기, 베기 공격 둘 다 가능

③ 상대 선수의 몸통만 공격할 수 있다. → 머리와 팔을 포함한 상체만 공격 가능

④ 공격 자세를 먼저 취한 선수에게 공격권을 준다.

⑤ 경기 시간은 5분씩 3회 또는 10분씩 5회를 한다. → 6분씩 5회

사브르는 공격 자세를 먼저 취한 선수에게 공격권을 주며, 공격권을 받지 못한 선수는 상대방의 공격을 막아야 공격권을 얻을 수 있습니다.

[수능 연계]

┌─ 사이클에 대해 설명한 글

7 이 글과 [보기]를 읽고 이해한 내용으로 알맞은 것을 두 가지 고르세요. (④ , ⑤)

추론
하기

> [보기]   사이클은 사람의 힘으로 자전거를 움직여 속도를 겨루는 스포츠로, 종주국은 프랑스이다. 오늘날과 같은 형태의 자전거를 만든 사람은 프랑스의 콩트 드 시브락 백작으로, 그는 1790년에 나무로 만든 수레바퀴 두 개를 연결하여 자전거 형태를 만들었다. 최초의 자전거 경주 대회는 1869년에 프랑스에서 열렸으며, 제1회 아테네 올림픽 대회 때부터 정식 종목으로 채택되었다. 사이클은 실내 경기장에서 열리는 트랙 사이클, 도로 위를 달리는 도로 사이클, 산악 지형을 달리는 엠티비(MTB), 장애물 코스를 달리는 비엠엑스(BMX)의 네 가지 종목으로 나뉜다.

① 펜싱과 사이클은 속도를 겨루는 스포츠이다. → 펜싱은 공격 득점을 겨루는 스포츠임.

② 펜싱과 사이클은 그리스에서 크게 발전시켰다. → 프랑스에서 발전시킴.

③ 펜싱과 사이클의 역사는 서로 비슷하게 오래되었다. → 펜싱은 역사가 오래되었지만, 사이클은 1790년에 만듦.

④ 오늘날의 펜싱과 사이클은 모두 프랑스에서 시작되었다.

⑤ 펜싱과 사이클은 올림픽 대회가 시작되었을 때부터 정식 종목이었다.

펜싱과 사이클 모두 프랑스가 종주국이고, 제1회 아테네 올림픽 대회 때부터 정식 종목으로 채택되었습니다.

1 이 글에서 찾을 수 없는 내용은 무엇인가요? (⑤)

세부
내용

① 화를 내는 이유 → 자신이 부당하게 피해를 당했다고 생각함.

② 화를 내는 과정 → '준비-숙고-통제 불능'의 3단계

③ 화를 극복하는 방법 → 글 ㈜의 내용

④ 화를 냈을 때의 피해 → 글 ㈜의 내용

⑤ 화를 냈을 때의 장점

이 글은 세네카가 '화'를 연구한 내용을 소개하고 있지만 화를 냈을 때의 장점에 대해서는 설명하지 않습니다.

2 '세네카'에 대한 설명으로 알맞지 않은 것은 무엇인가요? (④)

세부
내용

① 고대 로마 시대의 철학자이다. ⎤
② '화'에 대해 깊이 있게 연구했다. ⎦ → 글 ㈜의 첫 번째 문장에 나옴.

③ 어떤 경우가 생기더라도 화를 내지 말아야 한다고 이야기했다. → 글 ㈜: 화를 내는 것이 백해무익함.

④ 나를 진정 사랑하는 길은 화를 제대로 내는 것이라고 이야기했다.

⑤ 화를 내는 이유는 자신이 부당하게 피해를 당하고 있다는 생각 때문이라고 보았다. → 글 ㈜의 두 번째 문장에 나옴.

글 ㈜에서 세네카는 화를 내는 것이 백해무익, 즉 자신에게 해롭기만 하고 이로운 점이 없다고 주장하였습니다. 따라서 나를 진정 사랑하는 길이 화를 내는 것이라고 이야기했다는 ④의 설명은 알맞지 않습니다.

3 분노의 3단계를 차례대로 알맞게 정리한 것은 무엇인가요? (①)

구조
알기

① 준비 단계 → 숙고 단계 → 통제 불능의 단계

② 준비 단계 → 통제 불능의 단계 → 숙고 단계

③ 숙고 단계 → 준비 단계 → 통제 불능의 단계

④ 숙고 단계 → 통제 불능의 단계 → 준비 단계

⑤ 통제 불능의 단계 → 숙고 단계 → 준비 단계

글 ㈜에서 화는 ① 준비 단계(외부에서 자극이 와서 마음속에 어떤 움직임이 생김.), ② 숙고 단계(자신이 부당하게 해를 당했다고 생각함.), ③ 통제 불능의 단계(화가 나의 모든 행동을 지배함.)의 과정을 거친다고 하였습니다.

┌ '백해무익하다고'
4 ㉠과 바꿔 쓸 수 있는 말로 알맞은 것은 무엇인가요? (⑤)

어휘
어법

① 서로에게 이득이 된다고

② 당장의 이익에 눈이 어두워진 거라고

③ 해로움과 이로움을 동시에 얻는 거라고

④ 엉뚱한 사람만 이득을 보게 하는 거라고

⑤ 나쁘기만 하고 도움이 되는 게 하나도 없다고

'백해무익하다'는 '나쁘기만 하고 도움되는 것이 전혀 없다.'라는 뜻을 가진 낱말입니다.

5

추론하기

㉡에 들어갈 내용으로 알맞은 것은 무엇인가요? (⑤)

① 벼랑으로 뛰어내린 사람은 더 이상 자기 몸을 통제할 수 없듯이 ⎤

② 모욕을 준 사람은 떳떳한데, 모욕을 당한 사람은 상처 입고 마음을 다치듯이

③ 잘난 척하는 사람은 누구나 싫어하지만, 겸손하고 친절한 사람은 누구나 좋아하듯이 → 뒤에 오는 내용과 어울리지 않음.

④ 잘못한 것이 있으면 괜히 움츠러들지만, 잘못한 것이 없으면 당당하고 거리낌 없듯이 ⎦

⑤ 감기에 걸린 사람은 찬바람만 스쳐도 몸서리치지만, 건강한 사람은 어지간한 추위에는 끄덕 없듯이

㉡의 뒤에 오는 내용을 살펴볼 때 가장 어울리는 것은 ⑤입니다. 몸이 건강한 사람이 추위에 끄덕 없음에 빗대어 몸과 마음이 건강한 사람은 상대가 약 올리고 흥분시키려 해도 바위처럼 끄덕 없음을 설명하고 있습니다.

6

구조알기

┌ 화를 냈을 때의 피해

글 ㉮~㉺ 중 [보기]의 내용을 덧붙이기에 알맞은 곳은 어디인가요? (③)

[보기]　화는 일단 내지르면 거두기가 쉽지 않다. 한번 화를 터뜨리면 '아차' 하는 후회가 들 ┌ 화를 금방 멈추기가 어려움.
어도 여전히 얼굴을 붉히고 큰소리를 지른다. 그러면서 화를 낼 수밖에 없었던 이유
를 찾아 나선다. 또, 화에 휩쓸려 한 행동은 꼭 뒤끝을 남긴다. 후련한 마음은 잠시뿐
마음은 더 심하게 망가진다. └ 화를 내면 마음에 상처를 입음.

① 글 ㉮　　② 글 ㉯　　③ 글 ㉰　　④ 글 ㉱　　⑤ 글 ㉲

[보기]에서는 화를 냈을 때의 피해에 대해 설명하고 있습니다. 그러므로 [보기]의 내용은 화를 내는 것이 나쁘다고 주장한 글 ㉰의 뒤에 덧붙이기에 알맞습니다.

수능 연계

┌ 화를 적절하게 내는 기술이 필요함.

7

추론하기

[보기]의 글쓴이가 이 글을 읽은 뒤에 보일 반응으로 알맞은 것은 무엇인가요? (④)

[보기]　우리는 화가 인간의 자연스러운 감정 중 하나라고 생각한다. 기쁠 때도 슬플 때도
있는 것처럼 두려워하거나 화가 날 때도 있다는 것이다. 아름다운 것을 보면 기분이
좋고, 추하거나 더러운 것을 보면 얼굴이 찌푸려지듯이, 화는 본성 중 하나라고 여긴
다. 아리스토텔레스도 지나친 분노는 나쁘지만, 화를 적절하게 내는 것은 오히려 도
움이 될 수도 있다고 했다. 화를 참고 속으로 삭이면 속병이 생기기도 한다. 화를 적
절하게 내는 기술도 필요하지 않을까?

① 내 생각도 세네카와 완전 똑같아. → [보기]의 글쓴이와 세네카는 '화'에 대한 생각이 다름.

② 화를 낼 땐 마음껏 다 표출해야 속병이 안 생겨. → [보기]에서 화를 적절하게 내는 기술이 필요하다고 함.

③ 나뿐만 아니라 상대방도 상처를 받으므로 화를 내면 절대 안 돼. → 세네카의 생각임.

④ 화는 인간의 자연스러운 감정이므로 적절하게 내는 것이 필요해.

⑤ 화를 내지 말고 내 마음을 평안하게 지키는 게 나 자신을 사랑하는 길이라고 생각해. → 속병이 생기지 않기 위해 화를 적절히 내라고 주장함.

[보기]에서는 화를 적절하게 내는 기술도 필요하다고 하여, 화를 내서는 안 된다는 세네카와는 다른 생각을 전하고 있습니다. 따라서 [보기]의 글쓴이가 세네카의 글을 읽은 뒤에 보일 반응은 ④가 알맞습니다.

1 이 글에서 글쓴이가 말하려고 한 것은 무엇인가요? (②)

주제
찾기

글의 주제

① 빛은 자연이 인류에게 준 선물이다.
②빛 공해를 줄이려고 노력해야 한다.
③ 동식물 등 자연환경을 잘 보호해야 한다.
④ 빛의 장단점을 정확히 알고 사용해야 한다.
⑤ 현대인들은 건강한 생활을 하기 위해 노력해야 한다.

이 글에서 글쓴이는 빛 공해로 사람과 동식물 등이 겪는 피해를 말하면서 우리 모두 빛 공해를 줄이려고 노력해야
한다고 주장하고 있습니다.

2 이 글의 내용과 일치하지 않는 것은 무엇인가요? (④)

세부
내용

① 빛은 우리가 살아가기 위해 꼭 필요한 요소이다. → 글 ㈎의 내용
② 전 세계에서 빛 공해를 줄이기 위한 운동이 번져 가고 있다. → 글 ㈒의 내용
③ 지나치게 많거나 밝은 인공조명은 사람들의 건강한 생활을 방해한다. → 글 ㈏의 내용
④빛 공해로 인해 야행성 동물의 먹이가 지나치게 많아져 수명이 짧아진다.
⑤ 빛 공해로 인해 식물들은 밤과 낮을 구분하지 못해 제대로 성장하지 못한다. → 글 ㈐의 내용

야행성 동물은 밤이 낮처럼 환해 사냥을 못하고, 또 짝짓기가 제대로 이루어지지 않아 개체 수가 줄어들고 있습니
다. 빛 공해 때문에 야행성 동물의 먹이가 많아지거나 수명이 짧아졌다는 내용은 이 글에 나오지 않았습니다.

빛 공해로 인한 동물들의 피해 사례

3 ㉠의 예를 더 추가하려고 할 때 알맞지 않은 것은 무엇인가요? (①)

추론
하기

①아마존 열대 우림의 개발로 동물들이 살 곳을 잃어버려 생태계가 파괴된다.
② 동물들이 도로를 건너다 갑자기 나타난 불빛 때문에 자동차에 치여 다치거나 죽는다.
③ 가창오리 같은 철새들이 등대나 철탑, 원유 시추선의 불빛 때문에 이동에 방해를 받는다.
④ 새끼 거북은 밤에 바다로 이동하는데, 해안 도로 불빛 때문에 방향을 잃어 차에 치여 죽는다.
⑤ 찌르레기는 한겨울에 알을 안 낳는데, 인공조명 때문에 아무 때나 알을 낳아 수명이 짧아지고
있다.

→ 인공조명으로
동물들이 피해를
입은 사례

아마존 열대 우림 파괴는 빛 공해와 관련이 없습니다. 아마존 열대 우림 파괴는 더 많은 가축이나 농작물 등을 키
우기 위한 인간의 욕심으로 인해 일어난 일입니다

빛 공해를 줄이기 위한 노력

4 ㉡을 실천한 사례로 알맞지 않은 것은 무엇인가요? (②)

적용
창의

① '한 등 끄기' 운동을 실천하고, 친구들에게도 알려 준다.
②도시에 있는 인공조명을 모두 없애자는 캠페인을 벌인다.
③ 농작물이 자라는 곳에는 인공조명을 오랫동안 비추지 않는다.
④ 야행성 동물들이 사는 곳과 가까운 곳에는 인공조명을 달지 않는다.
⑤ 집에서 필요 없이 켜져 있는 불이 있나 살펴보고, 발견하면 바로 끈다.

빛이 공해가 되는 이유는 '너무 많거나 지나치게 밝기' 때문이므로 공해가 될 정도로 밝은 빛을 줄이려고 노력해야
합니다. 도시에 있는 인공조명은 우리의 생활을 편리하고 안전하게 하는 데 꼭 필요한 것이므로 도시의 인공조명
을 모두 없애자는 캠페인을 벌이는 것은 알맞은 실천 사례로 보기 어렵습니다.

5 글 (가)~(마)의 중심 내용으로 알맞지 않은 것은 무엇인가요? (①)

주제
찾기

① 글 (가): 빛 공해가 인간에게 주는 이로움 → 빛 공해라는 말이 생겨나게 된 까닭
~~해로움~~

② 글 (나): 빛 공해의 뜻

③ 글 (다): 빛 공해로 인해 사람들이 겪는 피해

④ 글 (라): 빛 공해로 인해 동물과 식물이 겪는 피해

⑤ 글 (마): 빛 공해를 극복하기 위한 노력

글 (가)는 너무 지나치게 밝은 빛이 사람들과 생태계를 위협하고 있어 '빛 공해'란 말이 생겨났다며 빛 공해가 주는 해로움을 중점적으로 드러내고 있습니다. 따라서 ①은 글 (가)의 중심 내용으로 알맞지 않습니다

┌ 인공조명 사용으로 인한 피해 사례

6 글 (가)~(마) 중 [보기]의 내용이 들어가기에 알맞은 곳은 어디인가요? (③)

구조
알기

> [보기] 필요 이상의 조명을 사용하게 되면 그만큼 많은 에너지를 소비할 수밖에 없으며, 에너지를 만들어 내기 위해 사용되는 화석 연료는 지구 온난화에도 영향을 준다. 또한, 빛이 너무 밝으면 순간적으로 시각이 마비되기 때문에 운전할 때 사고를 일으키기도 한다.

① 글 (가)의 뒤   ② 글 (나)의 뒤   ③ 글 (다)의 뒤

④ 글 (라)의 뒤   ⑤ 글 (마)의 뒤

글 (다)는 인공조명이 사람에게 주는 피해를 설명하고 있고, 인공조명이 지구 온난화에 영향을 준다고 하였습니다. [보기] 역시 인공조명 사용으로 인한 피해 사례와 인공조명이 지구 온난화에 영향을 주는 까닭을 설명하고 있으므로 글 (다) 뒤에 들어가는 것이 알맞습니다.

[수능 연계]

7 이 글을 바탕으로 [보기]의 그래프를 알맞게 이해한 친구는 누구인가요? (④)

추론
하기

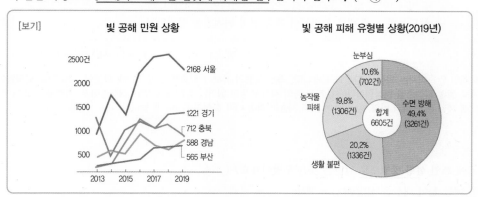

[보기]

빛 공해 민원 상황

2500건 ── 2168 서울
2000
1500 ── 1221 경기
── 712 충북
1000
── 588 경남
── 565 부산
500
2013 2015 2017 2019

빛 공해 피해 유형별 상황(2019년)

눈부심 10.6% (702건)
농작물 피해 19.8% (1306건)
합계 6605건
수면 방해 49.4% (3261건)
생활 불편 20.2% (1336건)

① 서준: 사람이 겪는 빛 공해 피해로는 생활 불편이 가장 많군. → 수면 방해가 가장 많음.

② 혜원: 서울 지역을 제외하고는 빛 공해 민원 사례가 줄어들고 있군. → 서울, 충북 지역이 줄고 나머지는 높아짐.

③ 영민: 지금 전 세계에서 인공조명을 줄이려는 운동이 번져 가고 있어. → 그래프에서 알 수 없는 내용임.

④ 선주: 서울 같은 대도시는 인공조명이 많아 빛 공해로 인한 민원도 많이 들어오는군.

⑤ 준서: 빛 공해로 인한 피해를 줄이기 위해 야간작업을 없애자는 법이 추진되고 있어. → 그래프에서 알 수 없는 내용임.

[보기]에 제시된 첫 번째 그래프를 통해 빛 공해로 인한 민원 상황을 알 수 있으며, 특히 서울 같은 대도시가 빛 공해 피해를 많이 겪고 있음을 알 수 있습니다.

1 세부 내용

화석에 대한 설명으로 알맞지 <u>않은</u> 것은 무엇인가요? (②)

① 화석은 지층이 만들어진 시대를 알려 주어 지구의 나이를 짐작하게 해 준다. → 글 ㈎와 글 ㈒의 내용
② 화석이 되려면 생물의 개체 수가 ~~적고~~ 죽은 후에 땅속에 ~~천천히~~ 묻혀야 한다.
　　　　　　　　　　　　　　　많고　　　　　　　　　　　빨리
③ 특정한 환경에서만 살았던 생물 화석을 통해 지층이 생겼을 때의 환경을 짐작하게 해 준다. → 글 ㈒의 내용
④ 대부분의 화석은 죽은 생물 위로 퇴적물이 계속 쌓여 단단한 퇴적층을 형성하며 만들어진다. ⎤
⑤ 화석은 지질 시대에 살았던 고생물의 유해나 흔적 따위가 퇴적물 등에 남아 있는 것을 말한다. ⎦ → 글 ㈏의 내용

글 ㈐에서 화석이 되려면 생물의 개체 수가 많고, 죽은 후에 땅속에 바로 묻혀 썩지 않아야 한다고 설명하였습니다.

2 주제 찾기

글 ㈎~ ㈔의 중심 내용으로 알맞지 <u>않은</u> 것은 무엇인가요? (①)

① 글 ㈎: 화석으로 인한 피해　　　　　② 글 ㈏: 화석의 뜻과 만들어지는 과정
③ 글 ㈐: 화석의 조건　　　　　　　　　④ 글 ㈒: 화석의 종류
⑤ 글 ㈔: 화석의 가치

글 ㈎는 글의 처음 부분으로, 화석이 지구의 나이나 각 지질 시대에 살았던 동식물에 대해 알게 해 주는 방법이 될 것이라고 하였습니다. 따라서 글 ㈎의 중심 내용은 '지질 시대에 대해 알려 주는 화석'으로 정리하는 것이 알맞습니다. 글 ㈎에서 '화석으로 인한 피해'는 설명하지 않았습니다.

3 세부 내용

[보기]를 화석이 만들어지는 과정에 맞게 차례대로 기호를 쓰세요.

[보기]　㉮ 죽은 생물의 유해가 진흙에 묻힌다. 1
　　　　㉯ 지각 변동으로 퇴적층이 땅 위로 올라온다. 3
　　　　㉰ 비나 바람, 빙하 등으로 지층이 깎여 화석이 드러난다. 4
　　　　㉱ 파묻힌 유해 위로 퇴적물이 계속 쌓여 퇴적층을 형성한다. 2

(㉮) → (㉱) → (㉯) → (㉰)

화석이 만들어지는 과정은 다음과 같습니다. 죽은 생물의 유해가 진흙에 묻힌 뒤(㉮), 파묻힌 유해 위로 퇴적물이 계속 쌓여 퇴적층을 형성합니다(㉱). 지진 등의 지각 변동이 일어나 깊은 곳에 있던 퇴적층이 땅 위로 올라오고(㉯), 오랜 세월 동안 비와 바람, 빙하 등에 의해 지층이 깎여 나가 화석이 드러나게 됩니다(㉰).

4 구조 알기

㉠에 쓰인 설명 방법으로 알맞은 것은 무엇인가요? (④)

① 예를 들어 대상을 설명한다. → 예시
② 대상의 차이점을 찾아 설명한다. → 대조
③ 대상의 특징을 나열하여 설명한다. → 열거
④ 대상의 뜻을 분명히 밝혀서 설명한다.
⑤ 어떤 현상이 일어난 원인을 밝혀서 설명한다. → 인과

㉠은 화석의 뜻을 알려 주고 있으므로 대상의 뜻을 분명히 밝혀서 설명하는 '정의'의 설명 방법이 쓰였습니다.

5 이 글을 참고할 때, 화석이 아닌 것을 두 가지 고르세요. (② , ③)

적용
창의

① 공룡이 남긴 발자국 → 표준 화석, 흔적 화석　　②방금 낳은 물고기의 알

③큰 돌로 만든 고인돌　　　　　　　　　　　④ 삼엽충이 기어 다닌 자국 → 표준 화석, 흔적 화석

⑤ 지층에 새겨져 있는 고사리 흔적 → 시상 화석, 흔적 화석

화석은 수억 년, 수만 년 전에 지구상에 살았던 생물의 유해나 생물이 남긴 흔적을 말합니다. '큰 돌로 만든 고인
돌'은 생물의 유해나 흔적이 아니므로 화석이라 할 수 없습니다. '방금 낳은 물고기의 알'도 오래된 것이 아니므로
화석이 아닙니다.

6 빈칸에 들어갈 화석의 종류를 [보기]에서 찾아 기호를 쓰세요.

추론
하기

> [보기]　　　　　㉮ 표준 화석　　　　　　　　㉯ 시상 화석

┌ 여러 곳에서 발견되고 특정한 시기에만 생존함.
(1) 공룡 화석: 공룡은 지구 여러 곳에서 생활했지만 중생대에만 살았다. (　㉮　)
└ 특정한 환경에서만 생존함.
(2) 산호 화석: 산호는 수심이 얕고 따뜻하며, 깨끗하고 잔잔한 바다에서만 산다. 산호 화석이 발
견되었다면 그 지층은 과거에 수심이 얕고 따뜻한 바다였음을 알 수 있다. (　㉯　)

'㉮ 표준 화석'은 지층이 만들어진 시대를 알려 주는 생물 화석으로, 생존 기간이 짧고 진화 속도가 빠르며 여러 곳
에서 나타나야 합니다. 공룡은 지구의 여러 곳에서 생활했지만 중생대에만 살았으므로 공룡 화석은 '표준 화석'입니
다. '㉯ 시상 화석'은 생존 기간이 길고 특정한 환경에서만 생존하여, 지층이 만들어진 환경을 알려 주는 화석입니
다. 산호는 특정한 환경에서만 살았으므로 산호 화석은 '시상 화석'입니다.

수능
연계

┌ 호박 화석이 만들어지는 과정, 호박 화석의 특징과 가치 등을 설명한 글

7 이 글과 [보기]를 읽고 보인 반응으로 알맞지 않은 것은 무엇인가요? (②)

추론
하기

> [보기]　최근 깃털로 뒤덮인 공룡 꼬리가 담긴 호박 화석이 발견되었다. 호박 안에는 꼬리
> 의 주인이 육식 공룡임을 짐작할 수 있을 만큼 뼈, 조직, 혈액이 잘 보존되어 있었다.
> 여기서 말하는 호박은 나무에서 나오는 끈끈한 액체인 송진이 돌처럼 단단하게 굳은
> 것을 말한다.　　　　　　└ 동물의 일부가 나타난 체화석
> 　수천만 년 전, 거대한 나무에서는 끊임없이 끈적끈적한 송진이 밖으로 흘렀는데,
> 급격한 지각 변동으로 나무들이 주저앉으면서 엄청난 양의 송진이 땅속에 파묻혔다.
> 때마침 옆을 지나던 작은 동물들이 송진에 빠져 죽는 경우가 있었는데, 이때 송진이
> 탄소, 수소, 산소와 결합해 단단해지면서 호박 화석이 완성된 것이다.
> 　호박 속에 갇힌 생물은 송진에 들어 있는 성분이 세균 번식을 막아 주고 단단한 호
> 박 표면이 바람 등 외부 충격으로부터 보호해 주어 오랜 시간이 흘러도 그 형태가 유
> 지되는 경우가 많다.　└ 방부제 성분

① 호박 안의 공룡 꼬리를 통해 호박이 생성된 시대를 짐작할 수 있겠군. → 공룡이 살았던 시기와 호박이 생성된 시대가 같음.
　　　　　　　　　　　　　　　　　　　　　　　└ 체화석
②화석의 종류로 볼 때, 공룡 꼬리가 발견된 호박은 흔적 화석에 해당되겠군.

③ 호박 안의 공룡 꼬리가 잘 보존된 것은 송진에 들어 있는 방부제 성분의 영향도 있었겠군. → 송진이 세균 번식을 막아 줌.

④ 호박 화석에 대한 연구는 각 지질 시대에 살았던 동식물과 환경을 아는 데 도움을 주겠군. → 글 ㉣, 글 ㉤의 내용

⑤ 생물이 죽은 후 바로 묻혀 썩지 않았다는 점에서 공룡 꼬리가 담긴 호박도 화석의 조건을 갖추 → 글 ㉰의 내용
　고 있군.

글 ㉣에서 동식물의 일부 또는 전체가 나타난 경우 '체화석', 발자국이나 기어 다닌 자국 등의 생활 모습이 나타난
경우 '흔적 화석'이라고 하였습니다. [보기]의 호박 화석에는 공룡의 꼬리 부분이 들어 있으므로 '흔적 화석'이 아니
라 '체화석'에 해당됩니다.

1
구조
알기

이 글에 대한 설명으로 알맞은 것은 무엇인가요? (①)

① 진공청소기의 원리와 역사를 설명한 글이다.

② 진공청소기의 생김새와 사용 방법을 관찰하여 기록한 글이다. → 사용 방법을 관찰하여 기록하지 않음.

③ 진공청소기를 발명한 과학자들의 일생과 업적을 소개한 글이다. → 일생을 소개하지 않음.

④ 진공청소기의 편리성을 알려 진공청소기 사용을 권유한 글이다. → 진공청소기를 사용하라고 권유하지 않음.

⑤ 진공청소기의 문제점을 밝히고 해결 방법이 필요하다고 주장한 글이다. → 글에 나타나지 않은 내용

이 글의 (나)에는 진공청소기가 어떤 원리로 움직이는지 자세히 설명하였고, 글 (다)~(라)에는 진공청소기가 어떻게 발명되어 발전해 왔는지 설명하였습니다. 따라서 이 글이 진공청소기의 원리와 역사를 설명한 글이라고 한 ①이 알맞은 답입니다.

2
세부
내용

이 글의 내용과 일치하지 않는 것은 무엇인가요? (③)

① 진공청소기는 공기의 압력 차를 이용한 기구이다. → 글 (나)의 앞부분 내용

② 진공청소기는 크게 호스, 필터, 모터로 구성되어 있다. → 글 (나)의 중간 부분 내용

③ 세실 부스가 만든 진공청소기는 가정용 청소기로 사용되었다.

④ 우리나라에서는 1960년 즈음부터 진공청소기를 만들기 시작했다. ┐

⑤ 오늘날 진공청소기는 발전을 거듭해 로봇 청소기까지 등장하였다. ┘ → 글 (라)에서 확인할 수 있는 내용

진공청소기를 처음으로 발명한 사람은 영국인 공학자인 허버트 세실 부스입니다. 하지만 세실 부스가 처음 발명한 진공청소기는 무게가 49킬로그램이나 되는 거대한 기계여서 가정용으로 사용할 수 없었습니다.

3
추론
하기

㉠에 들어갈 내용으로 가장 알맞은 것은 무엇인가요? (①)

① 한결 간편하고 손쉬워졌다.   ② 더욱 복잡하고 어려워졌다.

③ 더욱 안전하고 부드러워졌다.   ④ 한결 깨끗하고 조용해졌다.

⑤ 더욱 유쾌하고 재미있어졌다.

진공청소기의 발명으로 인류는 쓸고 닦는 일에서 해방되었습니다. ㉠ 앞에 진공청소기가 발명되기 전에 청소가 힘들고 번거로웠다는 내용이 있으므로, ㉠에는 앞의 내용과 반대되는 '한결 간편하고 손쉬워졌다.'가 들어가는 것이 알맞습니다.

4
세부
내용

[보기]의 ㉮~㉰에 들어갈 알맞은 말을 차례대로 나열한 것은 무엇인가요? (④)

[보기] 공기는 압력 차가 생기면 압력이 [㉮] 곳에서 [㉯] 곳으로 이동한다.
진공청소기는 모터를 회전시켜 청소기 내부의 압력을 외부보다 [㉰] 만들어 공기가 들어가도록 한 것이다.

① ㉮: 나쁜 ㉯: 좋은 ㉰: 높게   ② ㉮: 좋은 ㉯: 나쁜 ㉰: 낮게

③ ㉮: 높은 ㉯: 낮은 ㉰: 높게   ④ ㉮: 높은 ㉯: 낮은 ㉰: 낮게

⑤ ㉮: 적은 ㉯: 많은 ㉰: 높게

진공청소기는 공기의 압력 차를 이용한 기구입니다. 공기는 압력 차가 생기면 압력이 '높은' 곳에서 '낮은' 곳으로 이동합니다. 이런 원리를 이용하여 진공청소기는 내부의 압력을 외부보다 '낮게' 만들어 공기가 기계 안으로 들어가도록 한 것입니다. 또, 압력의 정도를 나타낼 때 '나쁘다, 좋다', '많다, 적다'를 쓰는 것은 적절하지 않습니다.

5 다음 그림의 ㉮~㉰에 들어갈 말이 알맞게 짝 지어진 것은 무엇인가요? (③)

추론
하기

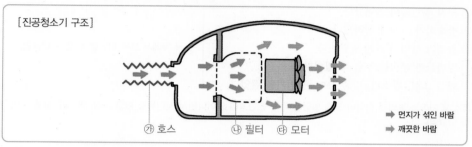

[진공청소기 구조]

㉮ 호스   ㉯ 필터   ㉰ 모터

➡ 먼지가 섞인 바람
➡ 깨끗한 바람

① ㉮: 필터 ㉯: 모터 ㉰: 호스   ② ㉮: 필터 ㉯: 호스 ㉰: 모터

③ ㉮: 호스 ㉯: 필터 ㉰: 모터   ④ ㉮: 호스 ㉯: 모터 ㉰: 필터

⑤ ㉮: 모터 ㉯: 호스 ㉰: 필터

진공청소기의 '모터(㉰)'를 강하게 회전시키면 '호스(㉮)'를 통해 먼지와 바람이 함께 들어오고, '필터(㉯)'를 통과하면서 먼지는 필터에 남고 깨끗한 바람만 뒤로 빠져나갑니다.

— 보온병의 구조와 원리

6 이 글을 읽고, [보기]에 대해 보인 반응으로 가장 알맞은 것은 무엇인가요? (⑤)

추론
하기

[보기]   보온병에 물이나 음료를 담으면 오랫동안 식지 않는다. 보온병의 원리는 무엇일까?
보온병은 이중의 벽 구조를 가지고 있다. 벽 사이는 '진공 상태'에 가까우며, 안쪽은 은을 얇게 입힌 유리벽으로 만들어져 있다. 공기나 물이 없는 빈 공간을 통해서는 열이 전달되지 않으므로 열을 빼앗기지 않는다. 보온병 내부의 열은 유리벽이나 마개를 통해 열이 빠져나가겠지만, 벽이나 마개를 이루고 있는 유리, 플라스틱, 코르크가 모두 열이나 전기를 잘 전달하지 않는 물체이므로 온도 변화에는 많은 시간이 걸린다. 그래서 보온병은 열의 손실이 적다.

① 보온병과 진공청소기 모두 열의 보관이 중요한 제품이구나. → 보온병만 열의 보관이 중요함.

② 진공청소기는 보온병과 달리 완벽한 진공 상태를 유지하는구나. → 둘 다 완벽한 진공 상태를 유지하지 않음.

③ 보온병은 진공청소기보다 훨씬 더 복잡한 원리를 가지고 있구나. → 진공청소기가 더 복잡함.

④ 보온병과 달리 진공청소기는 제품을 판매하는 시장이 매우 크구나. → 이 글과 [보기]에서 확인할 수 없는 내용

⑤ 보온병과 진공청소기 모두 진공 상태의 원리를 활용해 만든 제품이구나.

보온병에 내용물을 담으면 오랫동안 식지 않는데, 이것은 '진공 상태'의 원리를 이용한 것입니다. 진공청소기도 청소기 안을 '거의 진공에 가까운 상태'로 만들어 바깥쪽의 먼지가 밀려들어 오게 한 것입니다. 보온병과 진공청소기 모두 '진공 상태'의 원리를 활용해 만든 제품입니다.

7 진공청소기와 같은 원리가 활용된 것은 무엇인가요? (②)

적용
창의

① 에어컨을 켜면 시원해진다.   ② 빨대로 주스를 빨아먹는다.

③ 구겨진 옷을 다리미로 편다.   ④ 가습기를 틀어 실내 습기를 제거한다.

⑤ 식은 음식을 전자레인지에 넣고 돌린다.

진공청소기는 공기의 압력 차를 이용해서 발명된 것입니다. 청소기 안의 압력을 낮추어 압력이 높은 곳에서 압력이 낮은 곳으로 먼지가 섞인 공기를 옮긴 것입니다. 빨대로 주스를 빨아먹는 것도 같은 원리입니다. '쓰읍~' 할 때 입 속의 상태도 거의 진공 상태가 되고, 공기와 음료가 압력이 낮아진 입 속으로 밀려들어 오게 되는 것입니다.

1
세부
내용

이 글에서 알 수 있는 조선 후기 사회의 모습이 아닌 것은 무엇인가요? (④)

① 부자 상민들이 늘어났다.
② 풍속화가 크게 유행하였다.
③ 농업과 상업이 크게 발달했다. → 글 (가)에서 모두 확인할 수 있는 내용임.
④ 양반들만 문화를 누릴 수 있었다.
⑤ 한글 소설, 판소리, 탈춤 등이 큰 인기를 끌었다.

조선 후기에는 농업과 상업이 크게 발달해 부자 상민들이 늘어나면서 서민들도 한글 소설, 판소리, 탈춤 등의 문화를 즐겼습니다.

2
구조
알기

이 글에 사용된 설명 방법으로 알맞은 것은 무엇인가요? (③)

① 어떤 현상의 원인을 밝혀서 설명하고 있다. → 인과
② 대상의 뜻을 분명히 밝혀서 설명하고 있다. → 정의
③ 두 대상의 공통점과 차이점을 들어 설명하고 있다.
④ 다른 사람의 말을 끌어와 대상의 특징을 설명하고 있다. → 인용
⑤ 변화하는 상황이나 흐름을 단계나 절차대로 설명하고 있다. → 과정

이 글은 설명 대상인 김홍도와 신윤복의 공통점과 차이점을 들어 설명하는 '비교'와 '대조'의 방법을 사용하고 있습니다.

3
구조
알기

이 글의 짜임을 나타낸 그림으로 가장 알맞은 것은 무엇인가요? (②)

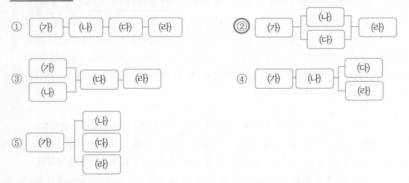

글 (가)에서 조선의 대표적인 풍속 화가가 김홍도와 신윤복임을 밝히고, 글 (나)와 (다)에서 김홍도와 신윤복의 그림의 특성을 설명하였습니다. 그런 다음 글 (라)에서 김홍도와 신윤복의 그림을 통해 당시 사회 변화상과 서민들의 모습을 알 수 있다고 정리하고 있습니다.

점잖은 척하면서 쾌락에 정신이 빠진 양반의 이중적인 모습

4
어휘
어법

㉠과 같은 태도를 나타내기에 알맞은 속담은 무엇인가요? (②)

① 꿩 먹고 알 먹는다 → 한 가지 일을 하여 두 가지 이상의 이익을 보게 됨.
② 겉 다르고 속 다르다
③ 윗물이 맑아야 아랫물이 맑다 → 윗사람이 잘하면 아랫사람도 따라서 잘하게 된다는 말
④ 닭 잡아먹고 오리발 내놓는다 → 옳지 못한 일을 저질러 놓고 엉뚱한 수작으로 속여 넘기려 하는 일을 비유적으로 이르는 말
⑤ 개구리 올챙이 적 생각 못 한다 → 지난날을 생각하지 아니하고 처음부터 잘난 듯이 뽐냄.

'겉 다르고 속 다르다'는 겉으로 드러나는 행동과 마음속으로 품고 있는 생각이 서로 달라서 사람의 됨됨이가 바르지 못함을 이르는 말입니다. 이는 겉으로는 점잖은 척하며 쾌락에 정신이 빠진 양반의 이중적인 모습을 나타내기에 알맞습니다.

독해 정답	1. ④	2. ③	3. ②
	4. ②	5. ③	6. ①
	7. ③		

어휘 정답	1. (1) 존중 (2) 예리하다 (3) 평가하다
	(4) 소탈하다
	2. (1) 라 (2) 가 (3) 다 (4) 나 3. ⑤

5

추론
하기

┌─ 도화서에서 쫓겨나기도 했다.

ⓛ의 까닭을 알맞게 짐작한 것은 무엇인가요? (③)

① 다른 화가에 비해 그림 실력이 뒤처졌었군.
② 정조가 김홍도를 높이 평가했기 때문이겠군.
③ 그림을 통해 양반들의 거짓과 위선을 드러내서군.
④ 백성들의 삶을 그리고 싶어 일부러 쫓겨난 것이로군.
⑤ 백성들이 힘들게 노동하는 모습을 주로 그렸기 때문이로군.

글 (다)에서 신윤복은 자신만의 시각으로 당시 양반들의 거짓과 위선을 비꼬고 남녀 간의 사랑을 표현했다고 설명
했습니다. 이러한 사실로 미루어 볼 때, 그가 그림을 통해 양반들을 비판하여 그들의 미움을 샀을 것이라고 짐작할
수 있습니다.

6

세부
내용

김홍도와 신윤복에 대한 설명으로 알맞지 않은 것은 무엇인가요? (①)

① 둘 다 정조의 눈에 들어 도화서의 화원이 되었다.
② 둘 다 조선 후기의 사람들의 생활 모습을 그림의 소재로 삼았다.
③ 서로 우열을 가릴 수 없는, 조선 후기의 뛰어난 풍속 화가들이다. → 글 (다): 김홍도와 신윤복은 서로 쌍벽을 이루는
④ 이들의 그림을 통해서 조선 후기 사회의 모습을 생생하게 엿볼 수 있다.   풍속화의 대가들임.
⑤ 김홍도는 서민적이고 소탈한 그림을, 신윤복은 여성적이고 화려한 느낌의 그림을 그렸다.

글 (나)에서 김홍도는 스승의 추천으로 도화서의 화원이 된 뒤에 정조의 눈에 들었다고 하였습니다. 신윤복은 어린
나이에 도화서 화원이 되었다고 하였을 뿐 정조의 눈에 들어 화원이 되었다는 내용은 없습니다.

7

추론
하기

┌─ 「씨름」의 구도, 인물 모습 등을 설명함.

이 글을 바탕으로 [보기]의 그림을 알맞게 이해한 친구는 누구인가요? (③)

[보기]   이 그림은 씨름을 하고 있는 두 사람을 중심으로 빙 둘러
선 구경꾼을 배치한 원형 구도이다. 가운데 있는 두 사람은
옷을 입고 버선을 신은 채 씨름을 하고 있다. 곧 넘어갈 듯
한 이 광경을 구경꾼들은 입을 벌리고 흥미진진하게 바라보
고 있다. 갓을 쓴 양반과 상투를 맨 상민이 한데 어울린 구
경꾼들의 익살스러운 표정은 그림 속에서 튀어나올 듯하다.

▲김홍도, 「씨름」

① 지후: 옛날이나 지금이나 씨름은 웃통을 벗고 해야 재미가 있다니까. → 그림에서 씨름하는 사람들은 옷을 벗지 않음.
② 영은: 조선 후기의 생활 모습을 그린 것을 보니 신윤복의 그림이 확실해.
③ 나린: 서민들이 즐겼던 씨름을 주제로 그린 것을 보니 김홍도의 그림임을 알 수 있어.
④ 민규: 씨름을 구경하는 사람들의 표정과 동작이 모두 똑같아 그림 보는 재미가 떨어져. → 표정과 동작이 다양함.
⑤ 유진: 이 그림을 통해 당시 씨름 구경은 양반들만 할 수 있었다는 것을 짐작할 수 있어. → 양반과 상민이 함께 구경함.

[보기]의 그림에는 씨름을 하는 사람들과 구경꾼들의 모습이 생생하게 드러나 있습니다. 이 글에서 김홍도의 풍속
화에는 서민들의 생활 모습이 생생하게 담겨 있다고 하였으므로, 서민들이 즐긴 씨름을 주제로 그린 것을 근거로
하여 김홍도의 그림이라고 이해한 ③이 알맞은 설명입니다.

1 이 글의 내용과 일치하지 <u>않는</u> 것은 무엇인가요? (③)
세부 내용

① 수원 화성은 정조 때 건설되었다. ────────────┐
② 수원 화성의 공사의 총책임은 채제공이 맡았다. ──┴→ 글 ㈏의 내용
③ 수원 화성은 공사를 시작한 지 ~~10년~~ 만에 완공되었다.
　　　　　　　　　　　2년 7개월
④ 수원 화성 공사 과정 등이 『화성성역의궤』에 기록되었다. → 글 ㈐의 내용
⑤ 수원 화성은 1997년 유네스코 세계문화유산으로 등재되었다. → 글 ㈎의 내용

수원 화성 건설은 10년 이상 걸릴 거라고 예상했지만, 2년 7개월만에 완공되었습니다.

2 수원 화성이 건설된 배경은 무엇인가요? (⑤)
세부 내용

① 전국에 궁궐을 골고루 세우기 위해서 ──────────┐
② 수원이 전국에서 가장 경치가 뛰어난 곳이어서 　　　　│
③ 조선에서 가장 뒤떨어진 지역인 수원을 개발하기 위해서 ├→ 글과 관계없는 내용
④ 조선이 성곽을 짓는 기술이 뛰어남을 증명해 보이기 위해서 ┘
⑤ 사도 세자의 무덤을 화산으로 옮기면서 그곳에 살던 백성들이 수원으로 옮겨 와서 → 글 ㈏의 내용

수원 화성 건설의 배경이 ㈏에 나타나 있습니다. 정조가 아버지 사도 세자의 무덤을 수원의 남쪽 화산 아래로 옮기고, 그곳에 살던 백성들이 팔달산 아래 지금의 수원으로 옮기면서 수원 화성을 건설하기 시작하였습니다.

3 글 ㈎~㈑의 중심 내용으로 알맞지 <u>않은</u> 것은 무엇인가요? (⑤)
주제 찾기

① 글 ㈎: 유네스코 세계 문화유산으로 지정된 수원 화성
② 글 ㈏: 수원 화성의 건설 배경과 건설 과정
③ 글 ㈐: 수원 화성의 구조 및 구조물의 특성
④ 글 ㈑: 수원 화성 공사 과정을 기록한 『화성성역의궤』
⑤ 글 ㈒: 수원 화성이 훼손된 것에 대한 안타까움

글 ㈒는 글의 끝부분으로, 수원 화성에 정조의 뜻과 이상이 깃들어 있다고 말했을 뿐 수원 화성이 훼손된 것에 대한 안타까움은 찾아볼 수 없습니다.

4 ㉠에 들어갈 내용으로 가장 알맞은 것은 무엇인가요? (③)
추론 하기

① 백성들의 지루함을 달래 주었다. ─────────┐
② 백성들이 큰 돈을 벌 수 있게 해 주었다. ──┴→ 공사 기간이 줄어든 것과 관계없는 내용임.
③ 공사 기간과 공사 비용을 크게 줄여 주었다.
④ 공사 기간이 더 늘어나게 하는 데 한몫하였다. → ㉠ 뒤에 이어지는 내용과 반대되는 내용임.
⑤ 공사를 하는 과정에서 다툼이 일어나게 만들었다. → 글에서 알 수 없는 내용임.

㉠의 앞부분에서 정약용이 만든 거중기는 적은 힘으로 무거운 돌을 들어 올린다고 했으므로, 사람이 돌을 쌓을 때 들일 힘과 시간을 줄여 주었음을 짐작할 수 있습니다. 또한 ㉠의 뒷부분은 거중기 덕분에 10년을 예상했던 공사 기간이 2년 7개월 만에 완공되었다고 했으므로 공사 비용 또한 줄었음을 짐작할 수 있습니다. 이를 통해 ㉠에는 '공사 기간과 공사 비용을 크게 줄여 주었다.'가 들어가는 것이 가장 알맞음을 알 수 있습니다.

┌─ 공사 기간으로 10년을 예상했는데 2년 7개월 만에 완성됨.

5

추론
하기

ⓒ을 뒷받침할 내용으로 넣기에 알맞은 것을 두 가지 고르세요. (③ , ④)

① 정조는 신하들의 반대를 무릅쓰고 수원 화성 건설을 진행하였다.

② 수원 화성은 과학적 우수성과 예술적 아름다움이 뛰어난 조선의 성곽이다. ┐→ 공사 기간을 줄이는 것과
 관계없는 내용임.

③ 정조는 수원 화성 공사에 동원된 백성들에게 임금을 주어 사기를 북돋웠다.

④ 수원 화성을 쌓을 때 벽돌을 사용했는데, 벽돌은 크기가 일정해 작업하기가 쉬웠다.

⑤ 정약용은 전쟁이 일어나도 성안에서 적을 방어할 수 있는 있도록 수원 화성을 설계하였다.

→ 설계 내용이 공사 기간을 줄이는 것과 연결되지 않음.

수원 화성의 공사 기간을 단축시키는 데 도움을 주었던 내용을 찾는 문제입니다. 수원 화성 공사에 동원된 백성들에게 임금을 주어 백성들이 더 열심히 일하게 했고, 벽돌을 사용해 공사를 쉽게 할 수 있게 한 것도 수원 화성 공사 기간을 줄이는 데 기여했습니다.

┌─ 수원 화성의 구조물에 대한 설명

6

구조
알기

이 글에서 [보기]의 내용이 들어가기에 알맞은 곳은 어디인가요? (③)

[보기]   이 밖에도 수원 화성은 암문, 수문, 포루, 각루 등 실용성과 합리성을 갖춘 구조물
 들을 과학적으로 꼼꼼하게 배치해 건축 문화에 많은 변화를 가져왔다

① 글 ㉮의 뒤   ② 글 ㉯의 뒤   ③ 글 ㉰의 뒤

④ 글 ㉱의 뒤   ⑤ 글 ㉲의 뒤

글 ㉰는 수원 화성에 설치한 다양한 구조물을 설명하였습니다. [보기]는 그런 구조물 외에도 또 다른 구조물이 있음을 덧붙여 설명하고 있으므로 글 ㉰의 뒤에 들어가는 것이 알맞습니다.

┌─ 화성 공사에 동원된 백성들을 위한 정조의 배려

7

적용
창의

이 글과 [보기]를 통해 짐작할 수 있는 것을 알맞게 말한 친구는 누구인가요? (①)

[보기]   정조는 화성 공사 때 무더위에 지친 백성들의 건강을 염려하여 더위를 쫓는 약을 만
 들어 보내고, 추운 겨울에는 털모자를 나눠 주었다. 또, 백성들이 일하다가 다치거나
 병이 나면 치료할 수 있는 이 시설을 두어 무료로 치료해 주게 했다.

                                                          - 『화성성역의궤』

① 혜원: 정조는 백성을 정말 아끼고 사랑했구나.

② 우승: 정조는 신하와 백성들을 동등하게 대했구나. → 신하를 대한 내용은 나타나 있지 않음.

③ 유민: 정조는 화성 공사를 빨리 끝내고 싶어했구나. → 화성 공사는 예상보다 훨씬 빨리 끝났으므로 알맞은 짐작이 아님.

④ 정수: 정조는 학문과 무예가 조선 왕 중 가장 뛰어났구나. ┐

⑤ 서현: 정조는 수원 화성을 세상에서 가장 화려하게 짓고 싶어했구나. ┘→ 이 글과 [보기]를 바탕으로 알 수 없는 내용임.

제시된 [보기]를 통해 백성을 사랑하는 정조의 마음을 짐작해 볼 수 있습니다. 정조는 백성을 사랑하는 왕이었습니다. 그래서 백성을 위한 개혁 정치를 펼쳤으며, 하늘의 달이 온 세상의 물을 비추듯 온 백성의 어려움을 살피는 왕이 되고 싶다는 말을 하곤 했다고 합니다. 정조는 수원 화성을 백성을 위한 개혁 정치의 중심지로 삼으려 했으나, 갑작스런 죽음으로 뜻을 펼치지 못했습니다.

1 이 글에서 <u>글쓴이가 말하려고 한 것</u>은 무엇인가요? (⑤)

주제
찾기

① 잘못된 언어 습관을 고쳐야 한다. → '다르다'와 '틀리다'를 잘못 사용하는 언어 습관을 통해 중심 글감인 '차별'을 말하고 있음.

② 친구들끼리 경쟁하지 말고 협력해야 한다. → 글과 관계없는 내용임.

③ 남자와 여자의 차이점을 올바르게 알아야 한다. ┐
→ 남자와 여자, 장애인과 비장애인이라는 차이로 인해 차별을 받아서
④ 장애인에게 특별한 혜택을 마련해 주어야 한다. ┘ 는 안 된다는 것이 중심 내용임.

⑤ 사람마다 다른 차이를 인정하고 받아들여야 한다.

글쓴이는 사람들이 서로 다른 차이가 나타나는 것은 자연스러운 일이므로 그 차이를 인정하고 받아들여야 한다고
말하고 있습니다.

2 이 글을 읽고 <u>알 수 있는 내용</u>을 ⟨두 가지⟩ 고르세요. (① , ③)

세부
내용

① 차이와 차별의 뜻

② 피부색이 다른 까닭

③ 차별이 일어나는 까닭

④ 차별을 없애는 구체적인 방법

⑤ 차별을 이겨 낸 위대한 사람들의 삶

이 글은 먼저 '차이'와 '차별'이 어떻게 다른지 그 뜻을 설명한 뒤, 차별이 일어나는 까닭을 여러 가지로 나누어 설
명하였습니다. ②, ④, ⑤는 이 글에서 설명하지 않은 내용입니다.

3 '차이'와 '차별'을 설명한 내용으로 알맞지 <u>않은</u> 것은 무엇인가요? (③)

세부
내용

① 차별은 편견 때문에 일어난다. → 남녀 차별, 장애인 차별, 피부색에 따른 차별 등이 편견 때문에 생김.

② 차이는 서로 같지 않고 다르다는 뜻이다.

③ 차이는 어느 한쪽에게 불이익을 주는 것을 말한다. → 차별의 뜻임.

④ 차별은 자기 것을 빼앗기지 않고 지키려고 할 때도 일어난다.

⑤ 차별은 자신이 우월하다고 생각하는 마음 때문에 일어나기도 한다.

다르다는 이유로 어느 한쪽에게 불이익을 주는 것은 '차별'이라고 했습니다. '차이'는 사람들이 서로를 구별할 수
있는 특징을 말합니다.

4 ㉠이 바르게 쓰인 것은 무엇인가요? (⑤)

어휘
어법

① 나라마다 인사하는 방식이 **틀리다**. ┐

② 오늘은 어제와 **틀리게** 날씨가 참 좋다.

③ 우리는 쌍둥이지만 성격이 각각 **틀리다**. ├ → '다르다'를 써야 맞음.

④ 우리 집 식구들은 좋아하는 음식이 다 **틀리다**. ┘

⑤ 동생이 쓴 글을 읽으며 맞춤법이 **틀린** 곳을 고쳐 주었다.

'틀리다'는 '계산이나 답, 사실 등이 맞지 않다.'라는 뜻이고, '다르다'는 '두 개의 대상이 서로 같지 않다.'라는 뜻입
니다. 따라서 ①~④는 모두 '다르다'라는 낱말로 고쳐 써야 올바른 문장이 됩니다.

5

추론
하기

이 글에서 설명한 '차별'의 예에 해당하지 (않는) 것은 무엇인가요? (　②　)

① 우영: 너희 나라는 왜 손으로 음식을 먹는 거야? 더러워 보여. → 다른 나라 문화에 대한 차별임.

②승호: 여자들은 아기를 낳을 수 있지만 남자들은 그럴 수 없어. → 여자와 남자의 차이임.

③ 지우: 축구는 위험하니까 남자인 우리들이 하고 여자들은 피구를 해. → 성별에 대한 차별임.

④ 준태: 버스 안에서 피부색이 까만 외국인의 옆자리가 비어 있는데도 아무도 앉지를 않는 거야. → 인종에 대한 차별임.

⑤ 소민: 우리 고모는 다리가 불편해 휠체어를 타야 하는 장애인인데 서류 심사에서 자꾸 탈락해 취직을 못하고 있어. → 장애인에 대한 차별임.

여자들이 아기를 낳을 수 있는 것은 남자와 몸의 구조가 다르기 때문이므로 차별이라고 할 수 없습니다.

수능 연계

6

추론
하기

이 글을 바탕으로 [보기]를 알맞게 이해한 것은 무엇인가요? (　①　)

[보기]

①남자 간호사가 없을 것이라는 생각은 편견이야. → 남자 간호사도 있음.

② 간호사는 아무나 할 수 없을 정도로 힘든 직업이야. → 광고에 없는 정보임.

③ 세상에는 여자 직업, 남자 직업이 따로 정해져 있어. → 광고에서 전하려는 내용과 반대임.

④ 헷갈리니까 여간호사, 남간호사라고 따로 이름을 붙여야 해. → 직업에 성별을 표시하는 것이 차별임.

⑤ 시대가 변해도 간호사가 여자에게 더 잘 어울리는 직업이라는 생각은 바뀌지 않아. → 광고가 전하려는 내용과 맞지 않음.

[보기]는 남성을 상징하는 기호(♂)와 여성을 상징하는 기호(♀)를 사용하여 '간호사'를 표현한 것입니다. 간호사라는 직업을 예로 들어 직업에는 여자 직업과 남자 직업이 따로 정해져 있지 않다는 것을 보여 주는 광고입니다.

7

적용
창의

우리 사회에서 차별을 없애기 위해 노력할 점으로 알맞지 (않은) 것은 무엇인가요? (　③　)

① 차별을 금지하는 법을 만들고 기관을 세운다.

② 교과서에 남녀 역할의 평등을 보여 주는 삽화를 더 많이 싣는다.

③모두가 평등하게 주차할 수 있도록 장애인 주차 전용 구역을 없앤다.

④ 우리나라에서 일하는 외국 노동자들이 불이익을 받지 않도록 도와준다.

⑤ 차별의 뜻이 담긴 말을 바꾸고 사람들이 바뀐 말을 사용할 수 있도록 안내한다.

장애인 전용 주차 구역은 사회적 약자에 대한 배려와 차이를 존중하기 위해 만든 것입니다. 따라서 장애인 주차 전용 구역을 없애는 것은 차별을 없애기 위해 노력할 점으로 알맞지 않습니다.

1
세부
내용

이 글에서 알 수 있는 내용이 아닌 것은 무엇인가요? (　⑤　)

① 한반도에 있는 화산에는 백두산과 한라산이 있다. → 글 ㉮의 내용

② 화산이 폭발하면 화산 가스와 용암, 화산재가 분출한다. → 글 ㉯의 내용

③ 화산 폭발로 한 마을이 화산재에 묻히거나 화재가 나기도 한다. → 글 ㉰의 내용

④ 화산이 폭발할 때 나오는 화산재가 땅을 기름지게 하기도 한다. → 글 ㉱의 내용

⑤ 인류는 화산 폭발을 멈추게 하거나 줄일 수 있는 방법을 발견해 냈다. → 과학 기술의 발달로 폭발을 예측하고 대비할 수 있음.

글 ㉲에서 화산 활동을 멈추게 하거나 줄일 수는 없다고 하였으므로 글 ⑤는 알맞은 설명이 아닙니다.

2
주제
찾기

글 ㉮~㉲의 중심 내용으로 알맞지 않은 것은 무엇인가요? (　①　)

① 글 ㉮: 화산의 종류

② 글 ㉯: 화산이 폭발하는 이유

③ 글 ㉰: 화산 폭발의 피해

④ 글 ㉱: 화산 폭발의 이로움

⑤ 글 ㉲: 화산 폭발의 예측과 대비

이 글에서는 '화산의 종류'에 대해서는 설명하고 있지 않습니다. 글 ㉮는 백두산과 한라산의 예를 들어 '화산'이라는 글감을 소개하고 있습니다.

3
구조
알기

글 ㉰와 ㉱에 쓰인 설명 방법으로 알맞은 무엇인가요? (　①　)

① 대상의 특징을 나열하여 설명한다. → 열거

② 대상의 뜻을 분명히 밝혀서 설명한다. → 정의

③ 대상의 공통점과 차이점을 찾아 설명한다. → 비교와 대조

④ 어떤 현상이 일어난 원인을 밝혀서 설명한다. → 인과

⑤ 말하고자 하는 바와 반대되는 말을 하여 의미를 강조해서 설명한다.

글 ㉰에서는 화산 폭발로 인한 피해에 대한 예를 나열하고 있고, 글 ㉱에서는 화산 폭발의 이로움에 대해 나열하고 있습니다. 따라서 글 ㉰와 ㉱에서는 대상의 특징을 나열하여 설명하는 '열거'의 설명 방법이 쓰였습니다.

　┌─ 화산 폭발로 지구의 기온이 떨어진 예

4
추론
하기

[보기]의 내용은 ㉠~㉤ 중 무엇에 해당하는 예인가요? (　③　)

> [보기]　1991년 필리핀에서 피나투보 화산이 폭발했는데, 이 폭발로 100억 톤이 넘는 마그마가 분출되었고, 화산재는 8,500킬로미터나 떨어진 아프리카 동부 해안까지 퍼졌다. 당시 어마어마한 화산재가 하늘 위에 머물면서 햇빛을 가려 이듬해 6월까지 지구 기온이 0.5도가 떨어졌다고 한다.

① ㉠　　　　② ㉡　　　　③ ㉢　　　　④ ㉣　　　　⑤ ㉤

[보기]에서는 화산 폭발로 지구의 기온이 변화된 예를 보여 주고 있습니다. 이는 화산 폭발로 인한 화산재와 화산 가스의 영향으로 날씨의 변화가 나타난다고 한 ㉢의 예에 해당합니다.

독해 정답	1. ⑤	2. ①	3. ①
	4. ③	5. ③	6. ④
	7. ⑤		

어휘 정답	1. (1) ⓓ (2) ⓓ (3) ㉮ (4) ⓓ
	2. (1) 운항 (2) 예측 (3) 감시 (4) 변형
	3. ③

5 다음의 ㉮, ㉯에 들어갈 알맞은 말끼리 묶은 것은 무엇인가요? (③)

세부
내용

> 화산 폭발은 땅속 [㉮]가 [㉯] 압력을 이기지 못하고 지표면의 갈라진 틈이나 암석의 약한 부분을 뚫고 폭발하는 것이다.

① ㉮: 지하수, ㉯: 높은   ② ㉮: 지하수, ㉯: 낮은
③ ㉮: 마그마, ㉯: 높은   ④ ㉮: 마그마, ㉯: 낮은
⑤ ㉮: 암반수, ㉯: 높은

화산 폭발은 땅속 마그마가 높은 압력을 이기지 못하고 지표면의 갈라진 틈이나 암석의 약한 부분을 뚫고 폭발하는 것입니다.

— 화산 폭발이 이로움을 주는 사례

6 이 글에서 [보기]의 내용이 들어가기에 알맞은 곳은 어디인가요? (④)

구조
알기

> [보기] 화산 주변의 땅에서 나오는 열은 전기를 만드는 데에도 쓰이는데, 이를 '지열 발전'이라고 한다. 2010년을 기준으로, 전 세계 24개국에서 지열 발전으로 6만 기가와트 이상의 전기를 생산하고 있다.

① 글 ㉮의 뒤   ② 글 ㉯의 뒤   ③ 글 ㉰의 뒤
④ 글 ㉱의 뒤   ⑤ 글 ㉲의 뒤

[보기]는 화산 주변의 땅에서 나오는 열을 이용하여 전기를 생산하고 있다는 내용입니다. 즉, 화산 활동으로 이로움을 얻는 사례이므로, 화산 폭발의 이로움을 설명한 글 ㉱를 보충하는 내용으로 넣기에 알맞습니다.

— 화산 폭발의 위력을 보여 주는 사례

7 이 글을 바탕으로 [보기]를 알맞게 이해한 것은 무엇인가요? (⑤)

추론
하기

> [보기] 79년, 베수비오 화산이 폭발하면서 내뿜은 화산재 등이 폼페이 전체 시가지를 완전히 뒤덮어 이곳에 사는 주민들이 미처 대피하지도 못한 채 죽었다. 이 폭발로 검은 구름이 8일 동안 이탈리아 전체를 뒤덮었으며, 폼페이에는 두께가 6미터나 되는 화산재가 쌓였다. 이 사건을 계기로 폼페이는 역사 속에서 사라졌는데, 1599년 그 지역에서 수로 공사를 진행하던 중 우연히 유적이 발견되었다. 폼페이 유적은 1748년부터 본격적으로 발굴되기 시작해 현재까지 발굴되고 있다. 폼페이 유적의 발굴로 우리는 옛 로마 제국의 건축물은 물론 당시 사람들의 생활 모습까지 짐작할 수 있다.

└ 화산 폭발로 폼페이가 통째로 사라짐.

① 이탈리아에는 유난히 화산이 많구나.
② 화산 폭발은 도시를 발전시키는 등 이로움도 많구나.
③ 화산 활동으로 만들어진 화산의 모양이 여러 가지구나.   → 이 글과 [보기]에서 알 수 없는 내용임.
④ 화산 폭발은 육지뿐만 아니라 바다에서도 발생할 수 있구나.
⑤ 화산 폭발로 도시가 없어질 만큼 화산 폭발의 위력과 피해는 엄청나게 크구나.

[보기]에서는 고대 로마 제국에서 번성한 도시였던 폼페이가 베수비오 화산이 폭발하면서 사라진 예를 보여 주고 있습니다. 이를 통해 화산 폭발은 도시 하나를 완전히 사라지게 할 만큼 위력과 피해가 엄청나다는 것을 알 수 있습니다.

1 이 글의 제목으로, 글쓴이의 생각이 잘 드러난 것은 무엇인가요? (⑤)

주제
찾기

① 첨단 기술이 미래다 → 첨단 기술에 대한 글의 제목으로 어울림.

② 적정 기술이 무엇일까? → 글쓴이의 관점이 드러나 있지 않은 제목임.

③ 최첨단 기술, 적정 기술 → 적정 기술은 최첨단 기술이 아님.

④ 지속 가능하지 못한 기술, 적정 기술 → 적정 기술은 지속 가능한 기술임.

⑤ 인간과 환경을 지키는 기술, 적정 기술

글 ㈜에 적정 기술에 대한 글쓴이 생각이 나타나 있습니다. 글쓴이는 적정 기술이 인간과 환경을 지키는 기술로서 미래에도 함께할 세상을 바꾸는 기술이 될 것이라고 긍정적인 관점에서 이 글을 썼습니다.

2 이 글에 사용된 설명 방법으로 알맞지 않은 것을 두 가지 고르세요. (④ , ⑤)

구조
알기

① 글 ㈎에서 적정 기술의 뜻을 명확히 밝혀 설명하고 있다.

② 글 ㈏에서 적정 기술의 조건을 나열하여 설명하고 있다.

③ 글 ㈐에서 대표적인 적정 기술 제품의 예를 들어 설명하고 있다. ——— 실패한 적정 기술은 나타나지 않음.

④ 글 ㈐에서 성공한 적정 기술과 실패한 적정 기술을 비교하여 설명하고 있다.

⑤ 글 ㈜에서 적정 기술의 미래 모습에 대해 전문가의 말을 인용하여 설명하고 있다. → 전문가의 말을 인용하지 않음.

글 ㈐에서는 적정 기술 제품의 예를 들었을 뿐 실패한 적정 기술과 비교하여 설명하지 않았습니다. 글 ㈜에서는 적정 기술의 미래 모습에 대해 언급했지만 전문가의 말을 인용하지 않았습니다.

3 이 글의 내용과 일치하는 것은 무엇인가요? (③)

세부
내용

① 큐드럼은 오염된 물을 깨끗한 물로 바꿔 주는 물통이다. → 물을 운반하는 물통임. 글 ㈐의 내용

② 전 세계 사람들은 기술의 혜택을 공평하게 누리고 있다. → 공평하게 누리지 못함. 글 ㈎의 내용

③ 적정 기술은 그 지역의 환경을 고려하여 만든 기술이다.

④ 적정 기술은 간단하고 효율적인 방법으로 문제를 해결할 수 없다. → 해결할 수 있음. 글 ㈜의 내용

⑤ 적정 기술은 가난한 나라에 사는 사람들만 이용할 수 있는 기술이다. → 선진국도 도움을 받고 있음. 글 ㈜의 내용

글 ㈎에서 적정 기술은 그 지역의 환경이나 문화를 고려하여 만든 기술이라고 하였습니다.

—— 적정 기술의 조건

4 ㉠으로 알맞지 않은 것은 무엇인가요? (①)

세부
내용

① 비용이 많이 들어야 한다.

② 현지 재료를 사용해야 한다.

③ 사용 방법이 간단해야 한다.

④ 재생 가능한 에너지 자원을 활용해야 한다.

⑤ 현지의 기술과 노동력을 활용하여 일자리를 만들어야 한다.

글 ㈏에서 적정 기술은 모든 사람들이 이용할 수 있도록 비용이 싸야 한다고 했습니다.

— 무용지물

5 ⓛ과 바꾸어 쓰기에 알맞은 말은 무엇인가요? (②)

어휘
어법

① 소중한 경험이 되기
②쓸모가 없는 물건이 되기
③ 새것과 같은 물건이 되기
④ 인기를 끄는 물건이 되기
⑤ 큰 구실을 할 물건이 되기

제품의 사용 방법이 복잡하면 이용 횟수가 줄어 결국 나중에는 아무도 사용하지 않는 '무용지물'이 된다고 하였습니다. '무용지물'은 '쓸모없는 사람이나 물건'을 뜻합니다.

— 페트병 전구

6 글 ⒩를 바탕으로 ⓒ에 대해 알맞게 이해하지 못한 것은 무엇인가요? (④)

추론
하기

① 사용 방법이 복잡하지 않다.
② 현지의 재료를 사용하여 만들 수 있다.
③ 재생 가능한 에너지 자원을 활용하였다.
④현지의 기술과 노동력으로는 만들기 어렵다.
⑤ 재료가 비싸지 않아서 지속적으로 사용할 수 있다.

페트병 전구는 페트병, 물, 표백제만 있으면 되고, 만드는 방법도 단순하여 현지의 기술과 노동력으로도 만들 수 있는 적정 기술 제품입니다.

수능 연계

— 적정 기술의 실패 사례

7 이 글을 읽은 학생이 [보기]에 대해 알맞게 평가하지 못한 것은 무엇인가요? (⑤)

비판
하기

[보기]　플레이 펌프는 아프리카의 물 부족 문제를 해결하고자 개발된 적정 기술 제품이다. 아이들이 플레이 펌프를 돌리면서 놀 때마다 그 힘으로 지하수를 끌어 올리는 방식이다. 플레이 펌프로 15리터의 물을 얻으려면 27시간을 돌려야 한다. 여자 혼자서는 작동하기가 힘들었고 여러 사람의 노동력이 필요했다. 가격은 원래 쓰던 수동 펌프보다 비쌌으며, 현지에 기술자와 부품이 없어 고장 나면 약 6개월 정도를 기다려야 수리할 수 있었다. 이 제품은 설치된 지 3년 만에 서서히 사라졌다.

① 아프리카 현지의 기술과 부품으로 만들 수 있는 제품인지 고려하지 않았어. → 플레이 펌프는 현지에 기술자와 부품이 없었음.
② 그 지역 사람들의 삶을 향상시키지 않았으므로 실패한 적정 기술 제품이야. → 플레이 펌프를 사용하여 삶이 나아지지 않았음.
③ 가난한 나라 사람들이 사용할 것을 고려해서 가격을 싸게 만들었어야 했어. → 가격이 수동 펌프보다 비쌈.
④ 물을 얻는 양에 비해 너무 많은 노동 시간과 노동력이 들어가는 적정 기술이야. → 27시간 돌려서 15리터의 물을 얻음.
⑤제대로 먹지도 못하고 온종일 일만 하는 아프리카 아이들의 상황을 고려해서 만들었어.
　　　　　　　　　　　　　　　　　고려하지 않고 만들었음.

제대로 먹지도 못하고 하루 종일 일만 하는 아프리카 아이들이 물이 필요할 때마다 몇 시간씩 놀이기구를 타야 하는 것은 힘든 노동일 뿐입니다. 이런 점에서 플레이 펌프는 아프리카 아이들이 처한 상황을 전혀 고려하지 않고 만든 적정 기술 제품이라고 할 수 있습니다.

1 이 글에서 설명하는 대상은 무엇인가요? (②)

주제
찾기

① 올림픽   ② 픽토그램   ③ 공공시설

④ 교통 표지판   ⑤ 국제 표준화 기구

이 글은 픽토그램의 뜻과 사용 이유, 픽토그램의 역사, 픽토그램을 만들 때의 규칙, 픽토그램의 발전에 대해 설명하고 있습니다.

┌─ 우리나라가 픽토그램을 사용하기 시작한 시기

2 이 글에서 [보기]가 들어가기에 가장 알맞은 곳은 어디인가요? (②)

구조
알기

> [보기]   우리나라는 2002년 한일 월드컵을 계기로 각종 시설을 안내하는 표지와 안전 표시 등의 픽토그램을 정해 사용하기 시작했다.

① 글 (개)의 뒤   ② 글 (나)의 뒤   ③ 글 (다)의 뒤

④ 글 (라)의 뒤   ⑤ 글 (마)의 뒤

[보기]는 우리나라가 시설을 안내하는 표지와 안전 표시 등의 픽토그램을 사용하기 시작한 때를 설명하고 있으므로, 픽토그램의 역사에 대한 설명하고 있는 글 (나)의 끝부분에 들어가는 것이 자연스럽습니다.

3 픽토그램에 대한 설명으로 알맞지 않은 것은 무엇인가요? (④)

세부
내용

① 국제 표준으로 채택한 것을 쓰기도 한다. → 공공시설에서 볼 수 있는 중요한 픽토그램의 경우에 해당함.

② 배경지식이 없어도 상징하는 의미를 알 수 있다. → 누가 보더라도 쉽게 이해하도록 만든 문자임.

③ 글자보다 훨씬 쉽고 빠르게 의미를 전달할 수 있다. → 글자보다 그림으로 이해하는 것이 훨씬 빠름.

④ 모든 사람들에게 다른 정보를 전달할 수 있어야 한다.

⑤ 시설이나 사물, 행동 등을 단순한 그림으로 표현한 그림 문자이다. → 픽토그램의 뜻

글 (다)에서 픽토그램은 모든 사람들에게 똑같은 정보를 전달해야 하기 때문에 단순하고 의미가 명확해야 하는 등 나름대로의 규칙이 있다고 하였습니다.

4 픽토그램을 만드는 규칙에 대한 설명으로 알맞지 않은 것은 무엇인가요? (⑤)

세부
내용

① 행동을 지시하는 픽토그램에는 파란색 바탕의 원을 사용한다.

② 대피를 나타내는 픽토그램에는 초록색 바탕의 사각형을 사용한다.

③ 공공시설을 나타내는 픽토그램에는 검은색 바탕의 사각형을 사용한다.

④ 금지를 나타내는 픽토그램에는 빨간색 테두리의 원에 빨간색 선을 긋는다.

⑤ 경고를 나타내는 픽토그램에는 검은색 바탕의 삼각형에 노란색 테두리를 사용한다.

경고나 주의를 나타내는 픽토그램에는 노란색 바탕의 삼각형에 검은색 테두리를 사용합니다.

5

어휘
어법

┌─ 정리하기 어려울 만큼 여러 가지가 얽혀 있어야.

㉠에 들어갈 말로 알맞은 것은 무엇인가요? (③   ) ─ 여러 가지가 뒤섞여 일의 방향을 잡지 못해야.

① 복잡해야 ─┘   ② 헷갈려야 ─┘   ③ 명확해야 → 분명하고 확실해야.

④ 불확실해야 → 확실하지 않아야. ⑤ 알쏭달쏭해야 → 그런 것 같기도 하고 그렇지 않은 것 같기도 하여 얼른
알 수가 없는 상태라야.

픽토그램이 모든 사람들에게 동일한 정보를 전달하려면 의미가 분명하고 확실해야 하므로 ㉠에 들어갈 말로 알맞은 것은 ③입니다.

6

적용
창의

우리나라가 제안하여 국제 표준으로 채택된 픽토그램이 (아닌) 것은 무엇인가요? (①   )

① 화장실   ② 음식물 반입
금지   ③ 애완동물 금지

④  맹견 주의   ⑤ 보안면 착용

글 ㈘에서 우리나라가 제안하여 국제 표준으로 채택된 픽토그램에는 '비상 대피소', '음식물 반입 금지', '애완동물 금지', '맹견 주의', '보안면 착용' 등이 있다고 하였습니다.

┌─ 픽토그램이 변화하는 사례

7

추론
하기

이 글을 읽은 학생이 [보기]에 대해 보인 반응으로 알맞은 것은 무엇인가요? (④   )

> [보기]   오른쪽 두 그림은 장애인을 표시하는 픽토그램이
다. 첫 번째 것은 1968년부터 국제적으로 사용되고
있는 픽토그램이고, 두 번째 것은 미국 뉴욕시에서
2014년부터 새롭게 채택하여 사용하고 있는 픽토그
램이다. 첫 번째 것이 수동적이고 딱딱한 느낌을 준다면 두 번째 것은 능동적이고 역
동적인 느낌을 준다.

① 시대가 아무리 변해도 장애인을 나타내는 픽토그램이 <u>바뀌어서는 안 돼.</u> → 시대에 따라 픽토그램도 바뀜.

② [보기]의 픽토그램에 <u>글자를 넣어야</u> 장애인에 대한 정보를 제대로 줄 수 있어. → 픽토그램은 그림 문자임.

③ 시대가 바뀜에 따라 장애인에 대한 픽토그램도 점점 <u>복잡한 그림으로</u> 바뀌어야 해. → 단순한 그림으로 표현해야 함.

④ [보기]의 두 그림은 장애인에 대해 가지고 있었던 인식을 바꾸어 주는 픽토그램이야.

⑤ [보기]의 두 그림은 장애인을 안전한 곳으로 대피시키라는 뜻을 나타내는 픽토그램이야. → 장애인을 나타내는 픽토그램임.

[보기]에서 첫 번째 픽토그램은 스스로 움직일 수 없는 수동적인 장애인의 모습을 표현한 것이고, 두 번째 픽토그램은 스스로 앞으로 나아가려는 능동적인 장애인의 모습을 표현한 것입니다. 장애인은 몸을 움직이지 못해 수동적일 것이라는 인식을 바꾸기 위해 픽토그램을 바꾼 것입니다.

1
주제
찾기

이 글의 제목으로 가장 알맞은 것은 무엇인가요? (　⑤　)

① 고대 문명
② 물의 중요성
③ 이집트의 역사
④ 세계 주요 도시의 강
⑤ 나일강이 만든 이집트 문명

이 글은 나일강의 홍수로 인해 이집트에 생겨난 문명에 대해 설명하고 있습니다. 따라서 '나일강이 만든 이집트 문명'이라는 제목이 가장 알맞습니다. 나머지는 글의 중심 내용과 거리가 먼 제목들입니다.

┌─ 나일강의 범람으로 측량술과 수학이 발달함.

2
구조
알기

이 글에서 [보기]가 들어가기에 알맞은 곳은 어디인가요? (　④　)

[보기]　이 밖에도 나일강이 범람할 때마다 땅을 새로 측량하고 다시 나누어야 했기 때문에 자연스럽게 측량술과 수학도 발달하였다.

① 글 ㈎의 앞　　　② 글 ㈎의 뒤　　　③ 글 ㈏의 뒤
④ 글 ㈐의 뒤　　　⑤ 글 ㈑의 뒤

주어진 문장은 나일강의 범람으로 이집트에서 측량술과 수학이 발달하게 된 내용을 설명하고 있습니다. 따라서 나일강의 범람으로 생겨난 이집트의 다양한 문명이 나타나 있는 글 ㈐ 뒤에 들어가는 것이 알맞습니다.

3
추론
하기

글 ㈎에 더 넣을 내용으로 가장 알맞은 것은 무엇인가요? (　⑤　)

① 이집트의 지형적 특징을 알려 주는 내용 → 사막과 바다로 둘러싸여 있다고 이미 밝힘.
② 인류 최초의 문명이 무엇인지 밝혀 주는 내용 → 메소포타미아 문명이라고 이미 밝힘.
③ 이집트에서 농사짓기가 유리한 까닭을 알려 주는 내용 → 나일강을 끼고 있다고 이미 밝힘.
④ 이집트 문명이 일어난 지역이 어디인지 밝혀 주는 내용 → '아프리카 북부 나일강 하류 지역'이라고 이미 밝힘.
⑤ 메소포타미아가 구체적으로 어느 지역인지 밝혀 주는 내용

글 ㈎는 이집트 문명이 일어난 지역의 지형적 특징을 설명하는 내용입니다. 그런데 인류 최초의 문명인 메소포타미아가 어느 지역인지는 밝히지 않았으므로 글 ㈎에 추가할 내용으로 가장 알맞습니다. ①~④는 이미 글 ㈎에서 말한 내용이므로 더 넣지 않아도 됩니다.

┌─ 나일강의 범람

4
세부
내용

㉠에 대한 설명으로 알맞지 않은 것은 무엇인가요? (　②　)

① 태양력을 만드는 데 영향을 주었다. → 나일강이 범람하는 시기를 예측하기 위해 태양력을 만듦.
② 일 년에 두 번씩 정기적으로 흘러넘친다. (한 번)
③ 범람할 때 상류의 기름진 흙이 떠내려온다. → 나일강이 넘친 뒤 물이 빠지면 상류에서 떠내려온 기름진 흙이 남음.
④ 별을 관찰하여 나일강의 범람 시기를 알아냈다.
⑤ 6월이 되면 나일강의 물이 흘러넘치기 시작한다.

고대 이집트 사람들은 나일강이 일 년에 한 번씩 정기적으로 범람한다는 사실을 별을 관찰하여 알아내면서 태양력을 만들게 되었습니다.

독해 정답	1. ⑤	2. ④	3. ⑤
	4. ②	5. ④	6. ①, ③
	7. ⑤		

어휘 정답	1. (1) 범람 (2) 기름 (3) 풍요 (4) 정기 (5) 주기
	2. ③, ⑤
	3. (1) ㉡ (2) ㉠ (3) ㉣

— 나일강의 범람으로 생겨난 이집트의 다양한 문명

5 글 ㈐에 덧붙일 자료로 가장 알맞은 것은 무엇인가요? (④)

추론
하기

① 나일강에 서식하는 물고기 사진

② 세계 여러 나라 종이를 비교하여 정리한 표

③ 이집트 위치를 한눈에 알 수 있는 세계 지도

④ 이집트의 상형 문자가 적혀 있는 파피루스 사진

⑤ 고대 이집트 사람들의 농사짓는 모습을 그린 그림

글 ㈐는 고대 이집트 사람들이 만든 다양한 문명을 설명한 문단입니다. 글에 나오는 태양력, 파피루스, 상형 문자와 관련된 사진이나 그림 등을 넣으면 내용을 이해하는 데 도움이 됩니다. 나머지는 글 ㈐에서 설명하고 있는 내용과 직접적인 관련이 없으므로 알맞은 자료로 보기 어렵습니다.

— 이집트는 나일강의 선물

6 ㉡의 뜻으로 알맞은 것을 두 가지 고르세요 (① , ③)

주제
찾기

① 이집트 문명은 나일강 덕분에 생겼다.

② 이집트는 나일강의 영향을 받지 않았다. ┐

③ 나일강 없이 이집트는 만들어지지 않았다. ┘→ 이 글과 반대되는 내용임.

④ 나일강의 홍수는 이집트의 세력을 약화시켰다.

⑤ 이집트 사람들은 나일강을 사랑하여 잘 가꾸었다. → 글 ㈐와 관계없는 내용임.

'이집트는 나일강의 선물'이라는 말은 나일강이 있었기 때문에 이집트에서 문명이 일어나게 된 것이라는 뜻입니다.

수능 연계

— 메소포타미아 문명에 대한 설명

7 이 글을 바탕으로 [보기]를 알맞게 이해하지 못한 것은 무엇인가요? (⑤)

추론
하기

[보기] 메소포타미아는 티그리스강과 유프라테스강 사이에 있는 지역으로, 지금의 이라크를 중심으로 시리아 북동부와 이란 남서부에 해당한다. 메소포타미아 지역은 사방이 트인 넓은 평야 지대라서 외적의 침입이 많았다. 메소포타미아 지역의 강물은 불어나서 흘러넘치는 시기가 일정하지 않았고 흘러넘치는 양도 때마다 달랐다. 그래서 수로와 저수지를 만들어 필요할 때 물을 빼고 저장하여 농사를 지었다. 범람할 때 강 상류에서 기름진 흙이 떠내려와 농사가 잘 되었다.

① 이집트 문명과 메소포타미아 문명은 큰 강을 끼고 일어났다. → 이집트는 '나일강', 메소포타미아는 '티그리스강'과

② 이집트 사람들과 메소포타미아 사람들은 농사를 짓고 살았다.   '유프라테스강'을 끼고 있음.

③ 이집트 문명과 메소포타미아 문명은 기름진 땅에서 이루어졌다. ┘→ 이 글과 [보기]에서 확인할 수 있는 내용임.

④ 메소포타미아 사람들은 이집트 사람들에 비해 전쟁을 많이 겪었다. → [보기]에서 메소포타미아는 외적의 침입이 많았다고 함.

⑤ 메소포타미아 사람들도 이집트 사람들처럼 강물의 범람 시기를 미리 예상하고 대비했다.

[보기]는 메소포타미아 문명이 일어난 지역의 지형적 특징과 이에 따른 사람들의 생활 모습을 설명한 글입니다. 메소포타미아는 강물의 범람하는 시기가 규칙적이지 않아서 사람들이 미리 대비하지 못하고 나중에 수로와 저수지를 만들어 문제를 해결했습니다.

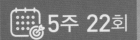

1 이 글에서 <u>설명하는 대상</u>은 무엇인가요? (④)

주제
찾기

① 공청회
② 기피 시설
③ 지방 자치 단체
④ 지역 이기주의
⑤ 쓰레기 처리 문제

글 ㈎에서 지역 이기주의의 뜻을, 글 ㈏에서 지역 이기주의의 종류를, 글 ㈐에서 지역 이기주의의 해결 방법을, 글 ㈑에서 지역 이기주의를 보는 관점을 설명하고 있으므로, 설명하는 대상은 '지역 이기주의'입니다.

2 글 ㈏에 쓰인 설명 방법을 두 가지 고르세요. (④ , ⑤)

구조
알기

① 시간의 순서에 따라 차례대로 썼다.
② 다른 사람의 말을 인용하며 설명했다.　→ 이 글에 사용되지 않은 설명 방법임.
③ 장소의 바뀜에 따라 차례대로 설명했다.
④ 세 가지 대상의 차이점을 찾아 설명했다. → 님비, 바나나, 핌피 현상을 대조함.
⑤ 설명하려는 대상의 뜻을 자세하게 풀어서 설명했다.

님비 현상, 바나나 현상, 핌피 현상이 무엇인지 각각의 뜻을 자세하게 풀어서, 세 가지 현상의 차이점을 중심으로 이해하기 쉽게 설명하였습니다.

3 밑줄 친 낱말이 ㉠과 같은 뜻으로 쓰인 것은 무엇인가요? (③)

＿ '들어서다'

어휘
어법

① 집 안에 들어서자마자 손부터 씻었다. → '밖에서 안으로 들어서다.'의 뜻
② 최근 들어서 감기 환자가 급격히 증가했다. → '어떤 상태나 시기가 시작되다.'의 뜻
③ 댐이 들어서면서 마을 사람들은 다른 곳으로 떠났다.
④ 조선 왕조가 들어서고 200년 후에 임진왜란이 일어났다. → '정부, 왕조, 기관 등이 처음으로 만들어지다.'의 뜻
⑤ 할머니께서는 이모 배 속에 아이가 들어섰다고 좋아하셨다. → '아이가 배 속에 생기다.'의 뜻

㉠과 ③에 쓰인 '들어서다'는 '어떤 곳에 자리 잡고 서다.'라는 뜻입니다.

4 다음 신문 기사 제목 중, ㉡의 현상과 관계 없는 것은 무엇인가요? (①)

＿ 바나나 현상

적용
창의

① "신공항을 우리 시로!"
② "하수 처리장 들어와서는 안 돼!"
③ "아파트 앞에 장례식장 건립이 웬말이냐!"
④ "우리 시에 원자력 발전소 설립 절대 반대!"　→ 하수 처리장, 장례식장, 원자력 발전소, 음식물 처리장 등은 기피 시설임.
⑤ "우리 지역에 음식물 처리장 설치 두고 볼 수 없다!"

바나나 현상은 기피 시설 자체를 반대하는 태도입니다. ②~⑤는 기피 시설들인 하수 처리장, 장례식장, 원자력 발전소, 음식물 처리장 설치를 반대한다는 뜻이 담긴 제목이므로 바나나 현상과 관련이 있습니다. 그러나 ①은 편리함을 주는 시설인 신공항을 자신이 사는 지역에 들어서게 하려는 뜻이 담긴 기사 제목이므로 핌피 현상과 관련이 있습니다.

5 ㉢에 들어갈 내용으로 알맞은 것은 무엇인가요? (①)

추론
하기

① 집값이 오른다 → 핌피 시설을 원하는 까닭임.

② 살기가 불편해진다 ─┐

③ 지역 발전이 느려진다 ─┤

④ 지역 분위기를 해친다 ─┼→ 님비 시설을 반대하는 까닭임.

⑤ 환경오염이 심각해진다 ─┘

자신이 사는 지역에 백화점이나 지하철, 대형 쇼핑몰 같은 핌피 시설이 들어서면 집값이 오르고 살기가 편해진다는 생각을 하는 것이 핌피 현상입니다.

6 이 글을 읽은 학생이 [보기]에 대해 보인 반응으로 알맞지 <u>않은</u> 것은 무엇인가요? (②)

┌─ '쓰레기 처리 시설'을 지역에 성공적으로 설립한 사례

추론
하기

[보기]   경기도 ○○시에는 종합 쓰레기 처리 시설인 '△△△파크'가 있다. 겉으로 보기에는 평범한 공원의 모습이지만 지하에는 더러운 물을 내보내는 펌프장과 쓰레기를 태우는 소각장, 재활용 및 음식물 부피를 줄이는 압축 시설이 있다. 지상에는 주민들이 자유롭게 이용할 수 있는 체육 시설과 놀이 시설, 산책로, 전망 시설 등이 갖춰져 있다. '△△△파크'를 건설할 당시 주민들의 반대가 심하였다. ○○시는 주민 협의회를 구성해 15차례 협의 과정을 거치고 주민들의 동의를 얻어 쓰레기 처리 시설을 설립하였다.

① 지역 주민들이 기피 시설을 다른 지역으로 떠넘기지 않았어. → 기피 시설인 쓰레기 처리 시설을 지역 내에 지음.

② 지방 자치 단체는 지역 주민들의 의견을 ~~무시하고~~ 반영하여 님비 현상을 해결했어.

③ 님비 시설과 핌피 시설을 동시에 설립하는 방법으로 지역 문제를 해결했어. ─┐

④ [보기]는 님비 시설에 편의 시설을 더해 핌피 시설로 바뀐 예를 보여 주고 있어.   ├→ 님비 시설인 '쓰레기 처리 시설' 위에 핌피 시설인 '△△△파크'를 세움.

⑤ [보기]는 개인의 이익과 권리를 포기한 주민에게 그에 알맞은 보상을 해 준 것이야. ─┘

[보기]는 님비 시설인 쓰레기 처리 시설을 지역에 성공적으로 설립한 사례입니다. 지방 자치 단체는 주민들과 수차례의 협의 과정을 거쳐 반대하는 주민들의 동의를 얻어 님비 현상을 해결했습니다.

7 다음은 이 글의 중심 내용을 정리한 것입니다. 빈칸에 들어갈 알맞은 낱말을 쓰세요.

구조
알기

지역 이기주의의 뜻	다른 지역 사람은 생각하지 않고 자신이 사는 곳의 (1) (**이익**)(이)나 편리만을 추구하는 태도를 말한다.
지역 이기주의의 종류	• (2) (**님비**) 현상: 사람들이 꺼리는 시설이 우리 지역에 들어서는 것을 반대하는 태도를 말한다. • 바나나 현상: 기피 시설 자체를 강력하게 반대하는 태도를 말한다. • (3) (**핌피**) 현상: 편리함을 주는 시설이 우리 지역에 들어서게 하려는 태도를 말한다.
지역 이기주의의 해결 방법	• 정부는 시설을 지을 위치를 최대한 공정하게 선정한다. • 지방 자치 단체는 (4) (**공청회**)(이)나 주민 투표 등을 통해 지역 주민의 의견을 듣고 설득과 이해를 시킨다. • 이익과 권리를 포기한 주민에게는 알맞은 보상을 해 준다.

1 이 글에서 글쓴이가 말하려고 한 것은 무엇인가요? (①)

주제
찾기

①숫자 0은 중요한 존재이다.

② 숫자 0은 수로 인정할 수 없다.

③ 숫자 0은 너무 늦게 만들어졌다.

④ 숫자 0을 알아야 수학을 잘할 수 있다.

⑤ 사람들은 오래전부터 숫자를 사용했다.

이 글의 마지막 문단에 글쓴이가 하고 싶은 말이 나와 있습니다. 글쓴이는 숫자 0의 다양한 역할을 소개하여 0이 얼마나 중요한 숫자인지를 알려 주기 위해 이 글을 썼습니다.

2 이 글의 내용과 일치하는 것은 무엇인가요? (②)

세부
내용

① 숫자 0은 ~~그리스~~ 인도 수학자가 만들었다. → 글 ㈎에 인도 수학자들이 0을 만들었다고 나옴.

②304에서 숫자 0은 자리가 비었다는 것을 나타낸다.

③ 숫자 0이 있어서 자릿수에 맞춰 수를 계산하기가 어렵다. → 계산하기가 쉬움.

④ 숫자 0은 인도-아라비아 숫자 중에서 제일 처음에 만들었다. → 나중에 만듦.

⑤ 인도의 수학자 브라마굽타는 나눗셈을 할 때 0을 사용하는 규칙을 만들었다.
→ 덧셈, 뺄셈, 곱셈을 할 때 0을 사용하는 규칙을 만듦.

304에서 3과 4 사이의 숫자 0은 빈 자릿수를 나타내기 위해 사용한 기호로, 자릿수가 비었다는 것을 의미합니다.

3 이 글에서 설명한 숫자 '0'의 역할이 아닌 것은 무엇인가요? (②)

세부
내용

① 빈 자릿수를 나타낼 때 사용한다. → 2문단에 나와 있음.

②끝나는 지점을 표시할 때 사용한다. → 글에 나와 있지 않음.

③ 양수와 음수를 나누는 기준점이 된다.

④ '아무것도 없음'을 나타낼 때 사용한다. → 3문단에 나와 있음.

⑤ 일정한 규칙에 따라 덧셈, 뺄셈 같은 수 계산을 할 때 사용한다.

숫자 0은 빈 자릿수를 채우기 위한 기호의 표시로 쓰였고, 아무것도 없음을 나타내는 수로 쓰였습니다. 0을 기준으로 음수와 양수가 구별되고, 덧셈이나 뺄셈, 곱셈을 할 때 0을 사용하였습니다.

4 ㉮에 대한 설명으로 알맞은 것은 무엇인가요? (④)

구조
알기

① 34와 304을 비교하여 공통점을 설명했다. → 비교

② 인도-아라비아 숫자의 뜻을 자세히 설명했다. → 정의

③ 인도 수학자의 말을 인용하여 0의 의미를 설명했다. → 인용

④빈 자릿수를 나타내는 0에 대해 예를 들어 설명했다. → 예시

⑤ 인도-아라비아 숫자를 일정한 기준에 따라 묶어 설명했다. → 분류

'304'라는 구체적인 수를 예로 들어 어떤 자릿수가 없는 것을 나타내는 0에 대해 설명했습니다.

5 ⑤에서 말한 숫자 '0'에 해당하는 것을 두 가지 고르세요. (③ , ④)

적용
창의

①
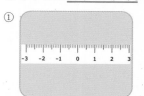
음수와 양수의 기준으로 0이 쓰임.

②

빈 자릿수를 나타내는 표시로 0이 쓰임.

③

④

⑤

음수와 양수의 기준으로 0이 쓰임.

③에서 '0원'은 통장에 돈이 하나도 없음을 나타내고, ④에서 '0점'은 시험 문제를 하나도 풀지 못했음을 나타냅니다. 0원과 0점에 쓰인 0은 '아무것도 없음'을 나타내는 수입니다.

6 ⑥에 들어갈 관용 표현으로 알맞은 것은 무엇인가요? (③)

추론
하기

┌─ 일이나 사태를 해결하기가 성가시거나 어려운.

┌─ 어떤 일에 꼭 잡혀서 벗어나지 못하게 하는.

① 골치가 아픈 ② 발목을 잡는 ③ 빛을 발하는
④ 찬물을 끼얹는 ⑤ 코가 납작해지는 → 몹시 무안을 당하거나 기가 죽는.
→ 잘되어 가고 있는 일에 뛰어들어 분위기를 흐리거나 일을 망치는.

처음에 인정받지 못했던 0이지만 수학과 과학을 발전시키는 데 중요한 역할을 한 숫자라고 했으므로, ⑥에는 '제 능력이나 값어치를 드러내다.'라는 뜻을 가진 '빛을 발하다'가 들어갈 말로 알맞습니다.

수능 연계

┌─ 컴퓨터의 숫자 계산법인 '이진법'에 대해 설명한 글

7 이 글을 읽은 학생이 [보기]에 대해 보인 반응으로 알맞은 것은 무엇인가요? (②)

추론
하기

[보기] 우리는 일상생활에서 0부터 9까지의 10개의 숫자를 이용하여 수를 나타내는 십진법을 사용한다. 그런데 컴퓨터는 오로지 0과 1만 사용해서 숫자를 세고 계산하는 이진법을 사용한다. 컴퓨터는 정보를 기억하는 것이 단순해서 전기 신호가 들어오면 1, 들어오지 않으면 0으로 처리한다. 이진법에서는 0과 1만 쓰니까 1을 넘어가면 자릿수를 올려 10, 11로 쓰고, 11을 넘어가면 같은 자릿수로는 써야 할 숫자가 없으므로 자릿수를 올려서 100으로 쓴다. 0, 1, 2, 3, 4, 5, 6, 7, 8, 9의 수를 컴퓨터에서는 0, 1, 10, 11, 100, 101, 110, 111, 1000, 1001로 나타낸다. 다만 이진법으로 만든 수라는 것을 알 수 있게 '100⑵'와 같이 수 옆에 2를 표시한다.

① 숫자 3은 컴퓨터에서 3으로 인식하는구나. → 10으로
② 컴퓨터에서는 0과 1로 얼마든지 수를 표현할 수 있어.
③ 컴퓨터에서 0은 아무것도 없음을 나타내는 수로 쓰이는구나. → 전기 신호가 꺼지는 것으로 쓰임.
④ 0은 컴퓨터가 정보를 처리하는 데 오히려 방해를 주는 숫자였어. → 도움을
⑤ 컴퓨터는 많은 숫자를 이용하여 복잡한 방법으로 정보를 처리하는구나. → 적은 / 단순한

[보기]는 컴퓨터가 정보를 처리하는 방식에 대해 설명한 글입니다. 컴퓨터는 0과 1만 사용하는 이진법으로 명령을 받고 그것을 실행하기 때문에 다른 숫자가 없어도 얼마든지 수를 표현할 수 있습니다.

자동차보다 오래된 타이어 [110~113쪽]

1
주제
찾기

이 글을 쓴 목적으로 알맞은 것은 무엇인가요? (④)

① 자동차의 구조를 설명하려고 썼다.
② 타이어 고르는 방법을 알려 주려고 썼다.
③ 친환경 자동차의 장점을 설명하려고 썼다.
④ 타이어의 역사와 발전 과정을 설명하려고 썼다.
⑤ 친환경 타이어 사용의 중요성을 알려 주려고 썼다.

이 글은 타이어의 재료인 고무를 발명한 일화에서 지금에 이르기까지의 타이어의 역사와 발전 과정을 시간의 흐름에 따라 차례대로 설명한 글입니다.

2
세부
내용

타이어의 발전 과정을 차례대로 알맞게 정리한 것은 무엇인가요? (②)

① 통고무 타이어 → 고무 발명 → 공기압 타이어 → 공기 없는 타이어
② 고무 발명 → 통고무 타이어 → 공기압 타이어 → 공기 없는 타이어
③ 공기 없는 타이어 → 공기압 타이어 → 고무 발명 → 통고무 타이어
④ 고무 발명 → 공기 없는 타이어 → 공기압 타이어 → 통고무 타이어
⑤ 공기 없는 타이어 → 고무 발명 → 통고무 타이어 → 공기압 타이어

고무를 발명한 것은 1844년, 통고무 타이어는 1847년, 공기압 타이어는 1888년에 발명하였습니다. 공기 없는 타이어는 앞으로 실용화가 기대되는 타이어입니다.

3
세부
내용

존 보이드 던롭이 개발한 타이어에 대한 설명으로 알맞은 것은 무엇인가요? (④)

① 세계 최초의 타이어로 기록되어 있다. → 톰슨이 개발한 통고무 타이어가 최초의 타이어임.
② 자동차에 사용하려고 처음에 만들었다. → 자전거용으로 처음에 만듦.
③ 바퀴에서 떼고 붙이기 쉽게 개발되었다. → 마쉐린 형제가 개발한 타이어에 해당함.
④ 고무에 공기를 불어넣는 방식으로 개발되었다.
⑤ 자전거 바퀴에 생고무를 감아서 만든 방식이다. → 톰슨의 통고무 타이어에 해당함.

존 보이드 던롭은 자전거 바퀴에 고무호스를 감싸고 공기를 주입해서 최초의 공기압 타이어를 개발하였습니다. 바퀴에 타이어를 본드로 접착했기 때문에 떼고 붙이기가 어렵다는 단점이 있습니다.

4
구조
알기

글 ㈎~㈏의 짜임을 나타낸 그림으로 알맞은 것은 무엇인가요? (⑤)

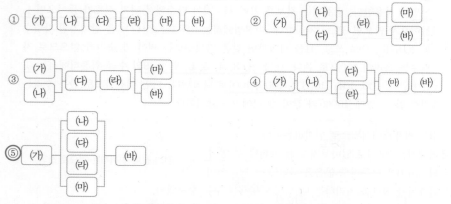

글 ㈎는 타이어의 역사에 대해 설명할 것임을 밝힌 처음 부분이고, 글 ㈏~㈒는 타이어의 재료인 고무 발명에서 오늘날까지 타이어가 어떻게 발전해 왔는지를 차례대로 설명한 가운데 부분입니다. 글 ㈏는 지금까지 설명한 타이어의 발전 과정을 요약하면서 앞으로 나올 타이어에 대한 기대감으로 마무리한 끝부분입니다.

5

어휘
어법

— 눈길을 모았고

㉠의 뜻으로 알맞은 것은 무엇인가요? (　③　)

① 화가 나서 흥분하였다는 뜻이다.

② 업신여겨 쳐다보려고도 않았다는 뜻이다.

③ 여러 사람의 시선을 집중시켰다는 뜻이다.

④ 믿음을 잃고 미움을 받게 되었다는 뜻이다.

⑤ 보고 있던 것에서 다른 것으로 눈을 돌렸다는 뜻이다.

'눈길을 모으다'는 '여러 사람의 시선을 집중시키다.'라는 뜻을 지닌 관용 표현입니다.

6

추론
하기

㉡에 들어갈 내용으로 알맞은 것은 무엇인가요? (　⑤　)

① 공기압 타이어의 좋은 점을 요약하는 내용

② 타이어에 무늬를 새겨 넣는 이유를 밝히는 내용

③ 타이어에 공기를 주입하는 방법을 자세히 설명하는 내용

④ 공기를 주입하지 않는 타이어를 언제부터 사용할 수 있는지에 대해 밝히는 내용

⑤ 공기를 주입해야 하는 공기압 타이어의 단점이나 불편한 점 등을 구체적으로 소개하는 내용

㉡ 바로 앞 문장에 공기압 타이어가 지금까지 이어져 왔다는 내용이 나오고 ㉡ 바로 다음에 공기를 주입하지 않는 방식의 타이어에 대한 긍정적인 반응이 이어집니다. 따라서 ㉡에는 공기를 주입하는 방식인 공기압 타이어에 대한 부정적인 내용이 들어가는 것이 글의 흐름상 자연스럽습니다.

수능 연계

7

추론
하기

— 타이어 문제로 발생할 수 있는 자동차 사고

이 글과 [보기]를 읽고 알게 된 사실로 알맞지 않은 것은 무엇인가요? (　①　)

[보기]　자동차 전문가들은 장마철 빗길 안전 운전을 위해 <u>타이어의 닳은 정도와 공기압</u>을 꼭 점검해야 한다고 강조한다. 타이어의 무늬가 <u>없어질 정도로 심하게 닳으면</u> 고무층 사이의 홈을 통해 빗물이 빠져나가지 못해 물 위에서 <u>미끄러지는 사고</u>가 자주 일어난다. 또한 여름철에는 도로가 뜨거워 타이어가 팽창하면서 열이 발생해 터지는 사고가 일어난다. 타이어의 공기압이 너무 낮으면 도로의 땅바닥과 맞닿는 타이어 뒷부분이 부풀어 올라 <u>터질 수 있다.</u> 반대로 타이어의 공기압이 너무 높으면 외부의 충격으로 인해 <u>터지는 사고</u>가 발생할 수 있다.

▲ 타이어

① 타이어는 날씨와 온도의 영향을 받지 <s>않는다.</s> 받는다.

② 타이어에 올록볼록한 무늬는 안전과 관계가 있다. → 심하게 닳으면 사고가 날 수 있음.

③ 타이어 안에 공기를 적당히 주입하는 것이 중요하다. → 공기압에 따라 사고가 발생할 수 있음.

④ 타이어의 재료인 고무는 팽창하기도 하고 닳는 성질이 있다. → 날씨와 온도의 영향을 받음.

⑤ 타이어는 탈부착이 가능하므로 닳거나 터진 타이어는 교체할 수 있다. → 탈부착 타이어의 장점임.

[보기]는 여름철에 타이어로 인해 발생할 수 있는 사고에 대한 글입니다. [보기]에서 타이어가 심하게 닳으면 장마철에 미끄러지는 사고가 자주 일어나고, 여름철에 타이어의 공기압이 너무 높거나 낮으면 터지는 사고가 발생한다고 했으므로 타이어는 날씨와 온도의 영향을 받는다는 것을 알 수 있습니다.

1 이 글의 제목으로 알맞은 것은 무엇인가요? (⑤)

주제
찾기

① 피아노
② 피아노를 사랑한 쇼팽
③ 피아노의 달인 리스트
④ 유럽에 꽃핀 낭만주의 음악
⑤ 두 피아노 거장 쇼팽과 리스트

이 글은 피아노 연주자인 쇼팽과 리스트에 대해 설명하고 있으므로 글의 제목으로 알맞은 것은 ⑤입니다.

2 쇼팽에 대한 설명으로 알맞은 것을 두 가지 고르세요. (① . ④)

세부
내용

① 일생 동안 피아노곡만 작곡하였다.
② 작곡 실력뿐만 아니라 편곡 실력도 뛰어났다. ┐ → 리스트에 대한 설명
③ 열두 살 때부터 유럽을 돌며 피아노 연주를 다녔다. ┘
④ 폴란드가 러시아에게 점령당해 조국으로 돌아가지 못했다.
⑤ 체르니가 그의 재능에 감동받아 수업료를 받지 않았다는 일화가 전해진다. → 리스트에 대한 설명

폴란드 바르샤바에서 태어난 쇼팽은 일생 동안 피아노곡만 작곡하였고, 전쟁이 나서 조국인 폴란드로 돌아가지 못하고 프랑스에 눌러앉았습니다.

3 글 ㈐와 ㈑의 짜임에 대한 설명으로 알맞은 것은 무엇인가요? (③)

구조
알기

① 해결할 문제와 해결 방법을 제시했다. → 문제와 해결의 짜임
② 주장과 주장을 뒷받침하는 근거를 제시했다. → 주장과 근거의 짜임
③ 두 대상의 공통점과 차이점을 중심으로 썼다. → 비교와 대조의 짜임
④ 시간이나 공간의 순서에 따라 차례대로 썼다. → 순서의 짜임
⑤ 하나의 주제에 대해 몇 가지 특징을 늘어놓았다. → 나열의 짜임

글 ㈐의 첫째 문장에서는 쇼팽과 리스트의 공통점을, 나머지 부분에서는 차이점을 설명하였습니다.

4 쇼팽이 ㉠으로 불리는 까닭을 알맞게 말한 친구는 누구인가요? (⑤)

추론
하기

① 연수: 어려서부터 피아노 연주에 재능을 보였기 때문이야.
② 종현: 피아노 앞에서 화려한 기교를 뽐내며 연주를 했기 때문이야.
③ 하준: 시인이 시를 쓸 때 예민한 것처럼 성격이 내성적이기 때문이야.
④ 태영: 그 시대에 시인들에게 가장 인기 있는 피아니스트였기 때문이야.
⑤ 지아: 평생을 피아노만 작곡하고 섬세하고 부드럽게 피아노를 연주했기 때문이야.

㉠의 까닭은 ㉠ 뒷부분에 나와 있는 내용을 통해 짐작할 수 있습니다. 쇼팽은 섬세하고 부드럽게 피아노를 연주했고, 오직 피아노곡만을 작곡하고 연주했기 때문에 '피아노의 시인'이라 불릴 수 있었던 것입니다.

5

추론
하기

ⓒ에 들어갈 낱말로 알맞은 것은 무엇인가요? (③   )

① 천재성 　　　　　 ② 연주 시간 　　　　　 ③ 연주하는 방식

④ 다루었던 악기 　　　　 ⑤ 피아노를 배운 시기

쇼팽과 리스트는 피아노를 배운 시기도 비슷하고 둘 다 천재적인 피아노 연주자였으나, 피아노를 연주하는 방식은 전혀 달랐습니다.

 ┌─ 오늘날까지 이어지는 리스트의 업적

6

비판
하기

이 글과 [보기]를 읽고 보인 반응으로 알맞은 것은 무엇인가요? (⑤   )

> [보기]　리스트는 바이올린 연주자 파가니니의 화려한 연주를 보고 큰 감동을 받았다. 리스
> 트는 자신과 젊은 연주자들이 피아노 연주 기술을 익힐 수 있도록 12개의 「초절 기교
> 연습곡」을 만들었다. 이 곡을 치려면 엄청난 기교가 필요해서 오늘날에도 연주자들이
> 어려워한다. 리스트도 이 어려운 연습곡을 통해 자신만의 기교를 선보여 많은 사람
> 들에게 극찬을 받았다. 리스트는 최초로 관객들과 대화도 하는 방식의 콘서트를 하였
> 다. 또, 최초로 무대에서 연주자의 화려한 손놀림을 관객들이 볼 수 있도록 피아노의
> 방향을 옆으로 돌려서 배치하였다.

① 리스트가 단독 콘서트를 한 것을 보면 원래 사람들 앞에 서는 것을 꺼려 했어. → 주목받는 것을 좋아함.

② 리스트는 피아노 연주가 뛰어나지 못해서 기교를 부리는 것에만 신경을 썼던 거야. → 원래 연주 실력도 뛰어났음.

③ 리스트가 「초절 기교 연습곡」을 만든 것은 자신의 뛰어난 피아노 실력을 과시하기 위해서야. → 젊은 연주자들을 위한 것이기도 함.

④ 「초절 기교 연습곡」을 만들 정도로 리스트는 섬세하고 부드러운 연주법을 중요하게 생각했어. → 기교를 중요시함.

⑤ 리스트가 처음 시도한 공연 방식과 피아노 배치 방향이 오늘날에도 이어지고 있으니 그는 시
대를 앞서갔던 연주자였어. → 후세 음악가를 생각하는 마음이 큼.

[보기]는 그 당시에 리스트가 이룬 업적이 지금까지 이어지고 있는 것에 대해 설명한 글입니다. 오늘날에도 단독 콘서트 형식의 피아노 공연과 연주자를 볼 수 있게 피아노 방향을 옆으로 배치하고 있으므로, 이를 알맞게 이해한 것은 ⑤입니다.

7

구조
알기

쇼팽과 리스트의 공통점과 차이점을 정리한 것입니다. 빈칸에 들어갈 알맞은 낱말을 쓰세요.

공통점		• 낭만주의를 대표하는 (1) (**피아노**) 연주자이자 작곡가임. • 어린 시절부터 피아노 연주와 작곡에 뛰어남. • 유럽의 약소국에서 태어나 프랑스에서 음악 활동을 함.
차이점	쇼팽	• 성격이 예민하고 (2) (**내성적**)임. • 귀족들이 모이는 장소에서 조용히 연주하기를 좋아함. • 섬세하고 부드럽게 연주함. • 피아노곡만 작곡하고 연주함.
	리스트	• 성격이 당당하고 활발함. • 대형 연주회장에서 사람들에게 주목받고 연주하는 것을 즐김. • 화려한 (3) (**기교**)을/를 부리며 연주함. • 다른 음악가들의 곡을 (4) (**편곡**)해서 연주함.